修道 成仙

道教的終極關懷

【劉見成・著】

卷首題詩

玄門究義尋妙理，道海探珠覓本體；
超凡入聖登真路，天人合一方達諦。
日月本明浮雲蔽，人性元善嗜欲棄；
浮雲散去光自見，嗜欲滌盡復圓一。
求道之法靜為基，得道之方行作梯；
知而不行非真知，行深始會聖人意。
不行無以致千里，不行難以驗義理；
行能去禍招來福，行貞終契大道體。

自序

　　宋馬端臨對道家之術有「雜而多端」之論，筆者近年來投入道家道教思想之研究，誠亦有「一葉孤舟入道海，茫茫何處是蓬萊」之感。既歎其浩瀚無涯，又惑於其雜而多方。此雖彰顯其思想文化之豐富多元樣貌，亦展示其海納百川之涵容精神，然不免眩人耳目，如入迷霧叢林，難窺其堂廟之奧美。是故，如何於雜而多端之中理出其內在之統，闡發其核心義理與終極價值，即本書寫作之旨趣。

　　道教的核心義理與終極價值在「修道成仙」此一命題中展現無遺，「成仙」是道教的宗教理想，是其所追求的生命最高境界；而「修道」則是獲致此生命最高境界之途徑。本書透過歷史文獻之梳理與闡釋，期能對「修道成仙」此一核心信仰有一同情的瞭解與批判的反思，並進而探究它對現代人生命文化的啟示。

　　宋隱逸高士劉卞曾云：「人多以嗜欲殺身，以財貨殺子孫，以政事殺百姓，以學術殺天下後世。吾無是四者，不易快哉！」誠哉斯言！立言乃不朽之事業，非同小可，大意不得。故於學思行文之際，誠以其言知所戒慎恐懼，戰兢屢淵，常懷批判反思之心，不敢懈怠。道海深廣，吾作乃一勺之知，雖略嘗其味，尚難盡其闊奧。由於研究主題的複雜性與困難度，在本書中，筆者雖已竭力如實寫出個人之理解，無奈限於才智、學識、歷練、道功等等火候之不足，疏漏不妥之處肯定不少，尚祈十方先進大德不吝匡謬指正，以恃將來更上層樓，更臻勝境，是所幸盼。

最後，特別感謝內人燕梅在研究寫作過程中的鼓勵協助，並作為本書文稿的第一位讀者，參與討論，提出批判，潤飾文稿，促進本書的完成與完善。

劉見成

庚寅年春於涵宇書齋

目　次

導言

修道成仙：生命的理想還是幻想？

元馬端臨《文獻通考》總評道家之術云：

> 按道家之術，雜而多端，先儒之論備矣。蓋清靜一說也；煉
> 養一說也；服食又一說也；符籙又一說也；經典科教又一說
> 也。[1]

雖說道術雜而多端，然其核心問題實僅止一端，李養正先生有一評
斷曰：

> 老莊哲學不過是道教吸取來文飾其教的，符籙禁咒不過是一
> 種迷信方術……只有神仙信仰才是其核心內容，去掉神仙信
> 仰，也就不成其為道教了。[2]

也就是說，不論道教的教義及道術如何雜而多端，其核心就是神仙
信仰。[3]

---

[1] 馬端臨，《文獻通考》卷二百二十五〈經籍五十二〉，北京中華書局，1999，
   頁 1810。
[2] 李養正，〈談談道教的幾點特徵〉，《文史知識》第五期，1987。
[3] 當代道教研究諸先進，如卿希泰、任繼愈、牟鍾鑒等人，皆以神仙信仰為
   道教思想之核心。卿希泰說：「修道成仙，是道教追求的主要目標，其一切
   理論、道術、齋儀、修持，多圍繞這一核心而展開。」（《中國道教思想史綱》
   （二），四川人民出版社，1981，頁 676。）任繼愈說：「神仙崇拜是道教信

神仙崇拜是道教信仰的核心，是道教異於其他宗教最顯著之處。卿希泰先生主編之《道教與中國傳統文化》一書，對道教的基本信仰與教義有如下的歸結：

> 綜觀歷代道教諸派的學說，其中所包含的基本信仰及教義，大體可歸納為四個主要方面：一、最高信仰與教理樞要——道；二、多神崇拜與齋醮懺誦、符籙道法；三、修練成仙與多種煉養術；四、以忠孝為軸心的倫理說教。這四點中，多神崇拜與修煉成仙，可謂道教的兩大信仰，這兩大信仰又可歸結為一，名曰「神仙信仰」，它是道教倫理的基石，而道，則為統攝後三者的總樞。[4]

此一表述可謂學術界一般的共識。儘管在某些教外之士的眼中，神仙不過是中品，它雖高於下品的符籙禁咒，但卻遠低於上品的老子。[5]然而，修道「成仙」的確是道教的宗教理想，而「仙」則是道教信徒所嚮往的最高境界。

問題是：作為道教的核心信仰，「修道成仙」究竟是生命的理想還是幻想？

仰的核心，是道教不同於其他宗教教義的最顯著之點。」（任繼愈主編，《中國道教史》（上卷），中國社會科學出版社，2001，頁11。）牟鍾鑒也說：「長生成仙是道教的核心信仰，是它區別於別的宗教的特質所在，是道教理論和方術的基石，缺少了這個核心和基石，道教也就不成其為道教了。」（〈長生成仙說的歷史考察與現代詮釋〉，收於鄭志明主編，《道教的歷史與文學》，南華大學宗教文化研究中心出版，2000，頁552。）

[4] 卿希泰主編，《道教與中國傳統文化》，第二章〈道教的基本信仰與教義〉，福建人民出版社，1990，頁20。

[5] 例如劉勰《滅惑論》言：「道家立法，厥品有三，上標老子，次述神仙，下襲張陵。」（《弘明集》卷八，上海古籍出版社，1991，頁52。）道安《二教論》亦言：「道家厥品有三，一者老子無為，二者神仙服餌，三者符籙禁厭。」（《廣弘明集》卷八，上海古籍出版社，1991，頁146。）二者皆把神仙列為中品而非上品。

　　關於這個問題，李申先生說：得道成仙只是一種荒唐事，一種無法實現的夢想。[6]李豐楙先生說：神仙只是一場虛幻的夢境。[7]湯一介先生則認為追求不死成仙是一虛妄不實的目標，只能帶給人們某種精神上的安慰和麻痺。[8]

　　神話學家袁珂先生視此追求長生不死之事與神話同屬幻想虛構，他稱之為「仙話」。「仙話」之主要內容乃幻想人能與仙人打交道，最後並藉由仙人之引導而昇天成仙。這是透過昇仙的幻想勝利，來對抗人類生命的必死性。袁先生進一步論斷說：「道教建立以後，那種專以煉丹修行、服食采補為能事的後代大多數仙話，更是等而下之，少有可觀了。」[9]

　　「長生不死而成仙」作為道教的核心信仰與宗教理想，若終究只是一種荒唐事，一種永遠無法實現之虛構的幻想、夢境，那麼道教的信仰基礎在根本上也就徹底破產，而其外顯的一切文化形式也就更不足品論了，因為那只不過是毫無實質內涵的華麗文飾罷了。依此而言，整個道教的歷史發展不過是一部自我麻醉的成仙幻想史。如此，有關道教思想文化的研究充其量只剩下考古尋幽之趣味，至於道教的宗教信仰，也不過就是人們逃避人生苦難的心靈安慰劑罷了。

6　李申，《話說得道成仙》，湖南人民出版社，1999，頁1。

7　李豐楙，〈不死的探求——道教信仰的介紹與分析〉，收於藍吉富、劉增貴主編，《中國文化新論——宗教禮儀篇：敬天與親人》，聯經出版事業公司，1991，頁193。

8　湯一介先生在在區別道教之所以殊異於其他宗教之特點時指出：「幾乎所有宗教提出的問題都是『關於人死後如何』的問題，然而道教所要討論的則是『人如何不死』的問題。」（《魏晉南北朝時期的道教》，東大圖書，1991，頁14。）道教關心「人如何不死」的問題，其宗教理想所追求的最高目標即是「長生不死」與「肉體成仙」。然對此不死成仙的目標，湯先生則直陳其虛妄不實：「宗教包括道教並未給人們帶來任何幸福，只能給人們以精神上的某種安慰和麻痺。」（同上，頁44-45。）也就是說，一切宗教的理想都只不過是一種自我欺騙的心理慰藉，不折不扣的虛幻妄想。

9　袁珂，《中國神話史》，重慶出版社，2007，頁111-112。

　　暫時撇開這些慷慨激昂的論調，讓我們重新檢驗「修道成仙」這個理念。「仙」或「神仙」確實可以說是道教信仰的核心觀念，但它同時也是意義最紛雜、最曖昧不清的觀念。因此，道教以「得道成仙」為最高目標的概括性陳述，基本上雖說並沒有錯，但由於「仙」字意義的紛雜，這樣一種大體而言的概括性說法，也就顯得不夠確實。對此紛雜的義涵若無法釐清，則一切概括性的評斷，無論是贊成（視之為可實現的理想）抑或反對（視之為幻想）的觀點，都可能是各言其說，完全不相應。

　　一般對道教「長生不死而成仙」的批評，究其實無非是對「肉身不死而成仙」之說的攻擊。然而，「肉身不死而成仙」之說，不過是「長生不死而成仙」的其中一個內涵而已，不應一概而論。李申先生批評得道成仙只是一種荒唐事、一種無法實現的夢想之時，其實指的就是「肉身長生不死而成仙」之說。在其《話說得道成仙》一書中，他在詳細分析了肉體長生不死的荒謬之外，又援引王重陽「真性不亂，萬緣不掛，不去不來，此是長生不死也」之說來印證其所謂「神仙說的破產」之論。[10]但他似乎忘了，王重陽之說指的恰是「長生不死而成仙」的另一種內涵。如此一來，李先生對神仙信仰之評斷實非中肯，換言之，他並沒有把問題說清楚。若果真如此，則神仙說並沒有破產，問題出在如何理解「神仙」一詞的涵義，這點務須辨明，否則不只沒有釐清問題，反倒徒增困惑，大大影響我們關於道教思想文化的確實瞭解與合理論斷。

　　若「長生不死而成仙」之內涵紛雜多端，莫衷一是，令聽聞者喪失信心而無所適從，則此核心信仰終究難逃破產之命運，這或許也是道教信仰於歷史發展中日趨沒落的一個重要原因。

---

[10] 李申，《話說得道成仙》，湖南人民出版社，1999，頁 92-95。

　　宋代思想家黃震評斷葛洪《抱朴子》神仙長生不死之說「獨誤天下後世之愚不肖者。」[11]究竟「修道成仙」之說是否真如黃震等人所說的「誤天下後世」？換言之，「修道成仙」究是理想或是幻想？其關鍵還在於「神仙」一詞之內涵問題。對這個問題，若不能徹底釐清，則不獨「誤天下後世」，也可能因觀念上的混淆不清而導致道教神仙信仰理論基礎的崩潰。本書之主旨即在釐清「神仙」一詞之內涵，從而檢劾「修道成仙」之可能性。

　　本書共分以下四章：

　　第一章〈神仙：道教所追求的生命終極境界〉，主要在於釐清「神仙」的諸多意涵，透過史上重要仙論之梳理，展示其多元內涵，歸結其重要特質，並檢劾其可能性。

　　第二章〈修道：道教對生命終極境界的追求〉，主要在於展示道教追求成仙的理論基礎及其諸多修道法門。人若欲成仙必須得道，得道方可成仙。人未得道時只是一介凡夫，一但得道就成仙了，得不得道乃成仙之關鍵。「得不得道」是有關修煉功夫的問題，透過如何的修煉過程方能得道成仙，此番修煉功夫即稱之為「修道」。既言修道，即是有道可修，是故，修道以道作為基礎。然何謂「道」？對此問題的回應就是「道論」。「道論」與得道成仙的「修道」功夫論，即是本章之內容。

　　第三章〈入世與出世：道教的修道人生〉，探討在修道過程中所涉及的人生態度，一般表述為「入世與出世」的問題。「入世」與「出世」是經常被對列並舉的概念，然其內涵卻是多義的。在嚴格的意義上說，人的在世存有即是「入世」——進入這個世界而活在世上（出生），而當人不再存活於世上時，也就是真正的「出世」——離開這個世界而不再是一個在世存有（入死）。要言之，出生

---

[11]　《黃氏日抄》卷五十五〈讀諸子〉，《文津閣四庫全書》第二三五冊，商務印書館影印，2005，頁427。

即入世，入死即出世。然而，當吾人仍是一「在世存有」而又言「入世／出世」之時，則另有其特殊意義。此時所謂「入世／出世」之實質內涵，乃指一種面對在世存有的人生態度。就道教修道的觀點而言，「入世／出世」其義有二，其一指修道的兩種不同方式，其二則指得道成仙的應世心境與化世度人的情懷。

第四章〈超凡、入聖與登真：道教的生命超越哲學〉，主要在闡釋道教的生命超越之道。道教追求人而仙的修道歷程，其所展現的實質內涵即是「超凡→入聖→登真」的生命超越哲學。「得道成仙」是道教的核心信仰，成仙是一個道教信徒所追求的宗教理想，一個道教信徒追求「得道成仙」，這是一個捨凡入聖登真的過程。人生在世而求修道成仙，此即彰顯道教的生命超越精神。

最後作一簡要詰語：〈修道成仙：超越與回歸〉。「修道成仙」作為道教的終極關懷，其所標舉的是一種解決存在困境的生命超越精神，亦即從超凡、入聖到登真的安身立命之道。此一生命超越之道同時也是向吾人本心真性的回歸，超越即是回歸，最終即是最初，那是一個完美的圓。

第一章

神仙：道教所追求的生命終極境界

一、引言

　　神仙信仰是道教的基本特徵，在卿希泰先生所主編之《道教與中國傳統文化》一書中，對道教的基本信仰與教義有如下的歸結：

> 綜觀歷代道教諸派的學說，其中所包含的基本信仰及教義，大體可歸納為四個主要方面：一、最高信仰與教理樞要——道；二、多神崇拜與齋醮懺誦、符籙道法；三、修練成仙與多種煉養術；四、以忠孝為軸心的倫理說教。這四點中，多神崇拜與修煉成仙，可謂道教的兩大信仰，這兩大信仰又可歸結為一，名曰「神仙信仰」，它是道教倫理的基石，而道，則為統攝後三者的總樞。[1]

此一論述基本上代表學術界的普遍共識，至於神仙可不可致，真實或是虛幻，則為另一個值得關注的問題，但這個問題的解決，必須仰賴另一個問題的釐清，此即「神仙信仰」之內涵究竟為何的問題。

---

[1] 卿希泰主編，《道教與中國傳統文化》，第二章〈道教的基本信仰與教義〉，福建人民出版社，1990，頁20。

　　神仙崇拜是道教信仰的核心，是道教之所以不同於其他宗教最顯著之點。[2]儘管在某些教外之士的眼中，神仙不過是中品，雖高於下品的符籙禁咒，但遠低於上品的老子。劉勰《滅惑論》言：「道家立法，厥品有三，上標老子，次述神仙，下襲張陵。」[3]道安《二教論》亦言：「道家厥品有三，一者老子無為，二者神仙服餌，三者符籙禁厭。」[4]二者皆把神仙列為中品而非上品。然而，「修道成仙」的確是道教的宗教理想，「仙」則是所追求的生命最高境界。總言之，道教即以追求長生不死、修道成仙為最高目標。[5]

　　「仙」或「神仙」確實可以說是道教信仰的核心觀念，但它同時也是意義最紛雜、最曖昧不清的觀念。因此，道教以得道成仙為最高追求目標的概括性陳述，基本上雖說並沒有錯，但因為「仙」之意義的紛雜，這樣一種大體而言的概括性說法，也就顯得不夠確實。對此紛雜的意涵若無法明確地釐清，則一切概括性的評斷就難免有所偏頗而有失公允。

　　葛洪說仙有三等：天仙、地仙與屍解仙。[6]鍾離權、呂洞賓更將仙分為五等：鬼仙、人仙、地仙、神仙與天仙。[7]後來全真教的王重陽也有五等仙之說：鬼仙、地仙、劍仙、神仙與天仙，其中少了人仙，多了劍仙，而其它四仙之內涵也與葛、鍾二人之見截然不同。[8]再者，清乾隆、嘉慶年間著名道士、龍門派第十一代傳人

2　任繼愈主編，《中國道教史》（上卷），中國社會科學出版社，2001，頁 11。

3　《弘明集》卷八，上海古籍出版社，1991，頁 52。

4　《廣弘明集》卷八，上海古籍出版社，1991，頁 146。

5　卿希泰主編，《中國道教史》（第一卷），四川人民出版社，1996，頁 197。

6　《抱朴子內篇·論仙》：「上士舉形升虛，謂之天仙；中士游於名山，謂之地仙；下士先死後蛻，謂之屍解仙。」王明撰，《抱朴子內篇校釋》，中華書局，2002 五刷，頁 20。

7　《鍾呂傳道集·論真仙》，收於丁福保編，《道藏精華錄》（第三卷），北京圖書館出版社，2005，頁 276。

8　《重陽真人金關玉鎖訣》，《王重陽集》，白如祥輯校，齊魯書社，2005，頁

元悟老人劉一明，在其所著《修真辨難》一書中，答其弟子之問：
「聞之仙有五等，皆此一道乎？」時，亦直言仙有五等之說。此
五等仙為：天仙、地仙、列仙、鬼仙與人仙。等級不同，表示修
道境界高低有別，其功夫道法亦各異，故有五道之不同：「天仙之
道，萬劫一傳之道；地仙之道，以術延命之道；列仙之道，南宮護
身之道；鬼仙之道，以道全形之道；人仙之道，培植後天之道。」[9]
劉一明五等仙之論，亦明顯不同於鍾呂之五等仙說，不僅是仙等
有差，內涵也多所不同。其「天仙」之名實乃合鍾呂「神仙」、「天
仙」之義而稱之，「鬼仙」高於「人仙」，等級之分與鍾呂不同，
「列仙」則為鍾呂所無。如此，那一等的仙才真正算是「得道成
仙」？甚至在若干道書中，「仙」並非是修道的最高目標，而只
是一中間的階段。如早期的道教經典《太平經》所言：「人或生
而不知學問，遂成愚人。……今善師學人也，乃使下愚賤之人成
善人；善善而不止，更賢；賢而不止，乃得次聖；聖而不止，乃
得深知真道；守道而不止，乃得仙不死；仙而不止，乃得成真；
真而不止，乃得成神；神而不止，乃得以天比其德。」[10]在此有
一明確的修道階序，亦即：愚人→善人→賢人→聖人→道人→仙
人→真人→神人→天人，「仙人」只不過是修道的一個中間階段，
「天人」才是修道的最高目標。另外，《洞玄靈寶定觀經》：「夫
得道之人，凡有七候。一者心得定易，覺諸塵漏。二者宿疾普銷，
身心輕爽。三者填補夭損，還年復命。四者延數萬歲，名曰仙人。
五者鍊形為氣，名曰真人。六者鍊氣成神，名曰神人。七者鍊神

287。

[9]　《修真辨難》，收於劉一明著，羽者、余耳點校，《道書十二種》，北京圖書
　　館出版社，2006，頁388-389。

[10]　《太平經》卷四十〈分解本末法第五十三〉，王明編，《太平經合校》（上），
　　中華書局，1997五刷，頁78。

合道，名曰至人。」[11]在此，「仙人」也不是得道的最高境界，而是「至人」。

由上可知，「神仙」此一概念，在道教而言意義相當紛雜，無論就其內涵或等級而言，均有釐清之必要。不過，無論如何，道教信仰有其宗教追求的最高目標是毋庸置疑的，此一最高目標歷史以來就習以「仙」代表之，鍾離權所言：「知之修煉，超凡入聖，脫質為仙」[12]，是為此義之典型說法。本文亦即在此意義下使用「得道成仙為道教核心信仰」之命題，然其內涵須有一明晰之釐清，方得以展示作為道教核心信仰之確義。

二、「神仙」釋義

一般習慣於叫「神仙」，然「神仙」為「神」與「仙」之合稱，二者雖有其共通之處，實則亦有其殊異的內涵。

何謂「神」？《說文解字》云：「神，天神引出萬物者也。」[13]依許慎之釋義，「神」指「天神」，是先天地而引出萬物之創造與主宰者。故《說苑・修文篇》也說：「神者，天地之本，而為萬物之始。古曰天神引出萬物。」[14]

---

[11] 《洞玄靈寶定觀經註》，收於丁福保編，《道藏精華錄》（第三卷），北京圖書館出版社，2005，頁 305-306。

[12] 《鍾呂傳道集・論真仙》，收於丁福保編，《道藏精華錄》（第三卷），北京圖書館出版社，2005，頁 276。

[13] 《說文解字校訂本》，鳳凰出版社，2004，頁 2。

[14] 劉向，《說苑》，《中國子學名著集成》（026），中國子學名著集成編印基金會出版，1977，頁 597。

　　「仙」相對於引出萬物之「天神」，它指的是一種特殊存在的人。「仙」自古作「僲」，《說文解字》謂：「人在山上，從人從山。」[15]「僲」是象形字，表示人在山上的樣貌。引申而言，「僲」似乎有一種遠俗高舉入山，超凡脫塵之意。「仙」字古亦作「僊」，《說文解字》解釋為：「長生僊去。」[16]東漢劉熙《釋名》卷三〈釋長幼第十〉曰：「老而不死曰仙。仙，遷也，遷入山也，故其制字人傍作山也。」[17]《釋名》將《說文解字》中「僲」、「僊」二字之釋義加以融合，「仙」字之涵義就成了：「入山而長生不死者」。再者，《說文解字》又釋「真」為：「僊人變形而登天也」[18]，此乃進一步描述仙長生不死之特徵，亦即「變形登天而成真」，故「仙」又稱「仙真」。

　　人生自古誰無死，必有一死之人能得長生不死而成仙，實超乎常理之外，誠令人難以想像。《易·繫傳》云：「陰陽不測之謂神。」[19]《孟子·盡心下》云：「聖而不可知之之謂神。」[20]必死之人卻能成仙而得長生不死，實乃莫能測、不可知之神奇玄妙；仙甚神妙，故驚奇讚嘆而呼之為「神仙」！神為仙之修飾詞，形容其神奇玄妙，不可測度。

　　以上所引有關神仙之釋義，基本上反映了漢代神仙信仰的一般意蘊。「仙」是人透過某種方式而成就的一種特殊的存在樣態，它的顯著特徵是長生不死，在本質上乃不同於作為天地之本而引出萬物的「神」，也不同於終有一天必死的「凡夫」。許地山先生在《道教史》一書中即如此定義：「神仙是不死的人，求神仙便是求生命

---

[15]　《說文解字校訂本》，鳳凰出版社，2004，頁230。

[16]　《說文解字校訂本》，鳳凰出版社，2004，頁230。

[17]　《釋名疏證補》，北京中華書局，2008，頁96。

[18]　《說文解字校訂本》，鳳凰出版社，2004，頁231。

[19]　馬恆君，《周易正宗》，華夏出版社，2007，頁500。

[20]　楊伯峻，《孟子譯注》，中華書局，2000，頁334。

無限的延長。」[21] 此「長生不死」之義乃構成道教神仙信仰的基本內涵。

三、神仙思想之源起

儒家十三經並無仙字，老子五千言亦無仙字，足徵「神仙」一詞不見於春秋之前。[22] 仙亦作僊，《詩經》〈小雅·賓之初筵〉中有「屢舞僊僊」之語，僊僊為舞之形容詞。朱注：「僊僊，軒舉貌。」軒舉乃鳥飛高舉的樣子，並無長生不死之仙義。

道教以神仙信仰為其教義核心，然神仙信仰由來已久，遠早在道教出現之前就已存在。神仙信仰由不死之思想而起。人生在世必有一死，而人皆好生而惡死，因此不死之論自古即有其臆想，有其傳說。古籍《山海經》中記述此類長壽不死之神話甚多：〈海外西經〉有軒轅國，其不壽者八百歲[23]，更有白民國的神獸乘黃，乘之壽千歲[24]；〈海內北經〉有名曰吉量的文馬，若乘之則壽達千歲[25]；〈海外南經〉有不死之民[26]；〈海內西經〉有不死之樹[27]，不死之藥[28]；〈大荒南經〉有不死之國[29]；〈海內經〉有不死之山[30]。這些記載，可以理解為古人對於長生不死之生命嚮往的某種具有象徵意涵的表達。

---

[21] 許地山，《道教史》，上海古籍出版社，1999，頁 108。
[22] 周紹賢，《道家與神仙》，台灣中華書局，1982，頁 5。
[23] 李潤英、陳煥良注譯，《山海經》，岳麓書社，2006，頁 274。
[24] 李潤英、陳煥良注譯，《山海經》，岳麓書社，2006，頁 275。
[25] 李潤英、陳煥良注譯，《山海經》，岳麓書社，2006，頁 309。
[26] 李潤英、陳煥良注譯，《山海經》，岳麓書社，2006，頁 263。
[27] 李潤英、陳煥良注譯，《山海經》，岳麓書社，2006，頁 305。
[28] 李潤英、陳煥良注譯，《山海經》，岳麓書社，2006，頁 306。
[29] 李潤英、陳煥良注譯，《山海經》，岳麓書社，2006，頁 342。
[30] 李潤英、陳煥良注譯，《山海經》，岳麓書社，2006，頁 378。

　　《左傳》昭公二十年記載，齊景公於飲酒作樂之際，詢問晏子曰：「古而無死，其樂若何？」而晏子答之以「自古無不死之人」。可見不死之嚮往，在春秋時已被作為一議題而被提出討論。及至戰國時期，神仙之說盛行，加上封建帝王個人企求長生不死的推波助瀾，影響更為深遠。司馬遷《史記・封禪書》中記載：

> 自威、宣、燕昭使人入海求蓬萊、方丈、瀛洲。此三神山者，其傳在勃海中，去人不遠；患且至，則船風引而去。蓋嘗有至者，諸僊人及不死之藥皆在焉。其物禽獸盡白，而黃金銀為宮闕。未至，望之如雲；及到，三神山反居水下。臨之，風輒引去，終莫能至云。世主莫不甘心焉。及至秦始王并天下，至海上，則方士言之不可勝數。始皇自以為至海上而恐不及矣，使人乃齎童男女入海求之。船交海中，皆以風為解，曰未能至，望見之焉。其明年，始皇復游海上，至琅邪，過恆山，從上黨歸。後三年，游碣石，考入海方士，從上郡歸。後五年，始皇南至湘山，遂登會稽，并海上，冀遇海中三神山之奇藥。不得，還至沙丘崩。[31]

秦始皇終其一生到處封禪，求不死之藥，企盼不死。這股由封建帝王所發起的瘋狂求仙活動，最終雖然都以失敗收場，但熱潮難消，連司馬遷都有「怪迂阿諛苟合之徒自此興，不可勝數也」[32]之嘆。

　　《韓非子》一書中亦記載帝王求不死藥、不死之道的事，〈說林上第二十二〉中言：

> 有獻不死之藥於荊王者。謁者操之以入。中射之士問曰：「可食乎？」曰：「可。」因奪而食之。王大怒，使人殺中射之

---

[31] 司馬遷，《史記》，大申書局，1982，頁 1369-1370。

[32] 司馬遷，《史記》，大申書局，1982，頁 1369。

士。中射之士使人說王曰：「臣問謁者，曰可食，臣故食之。是臣無罪，而罪在謁者也。且客獻不死之藥，臣食之而王殺臣，是死藥也，是客欺王也。夫殺無罪之臣，而明人之欺王也，不如釋臣。」王乃不殺。[33]

〈外儲左上第三十二〉中亦記載：

客有教燕王為不死之道者。王使人學之。所使學者未及學，而客死。王大怒而誅之。王不知客之欺己，而誅學者之晚也。夫信不然之物，而誅無罪之臣，不察之患也。且人所急，無如其身，不能自使其無死，安能使王長生哉。[34]

凡此記載，似皆突顯求長生不死成仙之渺無徵驗。但雖了無徵驗，卻後繼者踵，歷千年而不衰，由此可見神仙信仰早已深植人心，而彰顯作為人性追求生命不朽之某種體現。

四、老子的長生久視之道與聖人境界

老子《道德經》五千言中並無仙字，但書中「長生久視之道」之說實已隱含神仙思想之意蘊。故而道教之尊奉《道德經》為聖典，自有其核心義理上之內在淵源。

張起鈞先生於其《智慧的老子》一書中指出，將老子《道德經》一書持為養生修煉之據，全是牽強附會之說。[35]然《史記》卷六十三〈老子韓非列傳第三〉中則說：「蓋老子百有六十餘歲，或言二

---

33 王先慎，《韓非子集解》，《新編諸子集成》（五），世界書局，1991，頁 130。
34 王先慎，《韓非子集解》，《新編諸子集成》（五），世界書局，1991，頁 201。
35 張起鈞，《智慧的老子》，廣西師範大學出版社，2006，頁 110-112。

百餘歲，以其修道而養壽者也。」[36]司馬遷此段評述，說明了老子之所以長壽，乃因其修道養生之故。司馬遷的論斷，若證以經文，乃立論有據，實所言不虛，因老子在《道德經》中，以「善為道者」（十五章、六十五章）[37]、「有道者」（二十四章、七十七章）、「善攝生者」（五十章）⋯⋯等等語詞，用來指稱這些修道有成者。同時，他也提出諸如「道乃久，沒身不殆」（十六章）、「不道早已」（三十章）、「知足不辱，知止不殆，可以長久」（四十四章）、「深根固柢，長生久視之道」（五十九章）⋯⋯等等主張養生長壽的思想。司馬遷稱老子「修道而養壽」，所修之道正是老子所謂的「長生久視之道」。如此看來，修道養生以求長生久視確為老子所主張的觀點，絕非牽強附會之說，只不過其內涵與操作方式，隨著時代的變遷而展現不同的面貌。

　　老子的「長生久視之道」，自然是以其道論為基礎。老子之道論可區分為「天道」與「人道」。「天道」所指是作為天地萬物本根之道，而「道」這個字是老子用來指點視之不可見、聽之不可聞、搏之不可得、幽微深遠不可名狀、恍惚杳冥之天地萬物本根時，所勉強使用的一個名稱。老子言：

> 有物混成，先天地生。寂兮寥兮，獨立而不改，周行而不殆，
> 可以為天下母。吾不知其名，強字之曰道，強為之名曰大。
> （二十五章）

---

[36] 司馬遷，《史記》，大申書局，1982，頁2142。

[37] 本文所引老子經文，以陳鼓應《老子註釋及評介》（中華書局，2003九刷）一書中的文字為準。以下所引，除非引用他註以闡述義理，另有註釋外，則只註明章節。

> 道之為物，惟恍惟惚。惚兮恍兮，其中有象；恍兮惚兮，其中有物。窈兮冥兮，其中有精；其精甚真，其中有信。（二十一章）

> 視之不見，名曰夷；聽之不聞，名曰希；搏之不得，名曰微。此三者不可致詰，故混而為一。其上不皦，其下不昧，繩繩兮不可名，復歸於無物。是謂無狀之狀，無物之象，是謂恍惚。（十四章）

作為天下母的道，並不是有形有象、可稱名指涉的具體事物。道本無名，只能勉強「字之曰道，強為之名曰大」，「大」是用來形容道之至大無外，無限深遠廣大之義，故亦可稱之為「大道」。作為天下母的大道，雖是視聽搏皆不可得、混而為一、繩繩不可名之物，然確是一真實的存在，惟其存在狀態是夷希微，一種無狀之狀，無物之象，恍惚窈冥之存在。天地萬物都是這恍惚窈冥的大道所化生，故其為天下之母。後世道經《太上老君說常清靜妙經》云：「大道無形，生育天地；大道無情，運行日月；大道無名，長養萬物。吾不知其名，強名曰道」[38]實乃直承老子意旨。

「人道」則是人所行之道。人所行之道，有合於天道者，亦有不合於天道者。合於天道之人道，稱為「聖人之道」；不合於天道之人道，則為一般之人道，就稱之為「人之道」。[39]而能行聖人之道者，是為「有道者」。「有道者」指的是能依天道而行／不行的人。[40]相對於「有道者」，不能依天道而行／不行的人即是「無道

---

[38] 《道藏》11 冊，頁 344。文物出版社，上海書店，天津古籍出版社，1988。

[39] 《道德經》七十七章：「天之道，損有餘而補不足；人之道，則不然，損不足以奉有餘。」此以「天之道」、「人之道」對舉，很明顯「人之道」即指不合天道之人道，乃不同於合乎天道之「聖人之道」。

[40] 能依天道而行某事之人為有道者，同樣地，能依天道而不行某事的人亦是有道者。重點不在行不行，合不合乎天道才是關鍵所在。

者」，這其實就是指一般人，因其不知道或不修道，其所行乃不合天道者。「有道者」老子稱之為「聖人」，但其內涵與儒家之聖人不同。儒家之聖人是「有德者」，一個有道德修養的人；老子所稱的聖人則是「有道者」，是大道的體現者，是依天道而行／不行的有道之人。「聖人」一詞在《道德經》二十四章中出現了二十九次之多，由此自可看出其重要性。聖人與一般人確有所別，聖人體道而行自然無為，故能不辱不殆長生久視；一般人則貪欲恣盛，巧智妄作，因而給生命帶來諸多禍患，不得長生。

聖人體道合真的生命境界，與道一樣難以名狀，老子即說：「古之善為道者，微妙玄通，深不可識。」（十五章）「善為道者」，王弼、河上公本作「善為士者」；帛書甲本全殘，乙本則為「善為道者」；竹簡本亦作「善為士者」。吳怡先生認為「善為士者」就是「善為道之士」，一字之改無關義理。[41]「善為道之士」，河上公註謂：「得道之君也」[42]，其實就是老子所說的「聖人」，依天道行事的有道之士。

體道合真之聖人，其生命境界，與世俗之人相去甚遠，老子自身有如下之表述：

> 眾人熙熙，如享太牢，如春登臺。我獨泊兮，其未兆；沌沌兮，如嬰兒之未孩；儽儽兮，若無所歸。眾人皆有餘，而我獨若遺。我愚人之心也哉！俗人昭昭，我獨昏昏。俗人察察，我獨悶悶。眾人皆有以，而我獨頑似鄙。我獨異於人，而貴食母。（二十章）[43]

---

[41] 吳怡，《老子解義》，三民書局，1994，頁 119。

[42] 《老子道德經河上公章句》，王卡點校，中華書局，1997 二刷，頁 57。

[43] 「俗人察察，我獨悶悶。」句後有「澹兮其若海，飂兮若無止。」文句，依陳鼓應先生之意，移至第十五章。

在這段自白中，老子以「我」與眾人（俗人）對舉，陳鼓應先生註
「我」曰：「這裡老子以第一人稱的方式，表達他的心境和精神意
境」[44]，他並引日本學者福永光司之論作補充說明：「老子的『我』
是跟『道』對話的『我』，不是跟世俗對話的『我』。老子便以這個
『我』做主詞，盤坐在中國歷史的山谷間，以自語著人的憂愁與歡
喜。他的自語，正像山谷間的松濤，格調高越，也像夜海的濤音，
清澈如詩。」[45]老子所言之「我」，即指道的體現者，合道之人。
合道之人與眾俗人相去幾何？眾人「熙熙」（縱情奔欲興高采烈）、
「有餘」（財奢智詐）、「昭昭」（光耀自炫）、「察察」（嚴厲苛刻）、
「有以」（刻意有為），合道之人則是「泊兮」（淡泊不顯耀）、「沌
沌兮」（淳樸渾全）、「儽儽兮」（漫不經心）、「若遺」（若有不足）、
「昏昏」（養晦不爭）、「悶悶」（淳樸敦厚）、「頑似鄙」（頑皮若愚）、
「貴食母」（重本逐末）。

　　眾人熙熙攘攘，皆為口腹、聲色之欲（如享太勞、如春登臺），
因此而背道離真，而「我」（合道者）則是淡泊而不炫燿，保持如
嬰兒未笑之時純樸渾全之本真狀態（沌沌兮如嬰兒之未孩）。「儽
儽兮，若無所歸。」，「儽儽」正相對於「熙熙」之汲汲營營，意
指漫不經心之狀。吳怡先生解釋此句經文說：「懶懶散散，好像
沒有一個目標，然而『若無所歸』，只是表面上的沒有淺薄的目
標，因為一般人的目標，只是求名求利，而修道之士，以道為歸。
可是道是永恆的、廣大的，因此好像沒有一定的歸向。」[46]吳說
甚是。

---

[44] 陳鼓應，《老子今注今譯》，北京商務印書館，2006，頁 152。然而在《老
　　子註釋及評介》一書中，則說：「本章中的『我』，不必特指老子自己，亦
　　可視為體道之士的一種泛稱。」（頁 143）。老子自己亦是體道之士，故二說
　　皆有其理。

[45] 陳鼓應，《老子今注今譯》，北京商務印書館，2006，頁 152-153。

[46] 吳怡，《老子解義》，三民書局，1994，頁 169。

　　老子以為合道之人的心境是「泊兮」、「沌沌兮」、「儽儽兮」，是「若遺」、「昏昏」、「悶悶」、「頑似鄙」，是「貴食母」。而「貴食母」是最重要的一點，這是合道者之所以異於俗人之處。任繼愈先生在解說此章（即第二十章）意旨時指出：

> 老子對當時許多現象看不慣，把眾人看得卑鄙庸俗，把自己看得比誰都高明。而在表面上卻故意說了些貶低自己的話，說自己低能、糊塗、沒有本領，其實是從反面抬高自己，貶低社會上的一般人。他在自我吹噓，自我欣賞。最後一句，說出他的正面意見，他和別人不同之處，在於得到了「道」。[47]

任先生前半段之評斷筆者以為似不中肯，同時說老子「自我吹噓，自我欣賞」也似是誇大不實之論。老子在此只是對比出合道者異於俗人的生命境界與精神氣象，一個淡泊淳樸與道合真的得道者，似乎是不會有自我吹噓自視甚高的自讚，亦無須貶低自己的自嘲。

　　有道之士的境界，依老子之見，微妙玄通，深不可識，所以他也只能「強為之容」（十五章），而作了如下的描述形容：

> 「豫兮若冬涉川」：像冬天過河一樣，戒慎恐懼，戰戰兢兢，如履薄冰。
>
> 「猶兮若畏四鄰」：「猶」義同「豫」，像畏懼四鄰一樣，謹言慎行，不敢肆意妄為。
>
> 「儼兮其若客」：像作客一樣，端正莊重。
>
> 「渙兮其若凌釋」：像冰雪溶化一樣的自然融合。（此句通行本作「渙兮其若冰之將釋」，帛書甲乙本作「凌釋」，凌即冰。）
>
> 「敦兮其若樸」：像未雕飾的木頭一樣敦厚，樸實無華。

---

[47]　任繼愈，《老子新譯》，轉引自張松如，《老子說解》，齊魯書社，2003 三刷，頁 120-121。

「曠兮其若谷」：像山谷一樣豁達深遠，虛懷若谷。

「混兮其若濁」：像濁水一樣，渾然一片，不可測度。

「澹兮其若海」：像大海一樣，沉靜深遠。

「飂兮若無止」：像高風一樣，無羈飄蕩，無有止境。

豫、猶、儼、渙、敦、曠、混、澹、飂等等，都是老子對於有道者所展現之精神風貌與光輝氣象勉強所做的形容，至於有道者真正的心境，只能是「如人飲水冷暖自知」的自證自悟，外人無從得知。

如上所述，因「有道聖人」其體現了大道而彰顯其不朽的特質，如經中所言：「道乃久，沒身不殆」（十六章）、「不道早已」（三十章）、「不失其所者久，死而不亡者壽」（三十三章）、「知足不辱，知止不殆，可以長久」（四十四章）、「有國之母，可以長久。是謂深根固柢，長生久視之道」（五十九章）……等，因此，若以老子之「有道聖人」作為後世道教神仙信仰之義理基礎的濫觴，應不為過。

五、莊子的真人世界

莊子其人其論，《史記》中記載：

> 莊子者，蒙人也，名周。周嘗為漆園吏，與梁惠王、齊宣王同時。其學無所不窺，然其要本歸於老子之言。故其著書十餘萬言，大抵率寓言也。作漁父、盜跖、胠篋，以詆訿孔子之徒，以明老子之術。[48]

---

[48] 司馬遷，《史記》卷六十三〈老子韓非列傳第三〉，大申書局，1982，頁 2143-2144。

依司馬遷之記述，莊子博學無所不窺，其旨要則「本歸於老子之言」，其著書立說以「明老子之術」。如前所述，老子主張虛心實腹、長生久視之道，並身體力行而修道有成，《史記》中即說：「蓋老子百有六十餘歲，或言二百餘歲，以其修道而養壽者也。」此言老子所以長壽，乃因其修道養生之故。依司馬遷所言，莊子可以說是老子思想最好的承繼者與闡發者。

　　莊子確實繼承老子修道養生之說，其言曰：

> 道之真以治身，其緒餘以為國家，其土苴以治天下。由此觀之，帝王之功，聖人之餘事也，非所以完身養生也。(〈讓王〉)[49]

聖人即老子所稱之「有道者」。莊子將修道養生區分為養形與養神，他說：「吹呴呼吸，吐故納新，熊經鳥申，為壽而已矣。此導引之士，養形之人，彭祖壽考者之所好也。」(〈刻意〉)又說：「純粹而不雜，靜一而不變，淡而無為，動而以天行，此養神之道也。」(〈刻意〉)養形與養神二者皆修道養生之重要內涵，然二者相較，莊子更重養神之道，養神之道又稱純素之道，而能體現純素之道者，則稱為真人，其言：

> 純素之道，惟神是守。守而勿失，與神為一。一之精通，合於天倫。故素也者，謂其無所與雜也；純也者，謂其不虧其神也。能體純素，謂之真人。(〈刻意〉)

莊子所謂「真人」即體道合真之人，是全神保生能體純素之有道者。「惟神是守，不虧其神，與神為一」之說，可見莊子之所重。宋碧

---

[49] 郭象注、成玄英疏，《南華真經注疏》，中華書局，1998，頁 552。以下莊子引文皆用此書，只列篇名，不另作注。

虛子陳景元《莊子注》序中言：「斯乃道家之業，務在長生久視，毀譽兩忘，而自信於道矣。」[50]乃肯切之論。

在莊子眼中，存在兩個世界：大知、小知的世界／真知、俗見的世界／真人、俗人的世界。於此二世界中，存在各式各樣的人：有「折楊皇華，滫然而笑」的俗民；有「刻意尚行，離世異俗，高論怨誹」的「山谷之士，非世之人」；有「與仁義忠信，恭儉推讓」的「平世之士，教誨之人」；有「語大功，立大名，禮君臣，正上下」的「朝廷之士，尊主強國之人」；有「就藪澤，處閒曠，釣魚閒處」的「江海之士，避世之人」；有「吹呴呼吸，吐故納新，熊經鳥申」的「導引之士，養形之人」。[51]這些人各有所見，各有所好，亦各有所為。這些人的所見、所好、所為雖皆有異，但在莊子看來，均屬小知世界中的俗人。莊子所企盼的是一個大知的真人世界，對比於小知世界中俗人之所見、所好、所為，莊子描繪真人世界如下：

> 若夫不刻意而高，無仁義而修，無功名而治，無江海而閒，不導引而壽，無不忘也，無不有也。澹然無極而眾美從之。此天地之道，聖人之德也。故曰：夫恬淡寂漠，虛無無為，此天地之平而道德之質也。（〈刻意〉）

如莊子所述，此真人世界是與俗迥異的世界，真人世界所體現的是恬淡寂漠、虛無無為的「天地之道，聖人之德」，「不刻意而高，無仁義而修，無功名而治，無江海而閒，不導引而壽，無不忘也，無不有也」，這與世俗中人之刻意有為、逐求佔有，大相逕庭。

---

[50] 陳景元《莊子注》，收於蒙文通文集第六卷，《道書輯校十種》，巴蜀書社，2001，頁881。

[51] 「山谷之士，非世之人」、「平世之士，教誨之人」、「朝廷之士，尊主強國之人」、「朝廷之士，尊主強國之人」、「江海之士，避世之人」、「導引之士，養形之人」等等之說見〈刻意〉。

　　在有關渾沌的寓言中[52]，莊子暗示了此小知俗見世界是一個
「開竅了的世界」，這個為視聽食息而「開竅了的世界」卻破壞了
生命本真的「渾沌世界」，進而加速了本真生命的敗亡。此一「開
竅了的世界」，依莊子看來，充其量不過是「泉涸，魚相與處於陸，
相呴以濕，相濡以沫」般處境堪憐的世界，去「相忘於江湖」的自
在世界遠矣！這兩個世界之分，也就是莊子「天道」與「人道」之
別，務要明辨慎察。莊子言：

> 不明於道者，悲夫！何謂道？有天道，有人道。無為而尊者，
> 天道也；有為而累者，人道也。主者，天道也；臣者，人道
> 也。天道之與人道也，相去遠矣，不可不察也。（〈在宥〉）

莊子以天道無為而尊，人道則是有為而累，此「人道」即老子所稱
不合於天道之「常人之道」。以天道為主，以人道為臣，莊子基本
上是以一種「麗姬悔泣」的心情看待此人道世界。[53]以這種方式觀
照此世界，則此世界是應該被超越的對象，超越那以諸多行為規範
「相呴以濕，相濡以沫」的情境，而達至如魚「相忘於江湖」般自
在逍遙的境界。這是莊子「天人之分」的最終結論——捨人就天。
捨人就天，不以人滅天，莊子稱之為「反其真」（〈秋水〉）。反其真
者，即是「真人」。反之，一個人若是「喪己於物，失性於俗者，
謂之倒置之民」[54]（〈繕性〉）。真人「以天待之，不以人入天」（〈徐
無鬼〉），莊子謂此為「法天貴真」：

---

[52] 「南海之帝為儵，北海之帝為忽，中央之帝為渾沌。儵與忽時相與遇於渾
　　沌之地，渾沌待之甚善。儵與忽謀報渾沌之德，曰：『人皆有七竅以視聽食
　　息。此獨無有，嘗試鑿之。』日鑿一竅，七日而渾沌死。」（〈應帝王〉）

[53] 「麗姬悔泣」之事見於〈齊物論〉：「麗之姬，艾封人之子也。晉國之始得
　　之也，涕泣沾襟，及其至於王所，與王同匡牀，食芻豢，而後悔其泣也。」
　　本文以為此亦莊子「小大之辨」兩個世界觀之又一譬喻。

[54] 「倒置之民」又稱「蔽蒙之民」：「繕性於俗學以求復其初，滑欲於俗思以
　　求致其明，謂之蔽蒙之民。」（〈繕性〉）

> 禮者，世俗之所為也；真者所以受於天也，自然不可易也。
> 故聖人法天貴真，不拘於俗。愚者反此。不能法天而恤於人，
> 不知貴真，祿祿而受變於俗，故不足。（〈漁父〉）

禮所代表的就是俗世中的種種外在行為規範，「真者，精誠之至也」
（〈漁父〉），乃秉受於天之自然法則，「真者，所以受之於天也，自
然不可易也。」（〈漁父〉）莊子所謂「聖人」，即反其真之「真人」。
真人不為俗世所拘，法天貴真而反俗歸真也。一般愚俗之人，則不
識小大之辨、不明天人之分，只能受變於俗，無以超脫。受變於俗
的「倒置之民」，追求俗世之所尊、所樂者：富貴、壽善、身安、
厚味、美服、好色、音聲等；逃避俗世之所下、所苦者：貧賤、夭
惡、身不得安逸、口不得厚味、形不得美服、目不得好色、耳不得
音聲等。然所尊、所樂者總有所不得，而所下所苦者亦總無所逃，
樂之不得，苦之不去，總是個憂苦的人生。此一世俗世界，雖有所
尊、所樂者，然根本上仍是個「與憂俱生」（〈至樂〉）的世界，「終
身役役而不見其成功，苶然疲役而不知其所歸，可不哀邪！」（〈齊
物論〉）。莊子慨嘆人生在世是活受罪，猶如受刑，有外刑（外在的
磨難），也有內刑（內在的煎熬），而只有真人才能免乎外內之刑。
此憂苦之生命，吾人若欲求得一個安頓，依莊子之見，其要即在於
深明「天人之分」，不以人滅天，捨人就天，由人道復反其天道自
然之真，而「與天和者也」（〈天道〉）。此乃莊子修道思想之理據與
工夫之所在。與天和者，莊子謂之「天樂」（〈天道〉），相對於伴有
憂苦的「人樂」（俗樂），天樂乃無苦之至樂。能遊乎至樂者，謂之
「至人」。（〈田子方〉）莊子謂：「得道者，窮亦樂，通亦樂，所樂
非窮通也。」（〈讓王〉）得道者窮通皆樂，無所不樂，此為「天樂」，
亦可名之「道樂」，乃無待逍遙之樂。是故，吾人若能修至與道合
真之至樂境界，就是生命徹底安頓之處，此即修道之終極目的。

　　真人即有真知者，是與道合真之體道者，莊子亦稱之為「天人」、「神人」、「至人」、「聖人」等等，其言：

> 聖有所生，王有所成，皆原於一。不離於宗，謂之天人；不離於精，謂之神人；不離於真，謂之至人。以天為宗，以德為本，以道為門，兆於變化，謂之聖人。（〈天下〉）

成玄英疏曰：「以上四人，只是一耳，隨其功用，故有四名也。」是故，所謂「一」、所謂「宗」，所謂「精」、所謂「真」，實均指「天道」而言。[55]

　　有關「真人」，莊子於〈大宗師〉一文中有大量的描述，茲先引述如下：

> 古之真人，不逆寡，不雄成，不謨士。若然者，遇而弗悔，當而不自得也。若然者，登高不慄，入水不濡，入火不熱。是知之能登假於道者也若此。

> 古之真人，其寢不夢，其覺無憂，其食不甘，其息深深。真人之息以踵，眾人之息以喉。屈服者，其嗌言若哇。其嗜欲深者，其天機淺。

---

[55] 《南華真經》一書中對這些名稱之使用並非總是一致的，如〈逍遙遊〉中言：「至人無己，神人無功，聖人無名。」看來，至人、神人、聖人是有所不同的。但似乎也可做不同的解釋，成玄英對此不同即疏曰：「至言其體，神言其用，聖言其名，故就體言至，就用語神，就名語聖，其實一也。詣於靈極，故謂之至；陰陽不測，故謂之神；正名百物，故謂之聖。一人之上，其有此三，欲顯功用名殊，故有三人之別。」依此說，至人、神人、聖人是真人同實殊用異名之別稱，本文從此解。此外必須辯明的是，「聖人」之不同意涵。如〈馬蹄〉篇中所稱：「夫殘樸以為器，工匠之罪也；毀道德以為仁義，聖人之過也。」此「聖人」之義實不同於「真人」義之「聖人」，一為倡行仁義道德之「儒家聖人」，一是自然無為體道合真之「道家聖人」，其義遠矣，二者不可混淆。

古之真人，不知說生，不知惡死。其出不訢，其入不距。翛
然而往，翛然而來而已矣。不忘其所始，不求其所終。受而
喜之，忘而復之。是之謂不以心捐道，不以人助天，是之謂
真人。若然者，其心志，其容寂，其顙頯，淒然似秋，煖然
似春，喜怒通四時，與物有宜而莫知其極。

古之真人，其狀義而不朋，若不足而不承；與乎其觚而不堅
也，張乎其虛而不華也；邴邴乎其似喜乎！崔乎其不得已
乎！滀乎進我色也，與乎止我德也；厲乎其似世乎！警乎其
未可制也；連乎其似好閉也，悗乎忘其言也。以刑為體，以
禮為翼，以知為時，以德為循。以刑為體者，綽乎其殺也；
以禮為翼者，所以行於世也；以知為時者，不得已於事也；
以德為循者，言其與有足者至於丘也；而人真以為勤行者
也。故其好之也一，其弗好之也一。其一也一，其不一也一。
其一與天為徒，其不一與人為徒。天與人不相勝也，是之謂
真人。

在〈刻意〉篇中亦有段文字提到「真人」：

純粹而不雜，靜一而不變，淡而無為，動而以天行，此養神
之道也。……精神四達並流，無所不極，上際於天，下蟠於
地，化育萬物，不可為象，其名為同帝。純素之道，唯神是
守。守而勿失，與神為一。一之精通，合於天倫。……故素
也者，謂其無所與雜也；純也者，謂其不虧其神也。能體純
素，謂之真人。

關於「至人」，莊子則有如下之陳述：

> 至人神矣！大澤焚而不能熱，河漢沍而不能寒，疾雷破山、
> 飄風振海而不能驚。若然者，乘雲氣，騎日月，而遊乎四海
> 之外，死生無變於己。況利害之端乎！（〈齊物論〉）

> 古之至人，假道於仁，託宿於義，以遊逍遙之墟，食於苟簡
> 之田，立於不貸之圃。逍遙，無為也；苟簡，易養也；不貸，
> 無出也。古者謂是采真之遊。（〈天運〉）

> 孔子見老聃，老聃新沐，方將被髮而乾，慹然似非人。孔子
> 便而待之。少焉見，曰：「丘也眩與？其信然與？向者先生
> 形體掘若槁木，似遺物離人而立於獨也。」老聃曰：「吾遊
> 心於物之初。」……孔子曰：「請問遊是。」老聃曰：「夫得
> 是至美至樂也。得至美而遊乎至樂，謂之至人。」（〈田子方〉）

關於「神人」，莊子有言：

> 藐姑射之山，有神人居焉。肌膚若冰雪，綽約若處子。不食
> 五穀，吸風飲露。乘雲氣，御飛龍，而遊乎四海之外，其神
> 凝，使物不疵癘而年穀熟。（〈逍遙遊〉）

至於「聖人」，莊子則說：

> 聖人不從事於務，不就利，不違害，不喜求，不緣道，無謂
> 有謂，有謂無謂，而遊乎塵垢之外。（〈齊物〉）

> 聖人休休焉，休則平易矣。平易則恬淡矣。平易恬淡，則憂
> 患不能入，邪氣不能襲，故其德全而神不虧。故曰：聖人之
> 生也天行，其死也物化。靜而與陰同德，動而與陽同波。不
> 為福先，不為禍始。感而後應，迫而後動，不得已而後起。
> 去知與故，循天之理。故無天災，無物累，無人非，無鬼責。

> 其生若浮，其死若休。不思慮，不豫謀。光矣而不耀，信矣
> 而不期。其寢不夢，其覺無憂。其神純粹，其魂不罷。虛無
> 恬淡，乃合天德。(〈刻意〉)

依上所引莊子之言，真人的特質可以歸結為兩點：第一，真人「同
帝」——與道同遊。真人登假於道，遊心於物之初，合於天倫，循
天之理，動而以天行。不以心捐道，不以人助天，以天為徒，乃合
天德。遊乎塵垢之外，以遊消遙之墟，莊子謂之「采真之遊」。第
二，真人的境界乃至美至樂之逍遙境界。真人遊乎塵垢之外，超越
於世俗相對性的苦樂之外，而活在至福至樂之中。憂患不能入，邪
氣不能襲；無天災，無物累，無人非，無鬼責；其寢不夢，其覺無
憂；不知說生，不知惡死；其出不訴，其入不距。那是一種相忘於
江湖「脩然而往，脩然而來」之絕對無待的自在狀態。

「真人」的境界也不是一蹴而得的，而是循序漸修所致。〈大
宗師〉篇中記載南伯子葵問乎女偊曰：「子之年長矣，而色若孺子，
何也？」女偊回曰：「吾聞道矣。」南伯子葵進而問曰：「道可得學
耶？」女偊乃告知學道之階曰：

> 參日而後能**外天下**；七日而後能**外物**；已外物矣，吾又守之，
> 九日而後能**外生**；已外生矣，而後能**朝徹**；朝徹而後能**見獨**；
> 見獨而後能**無古今**；無古今而後能入於**不死不生**。殺生者不
> 死，生生者不生。其為物無不將也，無不迎也，無不悔也，
> 無不成也。其名為**攖寧**。攖寧者，攖而後成者也。

外天下→外物→外生→朝徹→見獨→無古今→入於不死不生，此女
偊所述學道之階，亦即心齋坐忘循序漸進之實踐步驟。首先是「外
天下」，外即遺忘之意。成玄英疏曰：「凝神靜慮，修而守之。凡經
三日，心既虛寂，萬境皆空，是以天下地上，悉皆非有也。」也就是

說，已能把天下置之度外，「舉世而譽之而不加勸，舉世而非之而不加沮。」（〈逍遙游〉）接著是「外物」，郭象注曰：「物者，朝夕所須，切己難忘。」成玄英進一步疏曰：「天下萬境疏遠，所以易忘；資身之物親近，所以難遺。守經七日，然後遺之。」再來就是「外生」，成玄英疏曰：「隳體離形，坐忘我喪。」此時已達忘我之境，能將生死置之度外。功夫再精進一步就能「朝徹」、「見獨」了。成玄英疏「朝徹」曰：「朝，旦也。徹，明也。死生一觀，物我兼忘，惠照豁然，如朝陽初啟，故謂之朝徹也。」疏「見獨」曰：「夫至道凝然，妙絕言象，非無非有，不古不今，獨往獨來，絕待絕對。賭斯勝境，謂之見獨。」「見獨」就是見到老子所謂「獨立而不改」的大道，當然這裡所說的「見」並非眼見為憑肉眼之見，而是心虛與道契合之義。此即〈天地〉篇中所謂「冥冥之中，獨見曉焉。無聲之中，獨聞和焉。」〈德充符〉篇中所言「謷乎大哉，獨成其天。」〈在宥〉篇中所稱「出入六合，游乎九州，是謂獨有。」之「獨」，意指與道合一之親身體證，「獨與天地精神往來」（〈天下〉）。此乃心齋坐忘功夫達到虛寂靜篤，豁然貫通，而同於大通的境界。達致此合道妙境，也就是入於無古今、不死不生，與道合一的「真人」境界。

　　達到此境界，似乎就是長生不死的神仙了。此正如翦伯贊先生所說：「莊子所謂真人就是仙人。」[56]證之經文，此論有其理據。〈大宗師〉中即記載：「黃帝得之（指得道），以登雲天。」這指的是黃帝乘龍登天化仙的傳說：黃帝採首山之銅，鑄九鼎於荊山之下，此地後名鼎湖。及至鼎成，有龍自天而降下迎黃帝，黃帝及其臣妾七十二人乘龍登天化仙而去。文中又說：「西王母得之，坐乎少廣，莫知其始，莫知其終。」道教文獻中有關西王母的記述甚多，是位普遍受到信仰而尊崇的仙真，與東王公分掌三界十方男女仙籍。當

---

[56] 翦伯贊，《秦漢史》，北京大學出版社，1985，頁 98。

然這是後話，莊子所述不過是表達西王母在得道之後莫知其始終的生命狀態，這種莫知始終的狀態也可以說就是長生不死的存在。依此而論，莊子既言登天，又說不死，其實說的正是神仙。《莊子》書中「真人」、「神人」、「至人」的原型可能即來源於自古以來的神仙信仰。[57]〈天地篇〉中提到：聖人「天下有道，則與物皆昌；天下無道，則修德就閒；千歲厭世，去而上僊，乘彼白雲，至於帝鄉。」此正表示登天成仙的熱切嚮往，「白雲帝鄉」乃成為修仙者心目中的理想家園，逍遙自在的仙境。

六、列子的神仙王國

《列子》一書本屬道家典籍，唐天寶年間，唐玄宗封列子為沖虛真人，改《列子》為《沖虛真經》，宋真宗景德年間又加稱《沖虛真經》為《沖虛至德真經》，乃成道教重要經典。許地山先生在其《道教史》一書中指出：「神仙住處在典籍上，以《列子》所載底為最多。」[58]《列子》一書中所述之仙境，計有歸墟五神山、終北之國、華胥氏之國、化人之宮與列姑射山等處。

（一）歸墟五神山

〈湯問篇〉中記載，在勃海之東非常遙遠的地方有一無底大壑，名曰「歸墟」，其中有五座神山：岱輿、員嶠、方壺、瀛洲、

---

[57] 參見鄭土有，《曉望洞天福地──中國的神仙與神仙信仰》，陝西人民教育出版社，1999，頁 19。

[58] 許地山，《道教史》，上海古籍出版社，1999，頁 111。

蓬萊。「其山高下周旋三萬里，其頂平處九千里。山之中間相去七萬里，以為鄰居焉。其上臺觀皆金玉，其上禽獸皆純縞。珠玕之樹皆叢生，華實皆有滋味，食之皆不老不死。所居之人皆仙聖之種，一日一夕飛相往來者，不可數焉。」[59]歸墟五神山上為仙人所居，具有飛天之神通，能一夕往返神山之間。山中珠玕之樹叢生，食其花果，能不老不死。

（二）終北之國

在北海之北相當遙遠的地方，有「終北之國」，地域廣闊不知邊際，「無風雨霜露，不生鳥獸、蟲魚、草木之類。四方悉平，周以喬陟。……土氣和，無札厲。人性婉而從物，不競不爭；柔心而弱骨，不驕不忌；長幼儕居，不君不臣；男女雜游，不媒不聘；緣水而居，不耕不稼；土氣溫適，不織不衣；百年而死，不夭不病。其民孳阜無數，有喜樂，亡衰老哀苦。」[60]

終北國民雖百年而死，但不夭不病，有喜樂，無衰老哀苦，著實令人神往。文中亦記載，周穆王北游過其國，流連忘返，三年不思歸周室。既返又念念不忘，悵然若失，不進酒肉，不召嬪妃，經過好幾個月才恢復正常。終北之國人雖非不死，但仍是令人嚮往的長生喜樂無憂仙境。

---

[59] 張松輝注譯，《新譯冲虛至德真經》，三民書局，2004，頁131。
[60] 張松輝注譯，《新譯冲虛至德真經》，三民書局，2004，頁143。

（三）華胥氏之國

華胥氏之國見於〈黃帝篇〉，篇中記載黃帝齋心服形三月而神遊其間，「其國無帥長，自然而已。其民無嗜慾，自然而已。不知樂生，不知惡死，故無夭殤；不知親己，不知疎物，故無愛憎；不知背逆，不知向順，故無利害；都無所愛惜，無所畏忌。入水不溺，入火不熱，斫撻無傷痛，指擿無痟癢。乘空如履實，寢虛若處床。雲霧不硋其視，雷霆不亂其聽，美惡不滑其心，山谷不躓其步，神行而已。」[61]這是個自然天放、無憂無慮的自在仙國。

（四）化人之宮

〈周穆王篇〉中記載，周穆王隨西極國之化人神遊「化人之宮」。「化人之宮構以金銀，絡以珠玉，出雲雨之上，而不知下之據，望之若屯雲焉。耳目所觀聽，鼻口所納嘗，皆非人間之有。」[62]周穆王歸來之後，天上人間兩相比較，悵然有失，歷三月而復。後乃去國離俗遠遊，上崑崙山，會西王母，快活似神仙，雖百年猶死，但能窮常身之樂。

---

[61] 張松輝注譯，《新譯冲虛至德真經》，三民書局，2004，頁 30。
[62] 張松輝注譯，《新譯冲虛至德真經》，三民書局，2004，頁 76。

（五）列姑射山

　　〈黃帝篇〉中記載，在海河洲中有列姑射山，「陰陽常調，日月常明，四時常若，風雨常均，字育常時，年穀常豐；而土無札傷，人無夭惡，物無疵癘，鬼無靈響焉。」[63]列姑射山上有神人居，「吸風飲露，不食五穀，心如淵泉，形如處女；不偎不愛，仙聖為之臣；不畏不怒，原愨為之使；不施不惠，而物自足；不聚不斂，而已無愆。」[64]如此神人真是快活無憂之仙。

　　《列子》一書中亦多處談及得道之人（稱「至人」、「聖人」或「真人」），然其內涵有其殊異處，此乃基於其特別的生死觀。列子把人生分為四個階段：嬰孩、少壯、老耄與死亡。[65]而死亡是人生的最後階段，亦即生命的終點，書中所謂：「死者，人之終也。」[66]此乃大化流行中，每一個生命的自然歷程。在這種生死觀點下，人有生必有死，並不存在長生不死之人，「理無不死，理無長生」[67]，因此修道之目的也就不在成仙不死，亦非求死後之福，而是樂生，快快樂樂地好好活過這一生，才是依道順性本真悠然之行。此義於書中論述甚多，如下所引：

　　　　取當生之娛，去死後之名。[68]

---

[63] 張松輝注譯，《新譯冲虛至德真經》，三民書局，2004，頁 32。
[64] 張松輝注譯，《新譯冲虛至德真經》，三民書局，2004，頁 32。
[65] 張松輝注譯，《新譯冲虛至德真經》，三民書局，2004，頁 12。
[66] 張松輝注譯，《新譯冲虛至德真經》，三民書局，2004，頁 13。
[67] 張松輝注譯，《新譯冲虛至德真經》，三民書局，2004，頁 217。
[68] 張松輝注譯，《新譯冲虛至德真經》，三民書局，2004，頁 202。

> 且趨當生，悉遑死後？[69]

> 矜一時之毀譽，以焦苦其神形，要死後數百年中餘名，豈足潤枯骨？何生之樂哉？[70]

此即其生死觀與人生觀之核心要義。

　　人生在世，總有追求，此乃人性之自然，「有所追求」正是一個活著的人之存在特徵，唯其中有憂苦逸樂之別：犯性則憂苦，順性則逸樂。但逸樂之順性並非順無厭之性，書中引楊朱之言曰：

> 生民之不得休息，為四事故：一為壽，二為名，三為位，四為貨。有此四者，畏鬼，畏人，畏威，畏刑，此謂之遁人也。可殺可活，制命在外。不逆命，何羨壽？不矜貴，何羨名？不要勢，何羨位？不貪富，何羨貨？此謂順民也。天下無對，制命在內。[71]

又言：

> 豐屋、美服、厚味、姣色，有此四者，何求於外？有此而求外者，無厭之性。無厭之性，陰陽之蠹也。[72]

人生在世所追求之事，主要有四：壽、名、位、貨。為了保有這些東西，生命為這些外物所宰制而無法自己做主，故畏首畏尾，憂苦異常，是為犯性之「遁人」。若能自己做主，則制命在我，自得安樂，即是順性之「順民」。此順性安樂之民，其實即是依道而順化之有道聖人，乃合於老子「有道聖人」之義，即能依天道而行／不

---

[69] 張松輝注譯，《新譯沖虛至德真經》，三民書局，2004，頁204。
[70] 張松輝注譯，《新譯沖虛至德真經》，三民書局，2004，頁226。
[71] 張松輝注譯，《新譯沖虛至德真經》，三民書局，2004，頁229。
[72] 張松輝注譯，《新譯沖虛至德真經》，三民書局，2004，頁232。

行的人。總言之，列子所言修道有成之人，並非長生不死之仙，而只是依道貴生樂活之人。

七、《太平經》中的神仙世界

《太平經》的成書早於道教的正式成立，但道教在成立之後就把這部書納為自己的經典。[73]因此，此書乃成為流傳至今最早的道教經典。[74]

《太平經》又稱《太平清領書》，原一百七十卷，分甲至癸十部，每部十七卷。今本甲乙辛壬癸五部全佚，其餘五部亦有殘缺，現僅存五十七卷。該書非出於一時一人之手，而是由於長期敷衍擴充而成為卷帙浩繁、內容龐雜的著作。書中既講天人之道，陰陽五行、符籙禁咒、神仙鬼物、治病占驗，亦講治政之道、倫理之則、周急救窮之事，觀點十分駁雜。范曄《後漢書·襄楷傳》中說它「以陰陽五行為家，而多巫覡雜語。」[75]葛洪《神仙傳》則說該書「多論陰陽、否泰、災眚之事，有天道、地道、人道，云：『治國者用之，可以長生。』此其旨也。」[76]「治國者用之，可以長生」，《三洞群仙錄》卷三作：「治國者用之，可以致太平；治身者用之，可以長生。」[77]《太平經》一書，它既是為政致太平之書，又是治身保長生之書，二者可說是該書的二大宗旨，故《道藏目錄詳註》謂之：「內則治身長生，外則治國太平。」[78]

[73] 湯一介，《魏晉南北朝時期的道教》，東大圖書公司，1991，頁19。

[74] 任繼愈主編，《中國道教史》（上卷），中國社會科學出版社，2001，頁19。

[75] 轉引自俞理明，《太平經正讀》〈序〉，巴蜀書社，2001，頁2。

[76] 周啟成注譯，《新譯神仙傳》，三民書局，2004，頁236。

[77] 張繼禹主編，《中華道藏》（第四十五冊），華夏出版社，2004，頁289。

[78] 白雲霽，《道藏目錄詳註》，收於丁福保編，《道藏精華錄》（第一卷），北京

　　關於《太平經》一書中的長生之道，葛洪《神仙傳‧宮嵩》中記載，於漢元帝時，于吉得仙授《太平經》，于吉行之得道成仙，乃以此書交付宮嵩，宮嵩依經修行，亦得仙去。[79]而在唐王松年《仙苑編珠》卷中則引《神仙傳》佚文，記述帛和授于吉素書二卷，謂曰：「此書不但癒疾，當得長生。」于吉受之，乃《太平經》也，行之疾癒，並得長生。[80]於此可見，說長生成仙為《太平經》一書之一大要旨，當不為過，而其中所述的神仙系統，則是道書中最早出現的。[81]

　　《太平經》一書將人到神仙分為幾個不同等級，在《太平經鈔癸部》〈賢不肖自知法〉中說：

> 夫人，愚學而成賢，賢學不止成聖，聖學不止成道，道學不止成仙，仙學不止成真，真學不止成神，皆積學不止所致也。[82]

在此將人神等級分為七等：愚→賢→聖→道→仙→真→神，藉由努力學習可以層層遞進。《太平經鈔丁部》〈分別九人決第九十七〉中則說：

> 奴婢賢者得為善人；善人好學，得成賢人；賢人好學不止，次聖人；聖人學不止，知天道門戶；入道不止，成不死之事，更仙；仙不止入真；成真不止，入神；神不止，乃與皇天同形。[83]

圖書館出版社，2005，頁 375。

[79] 周啟成注譯，《新譯神仙傳》，三民書局，2004，頁 236。

[80] 張繼禹主編，《中華道藏》（第四十五冊），華夏出版社，2004，頁 254。

[81] 任繼愈主編，《中國道教史》（上卷），中國社會科學出版社，2001，頁 23。

[82] 俞理明，《太平經正讀》，巴蜀書社，2001，頁 10。

[83] 俞理明，《太平經正讀》，巴蜀書社，2001，頁 189。

又言：

> 奴婢順從君主，學善能賢，免為善人良民，良民善人學不止
> 成賢人，賢人學不止成聖人，聖人學不止成道人，道人學不
> 止成仙人，仙人學不止成真人，真人學不止成大神人，大神
> 人學不止成委炁神人。[84]

此分人神之級為九等：奴婢→善人（良民）→賢人→聖人→道人→
仙人→真人→神人→與皇天同形。依上所引經文，兩相對照，「神
人」又可稱「大神人」，「與皇天同形」者則指「委炁神人」。在此
亦獲得進一步的訊息，即道人「知天道門戶」，而仙人則已「成不
死之事」，最高的委炁神人則是「與皇天同形」。

　　而在《太平經鈔內部》〈分解本末法第五十三〉中更分為十等，
其言：

> 人或生而不知學問，遂成愚人。夫無知之人，但獨愁苦而死，
> 尚有過於地下，魂魄見事，不得遊樂，身死尚不得成善鬼。
> 今善師學人也，迺使下愚賤之人成善人；善善而不止，更賢；
> 賢而不止，迺得次聖；聖而不止，迺得深知真道；守道而不
> 止，迺得仙不死；仙而不止，迺得成真；真而不止，迺得成
> 神；神而不止，迺得與天比其德；神神而不止，迺得與元氣
> 比其德。[85]

此十等即：愚人→善人→賢人→聖人→道人→仙人→真人→神人→
與天比其德之神人→與元氣比其德之神人，在此將神人更加細膩地
分為神人、與天比其德之神人、與元氣比其德之神人之三等。

---

[84] 俞理明，《太平經正讀》，巴蜀書社，2001，頁 189-190。
[85] 俞理明，《太平經正讀》，巴蜀書社，2001，頁 77。

依《太平經》所言，原則上人人皆可成為神仙，只要積學修善不止而得道即可。《太平經鈔戊部》〈真道九首得失文訣第一百七〉中即言：

> 人無道之時，但人耳；得道則變易成神仙。[86]

人未得道時只是凡夫，一但得道就成神仙了，得不得道是成仙之關鍵。在《太平經鈔壬部》〈八人能受三道服食決第二百八十八〉中更指出：

> 上古第一神人，第二真人，第三仙人，第四道人，皆象天得真道意。眩目內視，以心內理，陰明反洞於太陽，內獨得道要。[87]

在此段經文中明白指出，神人、真人、仙人、道人「皆象天得真道意」、「獨得道要」。這充分說明了「道人」以下之各級存在（愚人、善人、賢人、聖人），都還只是未得道的凡人，只有「道人」以上的存在（道人、仙人、真人、神人）才是得道的神仙。吾人可稱此為《太平經》中「廣義的仙」，它包含了道人、仙人、真人、神人等得道之人。而神仙人等級中所稱的「仙人」，則是「狹義的仙」。「仙人」比「道人」高一等，二者皆為得道之人，然「道人」尚未得不死之果，「仙人」則已成不死之功，而為其特徵。「道人」僅得道但仍有死，「仙人」則得道而不死。前引《太平經鈔丁部》〈分別九人決第九十七〉中言：「入道不止，成不死之事，更仙。」《太平經鈔丙部》〈分解本末法第五十三〉中亦言：「守道而不止，迺得仙不死。」足證此義不差。

---

86 俞理明，《太平經正讀》，巴蜀書社，2001，頁 233。
87 俞理明，《太平經正讀》，巴蜀書社，2001，頁 541。

　　然《太平經》中的觀念並無嚴格的邏輯一致性，有些地方提到似乎只要能夠「盡天年」，也可視之為仙之特質。《太平經鈔己部》〈上書十歸之神真命所屬訣第一百四十九〉中言：

> 古始學道之時，神遊守柔以自全，積德止道致仙，乘雲駕龍行天門，隨天轉易若循環。真人專一，老壽，命與天連。……仙無窮時，命與天連。[88]

文中「真人」與「仙」同義，泛指神仙，即「廣義的仙」，其特徵為「老壽，無窮時，命與天連」，亦即「壽與天齊」。

　　但也有以「超越天年」方為神仙之說，《太平經鈔己部》〈五壽以下被承賓災決第一百四十三〉中言：

> 天受人命，自有格法。天地所私者百三十歲，比若天地日相推，有餘閏也，故為私命，過此者應為仙人。天命上壽百二十為度，地壽百歲為度，人壽八十為度，霸壽以六十為度，仵壽五十歲為度。……人生各得天算，有常法，今多不能盡其算者。[89]

文中指出，天受人命，故人生壽夭各有其天算，天命最高以一百二十歲（或一百三十歲）為上限。《太平經》一方面悲嘆常人多無法盡其天年，一方面又標舉能夠超越天命者則可以成仙。

　　此外，尚值得一提的是，《太平經》中除了從長生不死的立場揭示仙之內涵之外，也隱含了「純陽為仙」的觀念。《太平經鈔辛部》〈不效言成功第一百二十一〉中言：

---

[88]　俞理明，《太平經正讀》，巴蜀書社，2001，頁332。
[89]　俞理明，《太平經正讀》，巴蜀書社，2001，頁327。

> 夫陽極為善，陰極為惡；陽極為仙，陰極殺物；此為陰陽之
> 極也。[90]

「純陽為仙」的觀念，後為鍾呂所重，而有進一步之闡發，乃成為仙之另一重要涵義。

八、劉向《列仙傳》中的仙

《列仙傳》可說是流傳下來的第一部有關神仙人物的傳記專著，它開了後代道士文人為神仙立傳之先河，在它之後，為人所熟知的神仙傳記則有葛洪的《神仙傳》、杜光庭的《墉城集仙錄》、趙全陽的《歷世真仙體道通鑑》、王世貞的《列仙全傳》等等。

《列仙傳》記古來仙人，自神農時的雨師赤松子始，至漢時的玄俗止，共計七十一位仙人，涵蓋社會中的諸多階層，包括帝王、帝妃、帝師、太子、大夫、官吏、隱士、道人、漁夫、工藝匠、木匠、補鞋匠、磨鏡匠、園丁、賣草鞋者、賣藥者、販珠商人、釀酒師父、賣酒婦人、養雞者，還有乞丐。其中既有男仙，亦多女仙。書中所載成仙道術主要以服食為主，服食之內容甚廣，植物、礦物、丹藥皆有。其他還有養氣、行氣、補導等術。升天成仙者有乘龍、乘鳳凰、乘白鶴、乘魚、騎羊等等不同方式，亦多屍解而仙者。

《列仙傳》所述仙人事跡，雖玄妙奇異，令人神往，但美中不足的是，對於仙之內涵特質著墨並不多。書中僅見少得可憐的稀疏描述：長壽數百年累世見之而顏容未改，如書中記述昌容「見之者二百餘年而顏色如二十年人。」[91]這點可以說是書中所呈現的神仙

---

[90] 俞理明，《太平經正讀》，巴蜀書社，2001，頁 513。
[91] 張金嶺注譯，《新譯列仙傳》，三民書局，1997，頁 162。

樣貌最主要特質。此外，書中還描述了仙人的其它特質，諸如：髮白更黑、齒落更生、嚴冬著單衣、盛夏著襦袴、形貌歲易、年長而更壯、日中無影……等等。

《列仙傳》在每章篇末皆有八句四言對該章所述仙人之讚頌，全書之後則有一讚詞，總結作者對神仙實有的堅信立場：

> 天地造靈洞虛，猶立五嶽，設三台，陽精主外，陰精主內，精氣上下，經緯人物，道治非一。若夫草木，皆春生秋落，必矣。而有松、柏、檀、檀之倫，百八十餘種，草有芝英、萍實、靈沼、黃精、白符、竹笙、戒火，長生不死者萬數，盛冬之時，經霜歷雪，蔚而不彫，見斯其類也，何怪於有仙邪？[92]

《列仙傳》雖為最早匯集神仙人物事跡之專著，然其中對仙之內涵並無實質而詳要的展示，正如葛洪對此書所作的評述：

> 蓋神仙幽隱，與世異流，世之所聞者，猶千不及一者也。……余今復抄集古之仙者見於仙經、服食方及百家之書，先師所說，耆儒所論，以為十卷，以傳知真識遠之士。其繫俗之徒，思不經微者，亦不強以示之矣。則知劉向所述，殊甚簡要，美事不舉。此傳雖深妙奇異，不可盡載，猶存大體，竊謂有愈於向多所遺棄也。[93]

葛洪雖批評劉向所述「殊甚簡要，美事不舉」，有很多東西都遺漏了，但因神仙幽隱不可盡載，故仍讚許說他「猶存大體」。《列仙傳》確實彰顯了神仙實有、神仙可求亦可致的事例，增進了一般人對神

---

[92] 張金嶺注譯，《新譯列仙傳》，三民書局，1997，頁237-238。
[93] 周啟成注譯，《新譯神仙傳》，三民書局，2004，頁2-3。

仙的信仰。更重要的是它體現了不分階層、性別皆可成仙的平等思想，這對神仙信仰之普及化有深遠的影響。最特別的是，書中記述了周成王時羌人葛由以及巴戎人赤斧的成仙事蹟，似乎也展示了神仙信仰跨越漢民族文化的意蘊，具有普世的價值。

九、葛洪的神仙觀

東晉道士葛洪，在道教史上聲名卓著，其所著《抱朴子內篇》是「為神仙道教奠定理論體系和修煉方術的重要典籍」[94]。依此，乃有論者盛讚葛洪是「魏晉以來神仙道教最傑出的代表和集大成的理論家」[95]。在《抱朴子內篇》之後，他又撰《神仙傳》十卷，具體記述神仙事跡。葛洪在該書自序中言及：「洪著《內篇》論神仙之事，凡二十卷。」[96]所論神仙之事，其要在長生之理，此義在《抱朴子內篇·序》中有很清楚的揭示，葛洪自述其著書之用心及宗旨：

> 考覽奇書，既不少矣，率多隱語，難可卒解。自非至精，不能尋究，自非篤勤，不能悉見也。道士淵博洽聞者寡，而臆斷妄說者眾。至於時有好事者，欲有所修為，倉卒不知所從，而意之所疑，又無可諮問。今為此書，粗舉長生之理，其至妙者，不得宜之於翰墨。蓋麤言較略，以示一隅。冀悱憤之徒省之，可以思過半矣。……貴使來世好長生者，有以釋其惑。[97]

---

[94] 胡孚琛，《魏晉神仙道教——抱朴子內篇研究》，人民出版社，1991，頁3。
[95] 任繼愈主編，《中國道教史》（上卷），中國社會科學出版社，2001，頁75。
[96] 周啟成注譯，《新譯神仙傳》，三民書局，2004，頁1。
[97] 王明撰，《抱朴子內篇校釋》，中華書局，2002五刷，頁367-368。

長生成仙即神仙道教之宗旨，故長生之道乃為葛洪所強調，其言曰：

> 長生之道，道之至也，故古人重之。[98]

又言：

> 天地之大德曰生。生，好物者也。是以道家之所至秘而重者莫過乎長生之方也。[99]

葛洪在此所言「道家」，究其實乃指「道教」，而非一般意義之下所理解的以老莊為主的道家。事實上，葛洪對老莊道家思想是持嚴厲批評的態度：

> 五千文雖出老子，然皆泛論較略耳。其中了不肯首尾全舉其事，有可承按者也。但暗誦此經，而不得要道，直為徒勞耳，又況不及者乎？至於文子、莊子、關令尹喜之徒，其屬文筆，雖祖述黃老，憲章玄虛，但演其大旨，永無至言。或復齊死生，謂無異以存活為徭役，以粗殁為休息，其去神仙，已千億里矣，豈足耽玩哉？其寓言譬喻，猶有可采，以供給碎用，充御卒乏，至使末世利口之姦佞，無行之弊子，得以老莊為窟藪，不亦惜乎？[100]

葛洪批評老莊的話說得很重，不但直陳老子《道德經》關於長生之要旨「泛論較略」，不肯全盤托出詳細說明，更明言暗誦此經若不得要道，只落個徒勞無功。對於莊子齊生死之論更是大力批評，謂其說與神仙旨趣相去甚遠。依葛洪之說，道教與道家雖關係密切，亦存有實質之差異。

---

[98] 〈黃白卷十六〉，《抱朴子內篇校釋》，中華書局，2002 五刷，頁 288。
[99] 〈勤求卷十四〉，《抱朴子內篇校釋》，中華書局，2002 五刷，頁 252。
[100] 〈釋滯卷八〉，《抱朴子內篇校釋》，中華書局，2002 五刷，頁 151。

　　葛洪引述俗語：「人在世間，日失一日，如牽牛羊以詣屠所。每進一步，而去死轉近」[101]，來描述人生短暫而日趨於死的存在狀況，乃深深感慨人生苦短，不若修仙以求長生。葛洪常用「長生」作為仙人的主要形容詞，但他所謂的「長生」不僅是壽命之長，實指「不死」之義，其言曰：

> 仙人或升天，或住地，要於俱長生，去留各從其所好耳。又服還丹金液之法，若且欲留在世間者，但服半劑而錄其半。若後求生天，便盡服之。不死之事已定，無復奄忽之慮。正復且遊地上，或入名山，亦何所復憂乎？[102]

葛洪在此，一方面說仙人不管升天或住地均「俱長生」，一方面又說「不死之事已定」不復擔憂升天、遊地或入山。可見在葛洪心中「長生」實指「不死」，二者乃同義詞，此即仙俗殊異之處，故葛洪即曰：

> 夫神仙之法，所以與俗人不同者，正以不老不死為貴耳。[103]

仙除了長生不死之外，還有一個重要的特徵就是「舊身不改」，葛洪說：

> 若夫仙人，以藥物養身，以術數延命，使內疾不生，外患不入，雖久視不死，而舊身不改，苟有其道，無以為難也。[104]

此言人們若藉由某些長生之道術，或者服食藥物，使得內疾不生而外患不入，就可成為「久視不死」而「舊身不改」的神仙。

---

[101] 〈勤求卷十四〉，《抱朴子內篇校釋》，中華書局，2002 五刷，頁 253。

[102] 〈對俗卷三〉，《抱朴子內篇校釋》，中華書局，2002 五刷，頁 52。

[103] 〈道意卷九〉，《抱朴子內篇校釋》，中華書局，2002 五刷，頁 174。

[104] 〈論仙卷二〉，《抱朴子內篇校釋》，中華書局，2002 五刷，頁 14。

此一「舊身不改」的「肉體不死」思想成為葛洪論仙的最核心內容。[105]

此外，葛洪又爰引《仙經》所云，將仙區分為三品：

> 上士舉形昇虛，謂之天仙。中士遊於名山，謂之地仙。下士先死後蛻，謂之屍解仙。[106]

仙之三品為：上士天仙、中士地仙與下士屍解仙，這是就成仙方式的不同所作的區分：舉形昇虛的為天仙，遊於名山的是地仙，先死後蛻的則是屍解仙。但不論是天仙、地仙還是屍解仙，其本質皆是長生不死。

十、司馬承禎的神仙觀

司馬承禎（647-735），字子微，法號道隱，河內溫人（今河南溫縣）。生於唐太宗貞觀二十年，卒於唐玄宗二十二年，歷經太宗、高宗、中宗、武后（周）、睿宗、玄宗六朝，享年八十九歲。年二十一入道，師事嵩山道士潘師正，受上清經法、符籙及辟穀、導引、服餌之術。茅山宗封為第十二代宗師，後隱居天台山玉霄峰，自號白雲子。司馬承禎善篆隸書，自成一家風格，號「金剪刀書」。玄宗因另以三體書《老子》，刊正文句，刻為石經，定著五千三百八十言為真本。其思想以老莊為本，吸收儒家的正心誠意和佛教止觀學說，

---

[105] 葛洪於〈對俗卷三〉中引彭祖之言：「古之得仙者，或身生羽翼，變化飛行，失人之本，更受異形，有似雀之為蛤，雉之為蜃，非人道也。」（頁 52）「失人之本，更受異形」之說則與「舊身不改」之論並不一致。然此說應是其論述之歧出，而非其根本要旨。其本旨仍在舊身不改的長生不死。

[106] 〈論仙卷二〉，《抱朴子內篇校釋》，中華書局，2002 五刷，頁 20。

融合而成道教的修道成仙理論。[107]其一生著作甚豐，計有：《修真密要》、《修真密旨事目歷》、《服氣精義論》、《修生養氣訣》、《採服松葉等法》、《天地宮府圖》、《登真系》、《上清侍帝晨桐柏真人真圖贊》、《洞玄靈寶五岳名山朝儀經》、《上清含象劍鑑圖》、《太上升玄經注》、《太上升玄消災護命妙經頌》、《坐忘論》、《天隱子》等。[108]

　　司馬承禎的修道思想，基本上是以老莊為本，有所承繼亦有所闡揚，而歸旨於長生成仙之說。《天隱子·序》云：

> 神仙之道以長生為本，長生之要以養氣為先。夫氣受之於天地，和之於陰陽，陰陽神虛謂之心，心主晝夜寤寐謂之魂魄。如此人之身，大率不遠乎神仙之道。……觀夫修鍊形氣，養和心虛，歸根契於伯陽，遺照齊於莊叟，長生久視，無出是書。[109]

這段序言大抵表明司馬承禎修道成仙理論的思想淵源與根本要旨，其思想淵源於老莊，而其根本要旨則包含兩個面向，一是「修鍊形氣」，二是「養和心虛」。神仙之道乃長生久視之道，其要以養氣為先，養氣即修鍊形氣。然養氣之外，尚須養和心虛，即司馬承禎所謂「安心坐忘」[110]。

　　依司馬承禎《天隱子·神仙》中所言，人秉天地虛氣而生，人只要能夠修煉自己與生秉有之虛氣，則人人皆有長生成仙之可能，凡仙之別，僅在能否修煉一己天秉之虛氣。其言曰：

---

[107] 參見任繼愈主編《宗教大辭典》，〈司馬承禎〉條目，上海辭書出版社，1998，頁752。

[108] 參見盧國龍《中國重玄學》，人民中國出版社，1993，頁350-354。該書對司馬承禎之著作亦略作考辨，並請參看。

[109] 《道藏》21冊，頁699。

[110] 司馬承禎，《坐忘論·序》，收於蕭天石主編《道家養生祕旨導論》，自由出版社，1999，頁173。《道藏》本無此文字。

> 人生時秉得虛氣，精明通悟，學無滯塞，則謂之神。宅神於
> 內，遺照於外，自然異於俗人，則謂之神仙。故神仙亦人也，
> 在於修我虛氣，勿為世俗所淪折，遂我自然，勿為邪見所凝
> 滯，則成功矣。[111]

神仙也是人，一個長生不死的人，那是透過長生久視之道，積學修煉所成就的一種特殊生命狀態。然與葛洪的金丹神仙思想不同[112]，司馬承禎並不走服食金丹成仙之路，他認為「金石之藥實虛費而難求，習學之功彌歲年而易遠。若乃為之速效，專之克成，虛無合其道，與神靈合其德者，其唯氣妙乎？」[113]司馬承禎之所重乃是納氣之術（即養氣之法），他在《天隱子·序》中即明確地說：「神仙之道以長生為本，長生之要以養氣為先。」不過養氣僅是神仙之道的基礎或先決條件，進一步還要修心而與道合真，方能煉質成仙。《服氣精義論》中就明白指出這點：

> 氣全則生存，然後能養志，養志則合真，然後能久登生氣之
> 域。[114]

---

[111] 《道藏》21 冊，頁 699。

[112] 葛洪亦以神仙就是長生不死之人，他們並不是天生自然的，而是透過長生之道學修而成，人要成仙只是一個技術性的方法論問題。《抱朴子·論仙》：「若夫仙人，以藥物養身，以數術延命，使內疾不生，外患不入，雖久視不死，而舊身不改，苟有其道，無以為難也。」關於成仙之道，《抱朴子·釋滯》云：「欲求神仙，唯當得其至要，至要者在於寶精、行氣、服一大藥便足，亦不用多矣。」仙道至要雖有寶精、行氣、服藥三途，但葛洪以服食金丹大藥為最終極之途徑，他說：「余考覽養性之書，鳩集久視之方，曾所披涉篇卷，以千計矣，莫不皆以還丹金液為大藥者焉。然則此二事，蓋仙道之極也。服此而不仙，則古來無仙矣。」（《抱朴子·金丹》）又說：「不得金丹，但服草木之藥及修小術者，可以延年遲死者，不得仙也。」（《抱朴子·極言》）以上引文見王明：《抱朴子內篇校釋》（增訂本），北京中華書局，2002 第五次印刷。

[113] 《服氣精義論》，《道藏》18 冊，頁 447。

[114] 《服氣精義論》，《道藏》18 冊，頁 447。

養志也就是修心，亦即司馬承禎所說的安心坐忘。是故，養氣與修心即構成司馬承禎修道成仙的實踐之方，這是有步驟、有階序的踐履功夫，乃得道成仙的修道之方。

司馬承禎在《坐忘論》中詳述了敬信、斷緣、收心、簡事、真觀、泰定、得道等修道的七個階次。所謂「得道」是指完成了養氣全形與安心坐忘之層層修練所達到的「與道合真」之境界，達到此一境界，就是形神俱妙、形神合一的神仙。一方面是「鍊形入微，與道冥一」、「形隨道通，與神合一」，同時也是「虛心谷神，唯道來集」。若只煉心養神，而不及養氣全形，則用慧心勞，形體不免消亡，無以長生久視。司馬承禎說：

> 虛心之道，力有深淺。深則兼被於形，淺則唯及於心。被形者，神人也。及心者，但得慧覺，而身不免謝。何耶？慧是心用，用多則心勞。初得少慧，悅而多辯，神氣漏洩，無靈潤身光，遂致早終，道故難備。經云屍解，此之謂也。[115]

在此亦說明了「慧而不用」之理，以免用慧勞心以害道。修道必須形神兼養，求其全備，身與道同，心與道同，形神合一，形神俱妙，即是得道神仙。所以，司馬承禎總結地說：

> 是故大人含光藏輝，以期全備，凝神寶氣，學道無心，神與道合，謂之得道。[116]

此外，司馬承禎並指出得道之人在身心修行上不同階次所經歷的效驗徵候，亦即心有五時而身有七候，。[117]心有五時是指：

---

[115] 「虛心之道」，《道藏》本作「虛無之道」。依《坐忘論》之主旨乃講述安心坐忘之法，「虛無之道」於修心之義不明。今依蕭天石主編《道家養生秘旨導論》所集之版本改訂為「虛心之道」，以彰顯其坐忘旨意。

[116] 《道藏》22 冊，頁 897。

（一）動多靜少；

（二）動靜相半；

（三）靜多動少；

（四）無事則靜，觸事還動；

（五）心與道合，觸而不動。心至此地，始得安寧，罪垢滅盡，無復煩惱。

身有七候是：

（一）舉動順時，容色和悅；

（二）夙疾普消，身心輕爽；

（三）填補夭傷，還元復命；

（四）延數千歲，名曰仙人；

（五）鍊形為氣，名曰真人；

（六）鍊氣成神，名曰神人；

（七）鍊神合道，名曰至人。

凡得道之人，其安心坐忘要經歷「五時」（五個階段），養氣全形則會經過「七候」（七個層次）。修行者鑒察真道的功力，隨其所達到的「時」「候」而益加明澈。若修道者於修過程中，身心皆無此「五時七候」，那就是走上歧路，休想成道。

在七候之論中，「仙」不過是延數千歲之人，尚未得道，此為「狹義之仙」。「廣義之仙」則包含延數千歲之仙人、鍊形為氣之真人、鍊氣成神之神人、鍊神合道之至人。「神仙之道以長生為本」，長生只是神仙之道的基礎，「長生之要以養氣為先」，能養氣得長生即是延數千歲之仙人，在此基礎上須作進一步的修煉，層層上達，由鍊形為氣之真人到鍊氣成神之神人，最後鍊神合道，

[117] 《道藏》22 冊，頁 897-898。

與道合真而形神俱妙，達到至人境界方為究竟，是可謂：「得道成仙」。

十一、吳筠之仙論

吳筠可說是司馬承禎之後最負盛名的道士[118]，他在道教思想史上的重要地位，在於「完成了由修性向修仙的思想復歸，也完成了由重玄學向內丹道的理論過渡，使重玄學宗趣兩變而由內丹道取代它在道教學術思想中的主導地位。」[119]

早期道教在世人心目中是以煉形為主，劉宋顏延之在《庭誥》中比較佛道二教之別時言：「為道者，蓋流出於仙法，故以煉形為上；崇佛者本在於神教，故以治心為先。」[120]「仙道煉形為上，佛家治心為先」，這可以說是對二家評比的典型看法。在南北朝之後，由於受到佛教心性論的深刻影響，重玄學的興起，乃漸漸地由煉形轉而趨向於從內在心性中去尋求成仙之路，而蔚為潮流。大約出於南北朝末或隋唐之際的道經《太上老君內觀靜》中言：

> 道者，有而無形，無而有情，變化不測，通神群生，在人之身則為神明，所謂心也。所以教人修道，則修心也，教人修心，則修道也。道不可見，因生而明之；生不可常，用道以守之。若生亡則道廢，道廢則生亡，生道合一，則長生不死，羽化神仙。人不可長保者，以其不能內觀於心故也。內觀不遺，生道長存。[121]

---

[118] 盧國龍，《中國重玄學》，中國人民出版社，1993，頁 380。
[119] 同上。
[120] 《弘明集》〈卷第十三〉，上海古籍出版社，1991，頁 90。
[121] 張繼禹主編，《中華道藏》（第六冊），華夏出版社，2004，頁 80。

這種觀點可稱之為「修道即修心」,《太上老君內觀靜》中所言乃此觀點的典型說法。在約出於東晉時的道經《太極真人敷靈寶齋戒威儀諸經要訣》中更直截了當地說：

> 學仙要在方寸盡，方寸不盡，是以學而不獲矣。[122]

又說：

> 上士得道於室內矣。雖處巖穴，而外想一毫不絕，亦徒勞損力爾。學道唯心盡，心盡，仙人當下觀試之也。[123]

這種「學道唯心盡，心盡則成仙」的煉心觀點，在道書《唱道真言》中更被強調為「千聖總途，萬真要路」[124]，是「成仙一貫之學」[125]，乃「仙家徹始徹終之要道也。」[126]然而，吳筠嚴厲地批評了這種偏於修心見性而不知煉形長生的主張，乃與釋家見性成佛之說無異，何可謂為仙道。其言曰：

> 若獨以得性為妙，不知煉形為要者，所謂清虛善爽之鬼，何可與高仙為比哉？[127]

依吳筠之見，修成形神俱妙、與道合真才是不死神仙，若只求心性之超越而形體不救無以解脫，則只是「清虛善爽之鬼」，與神仙相去不啻億萬里。由修心見性到形神雙修的仙道轉向，即「由修性向修仙的思想復歸」，正是吳筠在道教思想史上的貢獻。

---

[122] 張繼禹主編，《中華道藏》（第四冊），華夏出版社，2004，頁 107。

[123] 張繼禹主編，《中華道藏》（第四冊），華夏出版社，2004，頁 109。

[124] 丁福保編，《道藏精華錄》（第三卷），北京圖書館出版社，2005，頁 325。

[125] 丁福保編，《道藏精華錄》（第三卷），北京圖書館出版社，2005，頁 332。

[126] 丁福保編，《道藏精華錄》（第三卷），北京圖書館出版社，2005，頁 331。

[127] 吳筠，《宗玄先生玄綱論》〈以有契無章第三十三〉，張繼禹主編，《中華道藏》（第二十六冊），華夏出版社，2004，頁 67。

　　吳筠的仙論，主要見於《玄綱論》與《神仙可學論》。仙由人修煉而成，吳筠反對稽康所言之神仙持受異氣、秉之自然非積學所能致的觀點，乃不周延之論，他認為：「有不因修學而致者，秉受異氣也。有必待學而後成者，功業充也。有學而不得者，初勤中墮，誠不終也。」[128]情況不同，不可一概而論。此說合於其人三品之論。

　　道化陰陽生萬物，「陽以明而正，其粹為真靈，陰以晦而邪，其精為魔魅。故秉陽靈生者為睿哲，資陰魅育者為頑兇。睿哲惠和，陽好生也。頑兇悖戾，陰好殺也。或善或否，二氣均合而生中人。三者各有所秉，而教安施乎。教之所施，為中人爾。何者？睿哲不教而自知，頑兇雖教而不移，此皆受陰陽之純氣者也。」[129]睿哲之上人秉受純陽之氣，於仙道不教而自知，可「不因修學而致」。頑兇之下人則秉受純陰之氣，雖教而不移，故無以為仙。「玄聖立言，為中人爾。」[130]「教之所施，為中人爾。」所以，「仙由人修煉而成」中所言之人即指「中人」而言，「必待學而後成者，功業充也。」然而「中人入道，不必皆仙」[131]，此即吳筠所謂「有學而不得者，初勤中墮，誠不終也。」人秉道化陰陽而生，「任其流遁則死，反其宗源則仙。」[132]「道在於人也，不煉而為凡。」[133]凡夫順任大化自然之流變而終至於死，若知之修煉，逆而反其宗源，「體與道冥，

---

[128] 《神仙可學論》，張繼禹主編，《中華道藏》（第二十六冊），華夏出版社，2004，頁44。

[129] 《宗玄先生玄綱論》〈天秉章第四〉，張繼禹主編，《中華道藏》（第二十六冊），華夏出版社，2004，頁60。

[130] 《宗玄先生玄綱論》〈長生可貴章第三十〉，張繼禹主編，《中華道藏》（第二十六冊），華夏出版社，2004，頁66。

[131] 《宗玄先生玄綱論》〈長生可貴章第三十〉，張繼禹主編，《中華道藏》（第二十六冊），華夏出版社，2004，頁66。

[132] 《神仙可學論》，張繼禹主編，《中華道藏》（第二十六冊），華夏出版社，2004，頁44。

[133] 《宗玄先生玄綱論》〈明取捨章第三十二〉，同上，頁67。

謂之得道。」[134]得道即是成仙，成仙即得長生不死，「道固無極，
仙豈有窮。」[135]

　　中人修煉，勤行慎終，得道而成仙，成仙即不死。然「仙」
並非究極道果，而只是得道的初階果位，吳筠在《神仙可學論》
文中說：

> 自凡而為仙，自仙而為真。真與道合，謂之神人。[136]

這表明成仙之後還可以進一步成為「真人」，而最高的位階是「神
人」。「神人能存能亡，能晦能光，出化機之表，入太漠之鄉，無心
而玄鑒，無翼而翱翔，嬉明霞之館，宴羽景之堂，歡齊浩劫而無疆，
壽同太虛而不可量。」[137]在《宗玄先生玄綱論》〈以有契無章第三
十三〉中吳筠亦言：

> 煉凡至於仙，煉仙至於真，煉真合於妙，合妙同乎神，神與
> 道合，即道為我身。所以昇玉京，遊金闕，能有能無，不終
> 不殁。[138]

成仙達神自有超乎凡人之能力與不同凡響之生活，能有能無、能晦
能光、無心而玄鑒、無翼而翱翔、不終不殁，昇玉京、遊金闕，歡

---

[134] 《神仙可學論》，張繼禹主編，《中華道藏》（第二十六冊），華夏出版社，
　　　2004，頁44。
[135] 《神仙可學論》，張繼禹主編，《中華道藏》（第二十六冊），華夏出版社，
　　　2004，頁44-45。
[136] 《神仙可學論》，張繼禹主編，《中華道藏》（第二十六冊），華夏出版社，
　　　2004，頁46。
[137] 《神仙可學論》，張繼禹主編，《中華道藏》（第二十六冊），華夏出版社，
　　　2004，頁46。
[138] 《神仙可學論》，張繼禹主編，《中華道藏》（第二十六冊），華夏出版社，
　　　2004，頁67。

壽無窮，「歡齊浩劫而無疆，壽同太虛而不可量」，自是長生不死之快活神仙。

最後需要再作強調的是，吳筠所言「仙」之顯著特徵是一種「純陽的生命存在」。《宗玄先生玄綱論》〈陽勝則仙章第十二〉中言：

> 陽與陰并，而人乃生，魂為陽神，魄為陰靈，結胎運氣，育體搆形，然勢不俱全，全則各返其本。故陰勝則陽竭而死，陽勝則陰銷而仙。……此二者制之在我，陽勝陰伏，則長生之漸也。漸也者，陟道之始，不死之階。[139]

人秉道化陰陽而生，任其流遁則陰勝陽竭而死，若知逆修反其宗源則陽勝陰銷而仙。道俗逆反，殊途異流，人各有所煉，眾人以陰煉陽，道人以陽煉陰：

> 陰煉陽者，自壯而得老，自老而得衰，自衰而得耄，自耄而得疾，自疾而得死。陽煉陰者，自老而反嬰，自濁而反清，自衰而反盛，自麤而反精，自疾而反和，自夭而反壽，漸合真道而得仙矣。是以有纖毫之陽不盡者，則未至於死。有錙銖之陰不滅者，則未及於仙。仙者超至陽而契真，死者淪太陰而為鬼，是謂各從其類。[140]

人為陰陽二氣和合之存在，若順大化之流，則陽氣日盡，終至淪為純陰之鬼；若知之逆反修煉，則陰氣日消，陰盡而成純陽之仙。

---

[139] 《神仙可學論》，張繼禹主編，《中華道藏》（第二十六冊），華夏出版社，2004，頁 62-63。

[140] 《宗玄先生玄綱論》〈以陽煉陰章第十四〉，《神仙可學論》，張繼禹主編，《中華道藏》（第二十六冊），華夏出版社，2004，頁 63。

十二、《道教義樞》中的神仙位業說

　　《道教義樞》十卷，題為清溪道士孟安排集，成書約於唐高宗時。卷首有孟安排之自序，引《道經》、《靈寶無量度人經》、《儒書經籍志》、《靈寶經》、《度人本行經》、《度人本際經》等，闡述元始天尊開劫演道，立教流法垂言度世之緣由。序末言及該書之宗旨為：「顯至道之教方，標大義之樞要。」[141]

　　全書共分十卷，惜卷六已全闕，卷五中則闕「三乘義」，今僅存三十二條目。書例於每條中分「義」與「釋」二段。「義」簡明扼要，述該條大義，並引道經為證。「釋」則論述頗詳，援引諸家之說而歸之於玄門大義。

　　神仙位業之說早在南北朝時陶弘景《真靈位業圖》中已提出，誠如陶弘景在該書序中所言：「雖同號真人，真品乃有數；俱目仙人，仙亦有等級千億。」[142]說仙之等級有千億，乃誇大之詞，但仙確有等級之分。綜觀道教之神靈仙真包羅萬象，十分龐雜而紛亂。陶弘景《真靈位業圖》一書首次將道教所信仰的天神、地祇、人鬼、仙真等分為七階，依序排列，組織成一井然有序的神仙圖譜。每一階層有一位主神排在中位，其餘諸神則位列左位、右位、女真位、地仙散位，數目不等。

　　陶弘景《真靈位業圖》一書將道教紛然無序、雜而無統的神仙群組織化、系統化，自是其在道教發展史上的一大貢獻。不過其實

---

[141] 《道教義樞・序》，張繼禹主編，《中華道藏》（第五冊），華夏出版社，2004，頁 543。

[142] 《洞玄靈寶真靈位業圖・序》，張繼禹主編，《中華道藏》（第二冊），華夏出版社，2004，頁 721。

質意義卻不大，原因在於陶弘景用以定階論位的高低排列標準，充
其量不過是世俗政治體制，尤其是魏晉南北朝當時門閥士族等級制
度的一種反映，他自己在該書序言中就很明白地指出這一點：

> 搜訪人綱，究朝班之品序，研綜天經，測真靈之階業。……
> 比類經正，儺校儀服，埒其高卑，區其宮域。[143]

以人間政治官僚體制之高卑品序而定真靈之階業，這本身就是一件
荒謬的事，難道這些神仙還要受到人間官僚體系、社會制度的束縛
嗎？道與俗反，奠基於世俗人間體制所排定的神仙位階，也就根本
無法如實反映修道成仙在證果成真之不同階位的真實情況。相較而
言，《道教義樞》一書中所述之神仙位業說，就此義而言，乃具有
更高的價值。

《道教義樞》卷一〈位業義第四〉〈義〉中開宗明義界定「位
業」之說：

> 位業者，登仙學道，階業不同，證果成真，高卑有別，三乘
> 七號，從此可明。[144]

這很明白地表示，《道教義樞》中所言的神仙位業，是依學道登仙
證果成真的不同階業以定其高卑位序，這與陶弘景之作法迥然有
別，亦彰顯其價值。在〈釋〉中則言：

> 位是階序之名，業是德行之目，大論品次，釋者不同。[145]

---

[143] 《洞玄靈寶真靈位業圖・序》，張繼禹主編，《中華道藏》（第二冊），華夏
出版社，2004，頁 721。

[144] 張繼禹主編，《中華道藏》（第五冊），華夏出版社，2004，頁 547。

[145] 張繼禹主編，《中華道藏》（第五冊），華夏出版社，2004，頁 547。

這是說修道之人積德累行，依其所證果位不同，而有不同的品次階序。此一品次階序，書中引《洞神經》云：「神人、真人、仙人、道人、聖人、賢人、合共為道。」[146]此六者乃世人得道之名，「神者，神妙無方；真者，堅純非假；仙者，遷昇改化；道者，虛通不壅；聖者，正名制作……正行居心；賢者，辯能才智。」[147]又引《太真科》云：「鬼中立功，進登鬼仙者，皆號靈人。」[148]此是鬼神得道之稱，「靈者識鑒通微。」[149]書中進而又言：「名乃有七，位乃有三。一者仙位，二者真位，三者聖位。神道賢靈，更無別位，名號雖異，猶附三階。」[150]修道之人，從凡夫起修，依其所成就之道果，可得不同位業，如上所述，神仙位業共有七名，即神人、真人、仙人、道人、聖人、賢人與靈人，然其位階是三，依次為仙位、真位、聖位。書中引陸修靜之言曰：「起自凡夫，積行成道，始化曰仙，仙化成真，真化成聖。」[151]

　　凡人修道有成可得仙、真、聖之不同位業，書中進一步引《太真科》之說，以仙真聖三位對應小中大三乘，仙為小乘，真為中乘，聖為大乘，其下則各有九品。小乘仙九品為：上仙、高仙、大仙、神仙、玄仙、真仙、天仙、靈仙、至仙；中乘真九品為：上真、高真、太真、神真、玄真、仙真、天真、靈真、至真；大乘聖九品為：上聖、高聖、大聖、神聖、玄聖、真聖、仙聖、靈聖、至聖。每一乘之九品又可分上中下三品，前三位為上品，中三位為中品，後三位為下品。[152]

---

[146] 張繼禹主編，《中華道藏》（第五冊），華夏出版社，2004，頁547。
[147] 張繼禹主編，《中華道藏》（第五冊），華夏出版社，2004，頁547。
[148] 張繼禹主編，《中華道藏》（第五冊），華夏出版社，2004，頁547。
[149] 張繼禹主編，《中華道藏》（第五冊），華夏出版社，2004，頁547。
[150] 張繼禹主編，《中華道藏》（第五冊），華夏出版社，2004，頁548。
[151] 張繼禹主編，《中華道藏》（第五冊），華夏出版社，2004，頁548。
[152] 張繼禹主編，《中華道藏》（第五冊），華夏出版社，2004，頁549。

　　書中言及「三九不同，而俱是無欲，觀體不無優劣，故有仙真聖殊。」[153]雖說如此，然而仙真聖三乘二十七品之說已流於繁瑣，又未針對各品之殊異處作出詳細的說明，只以「觀體不無優劣」簡略帶過，實難解其確義。此於修道，實徒增學人之迷惑，乃缺乏在實際修行上的指導意義。

十三、《鍾呂傳道集》中的五等仙與陽神說

　　《鍾呂傳道集》簡稱《傳道集》，題為「正陽真人鍾離權雲房著、純陽真人呂巖洞賓集、華陽真人施肩吾希聖傳」。全書為問答體，呂巖發問而鍾離權回答，係鍾離權傳授呂洞賓內丹修煉之法的傳道問答紀錄，書中有系統而詳細地論述了內丹修煉的十八個重要議題，即：論真仙第一、論大道第二、論天地第三、論日月第四、論四時第五、論五行第六、論水火第七、論龍虎第八、論丹藥第九、論鉛汞第十、論抽添第十一、論河車第十二、論還丹第十三、論煉形第十四、論朝元第十五、論內觀第十六、論魔難第十七、論證驗第十八。

　　《道藏精華錄一百種提要》稱該書「深達道妙，凡仙家不傳之秘，於此盡情揭示，纖悉無隱。循此參修，始無歧誤之弊，能入真仙之境。是誠五祖七真一切聖賢之要典。」[154]評價甚高，盡是頌讚之詞，以為修仙正宗丹法。

　　《鍾呂傳道集》一書中即首論真仙，文中指出人有生、長、病、老、死之生命歷程，唯修持仙道，則可安而不病、壯而不老，甚至於可以生而不死。呂洞賓求問其師：「念生死事大，敢望以不病不死之理，指教於貧儒可乎？」鍾離權告之曰：

---

[153] 張繼禹主編，《中華道藏》（第五冊），華夏出版社，2004，頁579。

[154] 丁福保編，《道藏精華錄》（第一卷），北京圖書館出版社，2005，頁25。

> 人生欲免墮於輪迴，不入於異類軀殼，當使其身無病老死
> 苦，頂天立地，負陰抱陽而為人，勿使為鬼。人中修取仙，
> 仙中升取天。[155]

人首先要頂天立地做人，再則積極修煉成仙，進而昇天做天仙，就
能不病、不老、不死、不苦，才不會變成鬼而再度墮入輪迴。「人
中修取仙，仙中升取天」，這可說是其基本論點。人、鬼、仙是完
全不同的存在狀態，其差異之處乃是依其陰陽混雜的程度所作的區
分，書中對此有很明確的界定：

> 純陰而無陽者，鬼也；純陽而無陰者，仙也；陰陽相雜者，
> 人也。[156]

約出於五代末，題為周固樸所著之《大道論》中言：

> 凡人有少陽氣在，不至於死，有少陰氣在，不至於仙。陰氣
> 既滅，即階仙品，仙者純陽也。陽氣滅即為鬼，鬼〔者〕陰
> 氣也。[157]

人作為陰陽相混雜的存在，他一方面可以知所修煉，卻陰存陽，超
凡入聖，脫質成仙，而成為純陽的存在狀態；但另一方面也可能年
少不修，恣情縱意，因而去陽存陰，死為純陰之鬼。

　　仙是人修煉而成的純陽存在狀態，但這種狀態卻有等級之分，
書中進一步指出，仙非一也，可分五等，而修仙之法則有三成：

> 法有三成者，小成、中、成大成之不同也。仙有五等者，鬼
> 仙、人仙、地仙、神仙、天仙之不等，皆是仙也。鬼仙不離

---

[155] 丁福保編，《道藏精華錄》（第三卷），北京圖書館出版社，2005，頁276。
[156] 丁福保編，《道藏精華錄》（第三卷），北京圖書館出版社，2005，頁276。
[157] 張繼禹主編，《中華道藏》（第二十六冊），華夏出版社，2004，頁84。

於鬼，人仙不離於人，地仙不離於地，神仙不離於神，天仙
不離於天。[158]

法有三成，仙有五等，「修持在人而功成隨分」，人們依法修煉，由
其所達之分際而有不同之功果，乃成就級別不等之仙位。五等仙之
內涵如下：

（一）鬼仙：「五仙之下一也。陰中超脫，神像不明，鬼關無
　　　姓，三山無名。雖不入輪迴，又難返蓬瀛，終無所歸，
　　　止於投胎就舍而已。」[159]

（二）人仙：「五仙之下二也。修真之士，不悟大道，道中得
　　　一法，法中得一術，信心苦志，終世不移。五行之氣，
　　　惧交惧合，形質且固，八邪之疫，不能危害。多安少病，
　　　乃曰人仙。」[160]

（三）地仙：「天地之半，神仙之才。不悟大道，止於中成之
　　　法，不可見功，唯長生住世而不死於人間者也。」[161]

（四）神仙：「以地仙厭居塵世，用功不已。關節相連，抽鉛添
　　　汞而金精煉頂。玉液還丹，煉形成氣而五氣朝元，三陽
　　　聚頂。功滿忘形，胎仙自化。陰盡陽純，身外有身，脫
　　　質升仙，超凡入聖。謝絕塵俗以返三山，乃曰神仙。」[162]

---

[158] 《鍾呂傳道集》，丁福保編，《道藏精華錄》（第三卷），北京圖書館出版社，
　　　2005，頁276。

[159] 《鍾呂傳道集》，丁福保編，《道藏精華錄》（第三卷），北京圖書館出版社，
　　　2005，頁276。

[160] 《鍾呂傳道集》，丁福保編，《道藏精華錄》（第三卷），北京圖書館出版社，
　　　2005，頁276-277。

[161] 《鍾呂傳道集》，丁福保編，《道藏精華錄》（第三卷），北京圖書館出版社，
　　　2005，頁277。

[162] 《鍾呂傳道集》，丁福保編，《道藏精華錄》（第三卷），北京圖書館出版社，
　　　2005，頁277-278。

（五）天仙：「地仙厭居塵世，用功不已，而得超脫，乃曰神
　　　仙。神仙厭居三島，而傳道人間。道上有功，人間有行。
　　　功行滿足，受天書以返洞天，是曰天仙。」[163]

　　詳細明辨解析經文中之所述，五等仙之說法，一則既不精確，
二則論述在邏輯上並不一致，令人困惑，易生誤解。

　　依書中對人、鬼、仙之定義：「純陰而無陽者，鬼也；純陽而
無陰者，仙也；陰陽相雜者，人也。」則鬼仙是「定中出陰神，乃
清靈之鬼，非純陽之仙。以其一志陰靈不散，故曰鬼仙。雖曰仙，
其實鬼也。」[164]書中雖如此論述，說鬼仙「雖曰仙，其實鬼也。」
但仍將之列為仙等之中，實為一大謬誤。呂洞賓即回應說：「鬼仙
固不可求也。」是為明証，若為可求自當列為仙等之位，其實不然，
因其是純陰之鬼，去純陽之仙乃南轅北轍相去甚遠。此外，人仙不
過是多安少病、安樂延年的人，亦非純陽之仙，故不得謂之為仙。
所以，鬼仙、人仙之提法，實乃大錯特錯，徒增後人理解之混淆與
困惑。於此若去掉「仙」字而逕稱鬼、人，則在義理上才具有概念
的精確性與邏輯一致性。依此，仙實只三等：地仙、神仙與天仙。
但若嚴格而言，地仙「煉形住世而得長生不死，以作陸地神仙」，
然尚未陰盡陽純，脫質成純陽之仙。《靈寶畢法》中即說：「陸地神
仙，僅可長生不死而已，不能脫質升仙，而歸三島以作仙子。」[165]
如此，「地仙」在「純陽為仙」的嚴格意義下，尚不得稱之為仙，
雖其實質已去凡夫甚遠，但仍未成純陽之仙。只有神仙，「陰盡陽

---

[163] 《鍾呂傳道集》，丁福保編，《道藏精華錄》（第三卷），北京圖書館出版社，
　　　2005，頁 278。
[164] 《鍾呂傳道集》，丁福保編，《道藏精華錄》（第三卷），北京圖書館出版社，
　　　2005，頁 276。
[165] 《鍾呂傳道集》，丁福保編，《道藏精華錄》（第三卷），北京圖書館出版社，
　　　2005，頁 269。

純，身外有身，脫質升仙，超凡入聖」，方完全符合經中所稱：「純
陽而無陰者，仙也」之定義。至於天仙，也是陰盡陽純之神仙，但
因厭居三島，而返回人間傳道。道上有功，人間有行。功行滿足，
受天書之詔命得以返回洞天而昇為天仙，則非人修即可得之，此所
以呂洞賓有「天仙未敢望矣」之慨。天仙除了人努力勤修之外，尚
須有天上的詔書方得成就。此點由經中所言法有三成之對應關係中
可以明白看出，書中言及：

> 人仙不出小成法，地仙不出中成法，神仙不出大乘法。[166]

依此而言，鬼仙不在求仙之列，稱之為仙實屬不當。然則天仙依何
法而得修成？天仙無法可修，乃非屬人能修得之列，仍有待他力方
可。若進一步參照題為「正陽真人鍾離權雲房著、純陽真人呂巖洞
賓傳」的《靈寶畢法》中所述超凡入聖之三乘法，則此義更相得益
彰。[167]《靈寶畢法》中的三乘之法分別為：小乘安樂延年法四門、
中乘長生不死法三門、大乘超凡入聖法三門。與《鍾呂傳道集》相
互對照，「小乘安樂延年法」即「人仙小成法」，依法修之可延年益
壽；「中乘長生不死法」即「地仙中成法」，煉此可住世長生不死；
「大乘超凡入聖法」即「神仙大乘法」，依之修煉可「形神俱妙，
與天地齊年，而浩劫不死。既入而復出，出而不入，如蟬脫蛻，遷
神入聖。此乃超凡脫俗，以為真人仙子。而在風塵之外，寄居三島
之洲者也。」[168]

---

[166] 《鍾呂傳道集》，丁福保編，《道藏精華錄》（第三卷），北京圖書館出版社，
2005，頁 278。

[167] 《靈寶畢法》，丁福保編，《道藏精華錄》（第三卷），北京圖書館出版社，
2005，頁 241-272。

[168] 《靈寶畢法》，丁福保編，《道藏精華錄》（第三卷），北京圖書館出版社，
2005，頁 271-272。在經文下卷論述完大乘法三門之後，有一總結之語：「右
大乘三門，係天仙。」然細觀其文，其實說的是神仙而非天仙，文中也很清

　　小乘、中乘、大乘諸法門，可視之為內丹修煉之階序，修道煉
丹須循序漸進，不可躐等，急於求成，不得其效，反受其害。然真
正要脫質成仙、超凡入聖，唯在上乘法門。小乘、中乘實應視為超
凡入聖之築基功夫，亦是重要而不可廢棄的環節。

　　總上而言，鬼仙只是鬼，人仙還是人，二者均不足以謂之仙。
地仙、神仙皆是人可修煉而成，然地仙只是煉形住世長生不死之
人，尚未陰盡陽純脫質成仙。只有神仙才是真正純陽無陰之仙。而
天仙則是神仙加上天書詔命升天而成。因此，在嚴格意義下所言的
仙，只能是神仙和天仙。若就「修道成仙」的觀點看，則所求之仙，
就只有神仙了，因天仙非僅人修而得成，尚待其他力量之美成。

　　玄門修道意在成仙，若能成就地仙即可住世長生不死，這其實
已是深值企盼的道果。然就「純陽無陰為仙」之嚴格意義而言，神
仙方是修道成仙所欲達致的目標，而神仙入世行善積德，功德圓滿
還可以進一步成就天仙，這就是鍾呂所言：「人中修取仙，仙中升
取天」之精確涵義。

　　鍾呂所言神仙之特徵為「陰盡陽純，身外有身，脫質升仙。」
葛洪對於不死神仙的要求是「舊身不改」，但鍾呂對神仙的要求則
是「身外有身」，亦即在既有舊身之外，煉就出另一新身，此身外
之身鍾呂稱之為「陽神」。鍾呂在對比陽神與舊身之別時說：

> 身外有身，形如嬰兒，肌膚鮮潔，神采瑩然。回視故軀，亦
> 不見有。所見之者，乃如糞堆，又如枯木，憎愧萬端。[169]

陽神新出時形如嬰兒般「肌膚鮮潔，神采瑩然」，反觀自己舊身，
認不出是自己的身體，所見卻如糞堆、枯木，形同廢物，厭惡之極。

　　楚指出，須受天書方得升為天仙。
[169]〈超脫分形第十〉，丁福保編，《道藏精華錄》（第三卷），北京圖書館出版
　　社，2005，頁271。

雖萬分儈愧，卻還不能頓棄之而遠離，因陽神新出尚未莊壯成熟。
陽神要成長，必須透過調神出殼的修煉過程，書中言：

> 輒不可頓棄而遠離，蓋其神出未熟，聖氣凝結而成，須是再
> 入本軀，往來出入，一任遨遊。始乎一步二步，次二里三里。
> 積日純熟，乃如壯士展臂，可千里萬里。而形神壯大，勇氣
> 堅固，然後寄凡骸於名山大川之中，從往來應世之外，不與
> 俗類等倫。[170]

調神出殼的修煉過程，初則調陽神出離身軀一二步的距離，旋即
收回，次則一二里之遙，漸次放遠，放而再收，收而再放。收放
直到陽神「形神壯大，勇氣堅固」，就可獨立自主而自由出入軀體，
「寄凡骸於名山大川之中，從往來應世之外，不與俗類等倫」，方
為功成。

此一「身外之身」的「陽神」即區別地仙、神仙、天仙的重要
指標，其一，就陽神是侷限還是可自由出入身軀而分判地仙、神仙；
其二，就陽神之功德圓滿與否而分別神仙、天仙。

（一）地仙：「陽神不出，胎仙不化，乃日出昏衢之上，為陸
　　　地神仙，僅可長生不死而已，不能脫質升仙而歸三島以
　　　作仙子。」[171]地仙雖長生不死，然陽神不出，尚不能脫
　　　質升仙。

（二）神仙：陽神「既出而復入，入而不出，則形神俱妙，與
　　　天地齊年而浩劫不死。既入而復出，出而不入，如蟬脫

---

[170] 〈超脫分形第十〉，丁福保編，《道藏精華錄》（第三卷），北京圖書館出版
社，2005，頁 271。

[171] 〈內觀交換第九〉，丁福保編，《道藏精華錄》（第三卷），北京圖書館出版
社，2005，頁 269。

蛻，遷神入聖。此乃超凡脫俗，以為真人仙子，而在風
塵之外，寄居三島之洲者也。」[172]神仙之陽神可以自由
出入舊身之軀，形神俱妙，既像地仙一樣與天地齊年，
浩劫不死，亦可如蟬蛻一般，隨時化身而出。

（三）天仙：陽神「或行滿而受天書，驂鸞乘鳳，跨虎騎龍，
自東自西，以入紫府。先見太微真君，次居下島，欲
升洞天。常傳道積行於人間，受天書而升洞天，以為
天仙。」[173]神仙必須在人間行道積功累德，直至功德圓
滿，受天書詔命，才能脫離軀殼飛升而登天仙之列。

　　鍾呂認為人乃陰陽相混雜的存在，「堂堂六尺之軀皆屬陰也，
所有者一點元陽而已。」[174]若知所修煉，則可脫質而成純陽之仙。
長生之理，神仙之道，也就是將身中「一點元陽」煉化為「陽神」，
身外有身，就是修煉有成的神仙。

十四、杜光庭的四等仙論

　　唐末五代之高道杜光庭歸結修道成仙之道主要有四：飛升之道、
隱化之道、屍解之道與鬼仙之道，因而所成之仙亦有四等，其言曰：

　　夫神仙之上者，雲車羽蓋，形神俱飛；其次托谷幽林，隱景
　　潛化；其次解化托象，釿蛻蟬飛；又有積功未備，累德未彰，

[172]〈超脫分形第十〉，丁福保編，《道藏精華錄》（第三卷），北京圖書館出版
社，2005，頁 271-272。
[173]丁福保編，《道藏精華錄》（第三卷），北京圖書館出版社，2005，頁 271。
[174]《鍾呂傳道集》〈論煉形第十四〉，丁福保編，《道藏精華錄》（第三卷），北
京圖書館出版社，2005，頁 307。

> 或至孝至忠，至貞至烈，或心不忘道，功未及人，寒棲獨煉
> 於己身，善行不加於幽顯者，太上以其有志，太極以其推誠，
> 限盡而終，魂神受福者，得為散爽之鬼，地司不判，鬼錄不
> 書，逍遙福鄉，逸樂遂志，年充數足，得為鬼仙。然後生陰
> 景之中，居王者之秩，積功累德，亦入仙階矣。[175]

杜光庭仙等之分判自不同於鍾呂，最特別的是，杜光庭亦將死後有
德之鬼亦列於神仙之林，其內涵既不同於葛洪舊身不改即生成就之
仙，亦不同於鍾呂所稱純陰無陽之鬼。這種生前行善積德死後成仙
之說，別有一番意趣。

十五、白玉蟾的三等仙論

　　南宋時道教學者白玉蟾在其《修真辨惑論》記載了其師陳泥丸
（陳楠）所傳授的仙三等說。白玉蟾問其師：「修仙有幾門，煉丹
有幾法。」其師陳泥丸答曰：「修仙有三等，煉丹有三成。」[176]所
言三等仙為：天仙、水仙與地仙。天仙之道能變化飛昇，上士可以
學之，此是上品煉丹之法；水仙之道能出入隱顯，中士可以學之，
這是中品煉丹之法；地仙之道能留形住世，庶士可以學之，此為
下品煉丹之法。天仙自然是修道的最終目標，修行者唯有修到「遍
體純陽，金筋玉骨，陽神現形，出入自然，此乃長生不死之道畢
矣。」[177]所謂「純陽」，白玉蟾言：

---

[175] 《墉城集仙錄・序》，載於《全唐文》卷九三二，上海：上海古籍出版社，
1990 年，第四冊，頁 4303。

[176] 白玉蟾，《修真辨惑論》，收於蕭天石主編，《白玉蟾全集》（上）台北自由
出版社，2008 年再版，頁 391-398。

[177] 蕭天石主編，《白玉蟾全集》（上）台北自由出版社，2008 年再版，頁 395。

> 人但能心中無心，念中無念，純清絕點，謂之純陽。當此之
> 時，三尸消滅，六賊乞降，身外有身。[178]

能修煉至純陽之體，即能出陽神，而有身外之身，此為修道的最終
目標。然白玉蟾所稱之天仙為「純陽之體，能出陽神，而有身外之
身」之說，就鍾呂而言其實只是「神仙」，尚未臻「天仙」之境，
而「水仙」之等亦鍾呂所無。

十六、王重陽修心見性成仙的思想

　　《元史‧釋老傳》分道家為四派，曰全真，曰正一，曰真大道，
曰太一。正一天師為宋以前道教舊派，全真等則為宋南渡後河北新
創之三道派。[179]十二、三世紀時的中國歷史，正值宋金元朝代交替
之際，戰爭頻繁，社會動盪不安，人心惶惶，民不聊生。全真教基
本上就是在此動亂的歷史背景之下，應運而生。創教者王重陽也曾
有入仕追求功名富貴之志，但時逢戰亂，政局動盪，社會不安，人
民生命朝不保夕，王重陽深感人生的無常、短促與苦難，仕途茫茫，
乃愧然嘆道：「孔子四十而不惑，孟子四十而不動心，吾今已過之
矣，尚且吞腥啄腐，行紫懷金，不亦太愚之甚乎！」[180]王重陽有此
生命的自覺，於是辭官解印，拋妻棄子，遁入玄門，尋求自身生命
的解救，修道成真，後創立全真之教。

---

[178] 〈為煙壺高士求翠虛妙悟全集書〉，前揭書，頁 941-942。

[179] 陳垣，《南宋初河北新道教考》，收於《陳援菴先生全集》（第八冊），新文
豐出版公司，1993，頁 2669。

[180] 秦志安，《金蓮正宗記》，收於《全真七子傳記》，北京宗教文化出版社，1999，
頁 357。

　　「全真」二字即清楚彰顯全真教開宗立教之本旨。元范懌於《重陽全真集》序中言：

> 全真之教大矣哉！謂真者，至純不雜，浩劫常存，一元之始
> 祖，萬殊之大宗也。上古之初，人有純德，性若嬰兒，不牧
> 而自治，不化而自理，其居于于，自適自得，莫不康寧享壽，
> 與道合其真也。降及後世，人性漸殊，道亡德喪，朴散純離，
> 情酒欲蠱盡於中，愁霜悲火魔於外，性隨情動，情逐物移，
> 散而不收，迷而弗返，天真盡耗，流浪死生，逐境隨緣，萬
> 劫不復，可為長太息也。重陽……詩章、詞曲、疏頌、雜文，
> 得於自然，應酬即辨，大率誘人還醇返朴，靜息虛凝，養元
> 初之靈物，見真如之妙性，識本來之面目，使復之於真常，
> 歸之於妙道也。[181]

依范懌之言，所謂「全真」實有二義，一為除情去欲，全本性之真；二是除弊去誕，全老莊之真。「全老莊之真」之義，元徐琰〈廣寧通玄太古真人郝宗師道行碑〉中有一清楚的論述：

> 道家者流，其源出於老莊，後之人失其本旨，派而為方術，
> 為符籙，為燒鍊，為章醮，派愈分而迷愈遠，其來久矣。迨
> 乎金季，重陽真君，不階師友，一悟絕人，殆若天授，起於
> 終南，達於崑崙，招其同類而開導之，鍛鍊之，叛立一家之
> 教，曰全真。其修持大略以識心見性、除情去欲、忍辱含垢、
> 苦己利人為之宗。老氏所謂知其雄守其雌，知其白守其黑，
> 知其榮守其辱，為道日損，損之又損，以至無為。莊生所謂
> 游心於淡，合炁於漠，純純常常，乃比於狂，外天地，遺萬
> 物，深根寧極，才全而德不形者，全真有之，老莊之道始乎

---

[181] 《重陽全真集·范懌序》，《王重陽集》，白如祥輯校，齊魯書社，2005，頁1。

合。重陽唱之，馬譚劉丘王郝六子和之，天下之道流祖之，
是謂七真，師其一也。[182]

此言全真教之創立是在南宋金元之際道教的一個新發展，而其實質
內涵則是對老莊思想的回歸。「全老莊之真」終究亦可以歸於「全
本性之真」的義涵之中，即「還醇返樸，靜息虛凝，養互初之靈物，
見真如之妙性，識本來之面目，使復之於真常，歸之於妙道也」。

全真教修道的究極目的在於證真成仙，這是生命安頓的根本之
道，但它不同於丹鼎派所追求的肉體長生白日飛昇。王重陽在《立
教十五論》第十五論〈論離凡世〉中即清楚地指出這一點：

> 離凡世者，非身離也，言心地也。身如藕根，心似蓮花，根
> 在泥而花在虛空矣。得道之人，身在凡而心在聖境矣。今之
> 人欲永不死而離凡世者，大愚不達道理也。[183]

王重陽文中強調「得道之人，身在凡而心在聖境矣」，並嚴厲批判
那些一心追求長生而遠離塵世的修行者，其實都是愚昧而不知
「道」：「欲永不死而離凡世者，大愚不達道理也。」可見其長生不
死成仙之說非指肉體永生不死，著實別有義涵。王重陽在回應馬丹
陽「何者名為長生不死」之問時，答曰：「是這真性不亂，萬緣不掛，
無去無來，此是長生不死也。」[184]後來馬丹陽亦說：「但能澄心遣
欲，便是神仙。」[185]除此之外，王重陽還詳述追求肉體不死與修道
之間的本質性差異，前者不過是養身之小法而已，根本無關乎修仙
之大道，他說：「務要諸公得識真性。不曉真源，盡學旁門小術，此

---

[182] 《甘水仙源錄》卷二，《道藏》第十九冊，頁 740。
[183] 《王重陽集》，白如祥輯校，齊魯書社，2005，頁 279。
[184] 《重陽真人授丹陽二十四訣》，《王重陽集》，白如祥輯校，齊魯書社，2005，頁 295。
[185] 《丹陽真人語錄》，《馬鈺集》，趙衛東輯校，齊魯書社，2005，頁 251。

是作福養身之法，並不干修仙之道、性命之事，稍為失錯，轉乖人道。」[186]另有詩云：「修行須借色身修，莫殢凡軀做本求。假合四般終是壞，真靈一性要開收。」[187]由此可知其義旨，全真教之修道非延年長生之養形小術，而是超生死的修仙大道，此義即丘處機所說：「吾宗所以不言長生者，非不長生，超之也。此無上大道，非區區延年小術耳。」[188]此無上修仙大道，乃是「性到虛空，豁達靈明」[189]，它追求妄念之淨除而達致本性之靈明，王重陽即有詩云：「本來真性喚金丹，四假為爐煉做團；不染不思除妄想，自然滾出入仙壇。」[190]

此外，王重陽亦有五等仙之說，他在《五篇靈文注》中注曰：

> 仙有五等。鬼仙不足取，人仙不必論，地仙住世長年，神仙出有入無，隱顯莫測，身外有身。能二其身者，是謂神仙。天仙者，列於神仙之上。[191]

這基本上乃承繼鍾呂的觀點。而王重陽在《重陽真人金關玉鎖訣》中，則另有一種五仙之說：

> 聞《傳道集》中有五等神仙：第一，不持戒，不斷酒肉，不殺生，不思善，為鬼仙之類；第二，養真氣長命者，為地仙；

---

[186] 〈玉花社疏〉，《重陽全真集》卷之十，《王重陽集》，白如祥輯校，齊魯書社，2005，頁159。

[187] 〈諸散人求問〉，《重陽全真集》卷之十，《王重陽集》，白如祥輯校，齊魯書社，2005，頁143。

[188] 《丘祖全書節輯‧丘祖語錄》，收於蕭天石主編，《呂祖心法傳道集‧丘祖全書節輯合刊》，台灣自由出版社，1998，頁251。

[189] 〈長春丘真人寄西州道友書〉中言：「有一等道人，丹田搬運，亦是下等門戶爾，乃教初根小器人。若性到虛空，豁達靈明，乃是大道，此處好下手，決要端的功夫。」，《真仙直指語錄》卷上，《道藏》第三十二冊，頁437。

[190] 〈金丹〉，《重陽全真集》卷之二，《王重陽集》，白如祥輯校，齊魯書社，2005，頁30。

[191] 《王重陽集》，白如祥輯校，齊魯書社，2005，頁302。

第三，好戰爭，是劍仙；第四，打坐修行者，為神仙；第五，孝養師長父母，六度萬行方便，救一切眾生，斷除十惡，不殺生，不食酒肉，協非偷盜，出意同天心，正直無私曲，名曰天仙。[192]

王重陽雖說是聽聞《傳道集》之五等仙說，然實非鍾呂五等仙之說，其中無人仙而代之以劍仙。而其五等仙之內涵亦根本大異其趣，倒像是對五種仙的分類而不是定出等級。王重陽之聽聞顯然有誤，但仍可視之為他對五等仙的一己之見，雖與鍾呂有異，然依上所論，「出意同天心，正直無私曲」的天仙確是其修道成仙所追求的最終目標。

十七、《淨明忠孝全書》中的仙論

《淨明忠孝全書》是淨明道派的重要經典。南宋時周真公基於傳統悠久之許遜信仰而創立淨明道，以傳為東晉許遜升仙之處的江西南昌西山為教派活動中心，遵奉許遜為教祖，史稱舊淨明道。至元初劉玉開創新淨明道，仍以許遜為第一代祖師，劉玉則為第二代，但不承認與周真公舊淨明道的傳承關係。劉玉後傳法黃元吉、徐異、趙宜真等。黃元吉、徐異等集結新淨明道之著作為《淨明忠孝全書》六卷。

《淨明忠孝全書》一書之宗旨，在張珪所撰的序中有一簡明扼要的揭示：

---

[192] 《王重陽集》，白如祥輯校，齊魯書社，2005，頁287。

> 世謂仙道者，遺世絕物，豈其然乎。西山玉真劉先生，繼旌
> 陽仙翁淨明之道，必本於忠孝，匪忠無君，匪孝無親，八百
> 之仙率是道矣。噫，非忠非孝，人且不可為，況於仙乎。維
> 孝維忠，仙猶可以為，況於人乎。古人云：欲修仙道，先修
> 人道，舍是何以哉。[193]

張珪的序中指出了兩個要點：其一，「非忠非孝，人且不可為，況
於仙乎。」這是說沒有不忠不孝的神仙，換言之，只要是神仙一定
具有忠孝之德；其二，「欲修仙道，先修人道。」仙道並非人道，
但仙道並不遺世絕物，而是要以人道作為基礎，想修道成仙，就要
先把人做好，也就是說「先修人道，再修天道。」劉玉自己就說：
修仙「不須求絕俗，作名教罪人」[194]。

　　淨明道之大義「以本心淨明為要，而制行必以忠孝為貴」[195]，
故又稱淨明忠孝道。「本心淨明」是其所追求的境界，何謂「淨明」？
「清則淨，虛而明，無上清虛之境，謂之淨明。」[196]而忠孝則為
其修行大要，亦即「由真忠至孝復歸本淨元明之境」[197]，其行只
在懲忿窒欲、明理不昧的正心誠意工夫，是以「淨明大教，始於
忠孝立本，中於去欲正心，終於真至淨明。」[198]然劉玉所言忠孝，
非只忠君孝親日用倫常之謂，而是「大忠」、「大孝」之泛稱：「大

---

[193] 張繼禹主編，《中華道藏》（第三十一冊），華夏出版社，2004，頁 567。

[194] 〈玉真先生語錄內集〉，張繼禹主編，《中華道藏》（第三十一冊），華夏出
版社，2004，頁 584。

[195] 〈中黃先生碑銘〉，張繼禹主編，《中華道藏》（第三十一冊），華夏出版社，
2004，頁 579。

[196] 〈淨明大道說〉，張繼禹主編，《中華道藏》（第三十一冊），華夏出版社，
2004，頁 581。

[197] 〈玉真先生語錄內集〉，張繼禹主編，《中華道藏》（第三十一冊），華夏出
版社，2004，頁 585。

[198] 〈玉真先生語錄別集〉，張繼禹主編，《中華道藏》（第三十一冊），華夏出
版社，2004，頁 596。

忠者，一物不欺；大孝者，一體皆愛。」[199]一念欺心即不忠，一念之孝能致父母，愛萬物亦可印天心。這也就是說，把對君親的狹義忠孝擴大而及於一切人物天心。其弟子黃元吉中黃先生更將之擴及於上帝與修道正脈，而倡言「真忠」、「真孝」，他說：「不黍稷犧牲，惟不欺為用，小心翼翼昭祀上帝，是謂真忠。珍嗇元氣，深知天命，長養道胎，繼續正脈，是謂真孝。」[200]若能盡全「真忠」與「真孝」，才能達致真人的境界，所以他強調說：「如上行持無忝，庶幾踐形惟肖，方謂之真人。」[201]黃元吉進一步闡述「真人」之義涵：

> 真者，一真無偽。人者，異於禽獸。淨明教中所謂真人者，非謂吐納按摩、休糧辟穀而成真也。只是懲忿窒欲，改過遷善，明理復性，配天地而為三極，無愧人道，謂之真人。[202]

這段話表明了淨明忠孝道關於修道成仙的核心論點，修道成仙並非藉由吐納按摩、休糧辟穀修煉而成，而只是透過懲忿窒欲、改過遷善、明理復性之正心修身功夫而得。劉玉即一再強調：「淨明大教是正心修身之學，非區區世俗所謂修煉精氣之說也。」[203]顯然他是看不起那些煉精化氣的修行方術，只要在本元心地上用克己功夫，就是無上真常之妙要。所以，學道求仙「貴在忠孝立本，方寸淨明，

---

[199] 〈玉真先生語錄內集〉，張繼禹主編，《中華道藏》（第三十一冊），華夏出版社，2004，頁 582。

[200] 〈中黃先生問答〉，張繼禹主編，《中華道藏》（第三十一冊），華夏出版社，2004，頁 598。

[201] 〈中黃先生問答〉，張繼禹主編，《中華道藏》（第三十一冊），華夏出版社，2004，頁 598。

[202] 〈中黃先生問答〉，張繼禹主編，《中華道藏》（第三十一冊），華夏出版社，2004，頁 598。

[203] 〈玉真先生語錄內集〉，張繼禹主編，《中華道藏》（第三十一冊），華夏出版社，2004，頁 585。

四美俱備，神漸通靈，不用修煉，自然道成。」[204]這可以說是淨明
忠孝道修行的基本要義。

「無愧人道謂之真人」，故修道成仙之要點即在於淨明忠孝，
〈淨明大道說〉中即云：

> 人能弘道，非道弘人，要不再參禪問道，入山煉形，貴在忠
> 孝立本，方寸淨明。四美俱備，神漸通靈，不用修煉，自然
> 道成。信斯言也，直至淨明。[205]

而「淨明只是正心誠意，忠孝只是扶植綱常」[206]，是故，「淨明之
道，不廢人事，但當正心處物，常應常靜也」[207]。因此，劉玉以
淨明忠孝的真踐實履為修仙大道，而鄙視一般修煉精氣之說。劉
玉進一步更直截了當地宣稱，淨明大教只是「學為人之道」，其
言曰：

> 此教法大槩，只是學為人之道。淨明忠孝，人人分內有也，
> 但要人自肯承當。入此教者，或仕宦，或隱遁，無往不可。
> 所貴忠君孝親，奉先淑後。至於夏葛冬裘，渴飲飢食，與世
> 人略無少異，只就方寸中用些整治功夫。非比世俗所謂修
> 行，殊形異服，廢絕人事，沒溺空無。所以此學，不至潔身
> 亂倫，害義傷教。[208]

---

[204] 〈玉真先生語錄內集〉，張繼禹主編，《中華道藏》（第三十一冊），華夏出版社，2004，頁 585。

[205] 張繼禹主編，《中華道藏》（第三十一冊），華夏出版社，2004，頁 581。

[206] 〈玉真先生語錄內集〉，張繼禹主編，《中華道藏》（第三十一冊），華夏出版社，2004，頁 582。

[207] 張繼禹主編，《中華道藏》（第三十一冊），華夏出版社，2004，頁 585。

[208] 張繼禹主編，《中華道藏》（第三十一冊），華夏出版社，2004，頁 587。

淨明大教只是學為人之道，「為人之道」不過是「忠君孝親，奉先
淑後」，不廢絕人事的修心功夫。此「為人之道」，劉玉進而更有「八
寶」之說：

> 君子之致乎道者八，八寶是也。比干死諫謂之忠，大舜終身
> 謂之孝，善卷殺身謂之廉，南容復圭位之慎，榮期安貧謂之
> 寬，顏回簞瓢謂之裕，叔度洪量謂之容，公藝恕己謂之忍。
> 如是之人，位列仙班。[209]

文中所述比干、大舜、善卷等人之行為表現，乃是忠孝廉慎寬裕容
忍八種德行之典範，劉玉將他們都「位列仙班」，可見其立教宗旨
及其所重之處。此亦即其弟子黃元吉所言：「無愧人道，謂之真人」、
「九霄之上，豈有不淨不明、不忠不孝的神仙」[210]。要言之，忠孝
淨明道的成仙之道不外是「做世間上品好人」[211]。

　　劉玉認為真人、真僧、真儒三家之學，其宗旨皆在化人歸善，
世間皆缺不得，他說：「二氏真人真僧，則皆是人欲淨盡，純然天
性」[212]，而「真儒都是戒慎恐懼中做將出來，親見道體後說出話來，
真是俯仰無愧」[213]。他同時稱呼周、程、朱、張諸大儒為「天人」，
「皆自仙佛中來，以公心為道，故生於儒中救世偏弊耳。」[214]更直

---

[209] 〈玉真先生語錄別集〉，張繼禹主編，《中華道藏》（第三十一冊），華夏出
　　　版社，2004，頁594。
[210] 〈中黃先生問答〉，張繼禹主編，《中華道藏》（第三十一冊），華夏出版社，
　　　2004，頁598。
[211] 〈玉真先生語錄內集〉，張繼禹主編，《中華道藏》（第三十一冊），華夏出
　　　版社，2004，頁584。
[212] 〈玉真先生語錄外集〉，張繼禹主編，《中華道藏》（第三十一冊），華夏出
　　　版社，2004，頁590。
[213] 〈玉真先生語錄外集〉，張繼禹主編，《中華道藏》（第三十一冊），華夏出
　　　版社，2004，頁590。
[214] 〈玉真先生語錄外集〉，張繼禹主編，《中華道藏》（第三十一冊），華夏出

捷了當地說：「晦庵亦自是武夷洞天神仙，出來扶儒教一遍」[215]。
上述說法很明白地將儒聖與仙佛等而視之，但也很清楚劉玉仍是以
道教為本根的立場，來融攝儒釋二家之義。

淨明忠孝道主張方寸淨明，自然道成，就是神仙。而淨明之道，
必本於忠孝。〈淨明大道說〉中言：

> 人當忠孝而答君親之恩。忠孝，大道之本也。是以君子務本，
> 本立而道生。孝弟也者，其為人之本與。有不務本而修煉者，
> 若太匠無材，縱巧何成？唯有大舜比干，不修煉，力忠孝，
> 不求道，道自備。[216]

這種答君親恩的社會性之忠孝倫常乃是人道的根本，同時也是仙道
的基礎，所以說「欲修仙道，先修人道。」清代淨明道師傅金銓闡
釋此義即言：「人道是仙道之階，仙道是人道之極。」[217]確為諦解。
劉玉雖大力推崇並倡導忠孝廉慎寬裕容忍等扶植綱常的社會倫常
思想，幾與儒者無異，其別只在於劉玉認為「世儒習聞此語爛熟了，
多是忽略過去，此間卻務真踐實履。」[218]然其最終旨趣仍在仙道，
只是此求仙之道並不絕於世事，而應以倫常人道為根基，從做好人
開始，此其之所以為道而非儒之關鍵處，這在〈西山隱士玉真劉先
生傳〉中可清楚地看出，傳云：

版社，2004，頁590。
[215] 〈玉真先生語錄外集〉，張繼禹主編，《中華道藏》（第三十一冊），華夏出
版社，2004，頁590。
[216] 張繼禹主編，《中華道藏》（第三十一冊），華夏出版社，2004，頁581。
[217] 《道海津梁》卷一，《藏外道書》（第十冊），巴蜀書社，1992，頁366。
[218] 〈玉真先生語錄內集〉，張繼禹主編，《中華道藏》（第三十一冊），華夏出
版社，2004，頁582。

> 先生夙有卓識，五歲就學讀書，務通大義，弱冠父母繼亡，
> 居喪盡禮，家貧力耕而食，視塵世事不足為，篤志於神仙之
> 學。[219]

傳中又總結其學說宗旨而曰：

> 先生之學，本於正心誠意，而見於真踐實履。不矯亢以為高，
> 不詭隨以為順，不妄語不多言，言必關於天理世教。於三教
> 之旨了然解悟，而以老氏為宗。[220]

淨明忠孝道雖力倡扶植綱常之忠孝德行，然究其實仍是以修道成仙
為其立教宗旨，故其學是道而非儒，「以老氏為宗」之言即顯此義。
其修行之大原則在於「欲修仙道，先修人道」，而人道之要則為忠
孝。既然「欲修仙道，先修人道」，則「仙道」、「人道」自是有別，
只不過淨明忠孝道反對絕世離俗的出世修行方式，乃主張基於人道
而修仙道。然細觀書中之論述，則存在若干值得商榷之論點。如劉
玉所言：「此教法大槪，只是學為人之道。」或其弟子黃元吉所說：
「無愧人道，謂之真人。」這些說法，雖然我們可以站在同情理解
的立場，把它闡釋為只是做為修道並不絕世的強調之詞。但「『只
是』學為人之道」如此的表述，似乎就隱含著如下的意涵：只要不
昧忠孝之心，作一個「世間上品好人」，德行圓滿，也就位列仙班
而得長生。劉玉即言：

> 忠孝之道，非必長生，而長生之性存，死而不昧，列於仙班，
> 謂之長生。有曰養炁延年者，特未得其一二耳。[221]

---

[219] 張繼禹主編，《中華道藏》（第三十一冊），華夏出版社，2004，頁576。
[220] 張繼禹主編，《中華道藏》（第三十一冊），華夏出版社，2004，頁578。
[221] 〈玉真先生語錄別集〉，張繼禹主編，《中華道藏》（第三十一冊），華夏出

他甚至直截了當地說，比干、大舜、善卷、南容等具有忠、孝、廉、慎等德行完善之人，即「位列仙班」，其義甚明。如此說來，德行完善之人即是仙。然而這種論點，一方面將「仙人」之實質內涵等同於儒家之「聖人」；二方面也與「欲修仙道，先修人道」之論相干格。也就是說，「德行完善之人即是仙」的論點，這更像是儒家之聖人，而非道教之仙，雖名之為仙，然無仙之實。依「欲修仙道，先修人道」之論，修人道而有德只不過是進而修仙之先決條件，也就是說，有德方可進而修仙，但非有德者即是仙，此乃其說未明辨、未透徹之處。張珪序中所言：「非忠非孝，人且不可為，況於仙乎。」黃元吉亦言：「九霄之上，豈有不淨不明、不忠不孝的神仙。」可見人道之修煉於成仙之道何等重要。有忠有孝方可為仙，但非有忠有孝即是仙。仙皆淨明忠孝者，然淨明忠孝者未必皆仙。「欲修仙道，先修人道」，這就是說，先學做人，再求成仙，人都做不好，就別想做仙了，亦即「先修人道，再修仙道」。「人道」並非「仙道」，決不能說修了人道即是成仙。《淨明忠孝全書》中似乎將修仙之核心基本功夫當作修行之最終目的，混淆了手段與目的，實乃大謬。然其重視人事倫常德行之修道方式──有德者方能成仙──影響後世深遠，在道教思想史上有其重要地位。雖然如此，其仙說於義理上卻是不透徹的，此點務須明辨，免生乖謬。

十八、孫汝忠《金丹真傳》中的三等仙論

　　明孫汝忠《金丹真傳》承鍾呂尚陽之說而論修仙次第：

版社，2004，頁594。

> 夫一陰一陽之謂道，偏陰偏陽之謂疾。純陽而為仙，純陰而
> 為鬼，半陰半陽則為之人。[222]

半陰半陽之人透過修煉陰盡陽純而成仙，依修仙次第而有三等：

> 初為人仙，次為地仙，終為天仙。人仙者，地仙之因。地仙
> 者，天仙之自也。[223]

修仙有其次第，依序而得不同仙果，先人仙，次地仙，終為天仙，
此時方得「功成名遂，大丈夫平生之事畢矣。」[224]修仙須以此次第
進階而上，無可躐等。三等仙之內涵如下：

> 補完氣血，復成乾體，復得外藥，結成內丹，此人仙也。採
> 鉛煉汞，凝而為砂，真陽外來，聖胎脫化，此地仙也。玄座
> 虛浮，懸一黍珠，餌之升仙，上朝天闕，此天仙也。[225]

煉就純陽之乾體即為人仙，在此基礎上煉至陽神沖舉則成地仙，在
地仙之基礎上積功累德，功德圓滿而得以上朝金闕升為天仙。人
仙、地仙之修煉端在一己之力「由我而不由人」，能得天仙則「在
彼而不在己」猶待他力之加持。在此，「天仙」近於鍾呂所說，然
「煉就純陽之乾體即為人仙，在此基礎上煉至陽神沖舉則成地
仙」，在鍾呂實即「神仙」，依前文所析，「人仙」尚未達純陽之體，
「地仙」則尚未能陽神沖舉。

---

[222] 孫汝忠，《金丹真傳》卷二〈修真入門〉，收於徐兆仁主編，《金丹集成》，
　　北京：中國人民出版社，1993 年，頁 157。
[223] 孫汝忠，《金丹真傳》自序，徐兆仁主編，《金丹集成》，北京中國人民出版
　　社，1993 年，頁 140。
[224] 徐兆仁主編，《金丹集成》，北京中國人民出版社，1993 年，頁 155。
[225] 徐兆仁主編，《金丹集成》，北京中國人民出版社，1993 年，頁 140。

十九、劉一明的五等仙論

清乾隆、嘉慶年間著名道士、龍門派第十一代傳人元悟老人劉一明，在其所著《修真辨難》一書中，答其弟子之問：「聞之仙有五等，皆此一道乎？」時，亦直言仙有五等之說：

> 煉九還七返金液大還丹，了命了性，成金剛不壞之體，千百億化身隱顯不測，天仙之道即萬劫一傳之道也。從後天中返先天，還原返本，歸根復命，凝神聚氣，留形住世，長生而不死者，地仙之道，即以術延命之道也。受三甲符籙，煉上清三洞妙法，飛雲走霧，避三災八難，求去無礙者，列仙之道，南宮護身之道也。修真空之性，極往知來，出陰神而屍解，不落惡趣者，鬼仙之道，即以道全形之道也。降服身心，保精養氣，住世而無苦惱者，人仙之道，乃培植後天之道也。[226]

此五等仙為：天仙、地仙、列仙、鬼仙與人仙。等級不同表示修道境界高低有別，其功夫道法亦各異，故有五道之不同：天仙之道，萬劫一傳之道；地仙之道，以術延命之道；列仙之道，南宮護身之道；鬼仙之道，以道全形之道；人仙之道，培植後天之道。

在注解張伯端《悟真篇》的著作《悟真直指》一書中，在注解「學仙須是學天仙，唯有金丹最的端」詩句時，劉一明亦對鬼仙、地仙、天仙之內涵有進一步的闡述，並指出天仙之道是修真了脫生死之至道。其言曰：

---

[226] 《修真辨難》，收於劉一明著，羽者、余耳點校，《道書十二種》，北京圖書館出版社，2006 年，頁 388-389。

> 夫脫生死之道，學仙之道也。但仙有數等：了性而出陰神者，
> 鬼仙也；了命而留形住世者，地仙也；性命俱了，身外有身，
> 形神俱妙，與道合真者，天仙也。鬼仙雖能陰神，出入自便，
> 然而宅室不固，猶有拋身入身之患；地仙雖能留形住世，然
> 而法身難脫，猶有幻身委物之累。
>
> 二者一落於有死，一落於有生，均未能了脫其生死。惟天仙
> 脫幻身而成法身，超出造化之外，無生無死，能脫生死，與
> 天齊壽，永久不壞也。學者欲脫生死，須學天仙。[227]

「學仙須是學天仙」，天仙是學道修行的最高也是最終目的，因為天仙「煅盡後天陰氣，無質生質，從微而顯，氣足神全。霹靂一聲，金蟬脫殼，身外有身，功成名遂，朝北闕而駕翔鸞，白日飛昇，為純陽不死之天仙，豈不快哉！」[228]

以上簡述劉一明五等仙之論，亦明顯不同於鍾呂之五等仙說，不僅是仙等有差，內涵也多所不同。其「天仙」之名實乃合鍾呂「神仙」、「天仙」之義而稱之，「鬼仙」高於「人仙」，等級之分與鍾呂不同，「列仙」則為鍾呂所無。

二十、陳攖寧的仙學

陳攖寧（1880-1969）是近現代道教思想史上的一個重要人物。他身處清末民初，道教文化低迷不振的年代，為承繼與發揚道教思想傳統，透過《揚善半月刊》、《仙道月報》等刊物積極推廣普及道

---

[227] 《修真辨難》，收於劉一明著，羽者、余耳點校，《道書十二種》，北京圖書館出版社，2006 年，頁 121-122。
[228] 《修真辨難》，收於劉一明著，羽者、余耳點校，《道書十二種》，北京圖書館出版社，2006 年，頁 123。

教思想文化，開辦仙學院弘揚仙學，同時積極籌劃並參與全國性道教組織「中國道教協會」的運作，對道教文化的闡揚作出歷史性的貢獻。牟鍾鑒稱他為民國時期仙道思想的代表人物，並同時指出他的特點是「力圖把仙學改造成一種生命科學，同時保持著宗教信仰的色彩，可以稱之為科學與宗教雜揉的長生成仙之說」[229]。然牟先生的評論並不符合陳攖寧的真正意圖。實際上，陳攖寧力倡仙學的獨立特質。他認為仙學既不同於一般的宗教信仰，又與一般科學大異其趣，它是超越於信仰與科學之外的一門獨立的學問。他說：「仙學可以補救人生的缺憾，其能力高出世間一切科學之上，凡普通科學所不能解決之問題，仙學皆足以解決之。」[230]仙學既然可以解決科學所不能解決的問題，理所當然地推出這樣的結論：「如此世界，如此人生，自然以修道學仙為最高尚」[231]。

　　陳攖寧所倡仙學，既有傳統之舊理，亦有時代之新義。

　　在〈眾妙居問答〉一文中，陳攖寧對仙學有一明確的界定：

　　　所謂仙學，即指煉丹術而言，有外丹、內丹二種分別。[232]

他明白表示，自古學仙之人無不煉丹者，然相較而言，外丹比內丹更符合古仙學之本旨。就成仙的目的而言，外丹是為精華，成效極大，修煉內丹不過是退而求其次的修仙之術。其在署名無名氏所作〈余之求道經過〉一文之按語中說：

---

[229] 〈長生成仙說的歷史考察與現代詮釋〉，收於鄭志明主編，《道教的歷史與文學》，南華大學宗教研究中心，2000，頁 562。

[230] 〈與朱昌亞醫師論仙學書〉，胡海牙總編、伍國忠主編，《中華仙學養生全書》，華夏出版社，2006，頁 972。

[231] 〈又與某道友論陰陽功夫〉，胡海牙總編、伍國忠主編，《中華仙學養生全書》，華夏出版社，2006，頁 969。

[232] 胡海牙總編、伍國忠主編，《中華仙學養生全書》，華夏出版社，2006，頁 863。

> 古來仙學精華，就寄托在煉外丹功夫上，後世學者因外丹功
> 夫手續麻煩，非尋常所能做到，遂改從自己身中精氣神下
> 手，名為內丹。雖比外丹易於入門，但其功效稍嫌薄弱。[233]

由此可見其重外丹之立場，以及煉內丹之原由。然不論內丹、外丹，其最終目的都在成仙。生而為人，為何要成仙呢？關於這一點，陳攖寧在分析儒釋道仙四家宗旨時，有清楚的揭示：

> 儒釋道仙，四家宗旨不同。……儒家見解，認為人生是經常
> 的，所以宗旨在維持現狀，而不準矜奇標異，因此人生永無
> 進化之可言；釋家見解，認為人生是虛妄的，所以宗旨在專
> 求正覺，而抹煞現實之人生，因此學理與現實，常相衝突，
> 難以協調；道家見解，認為人生是自然的，所以宗旨在極端
> 放任，而標榜清靜無為，以致末流隱於萎靡不振，頹廢自甘；
> 仙家見解，認為人生是缺憾的，所以宗旨在改革現狀，推翻
> 定律，打破環境，戰勝自然，以致思想與行為，往往驚世而
> 駭俗。非但儒釋道三家不能融合，即道家與仙家，表面上似
> 乎同隸一種旗幟之下，然二家宗旨，亦難以強同。[234]

仙家以「人生是缺憾的，所以宗旨在改革現狀，推翻定律，打破環境，戰勝自然」，這人生的缺憾所指為何？就是人生苦短、老病無免、大限難逃。仙學之本旨即在改善此人生缺憾。在〈與朱昌亞醫師論仙學書〉文中言：

> 有生有死，造化之常，而仙學首重長生不死，與造化爭權。[235]

---

[233] 胡海牙總編、伍國忠主編，《中華仙學養生全書》，華夏出版社，2006，頁 1107。

[234] 〈道學長歌〉按語，胡海牙總編、伍國忠主編，《中華仙學養生全書》，華夏出版社，2006，頁 767。

[235] 胡海牙總編、伍國忠主編，《中華仙學養生全書》，華夏出版社，2006，頁 973。

仙學欲「與造化爭權」，也就是在此立場上，仙學與道家分道揚鑣並非同路。陳攖寧在批評莊子齊一生死、安時處順之觀點時言：

> 以道家之眼光，來評論神仙家之宗旨，無有是處。神仙家宗旨，要與造化爭權，逆天行事，所謂「我命由我不由天」也。若只知安命以聽天，則與世俗之傭人何以異乎？[236]

陳攖寧一再強調：「仙學乃超人之學」[237]，其目的是超人的，而不是平凡的，企求徹底解決衰老病死的人生缺憾。他說：

> 仙要打破宇宙之定律，不肯受造化小兒之戲弄，不肯聽閻王老子之命令，故說長生不死。[238]

如此看來，「長生不死」即是仙的首要特徵。然而，有生長老病死的肉體生命如何可以長生不死？唯有將此凡軀肉體煉化成為純陽之體，便可長生不死而成仙。陳攖寧在〈孫不二女功內丹次第詩注〉中言此煉化工夫及其果證：

> 驅逐三關九竅之邪，掃蕩五臟六腑之垢，焚身煉質，鍛滓銷霾，抽盡穢濁之軀，變換純陽之體。累積長久，化形為仙。[239]

又言：

---

[236] 〈前安徽師範學生李朝瑞致其教授胡淵如研究內丹信十三函〉按語，胡海牙總編、伍國忠主編，《中華仙學養生全書》，華夏出版社，2006，頁1089-1090。

[237] 《仙學必成》〈篇前語〉，胡海牙總編、伍國忠主編，《中華仙學養生全書》，華夏出版社，2006，頁361。

[238] 〈眾妙居問答〉，胡海牙總編、伍國忠主編，《中華仙學養生全書》，華夏出版社，2006，頁864。

[239] 胡海牙總編、伍國忠主編，《中華仙學養生全書》，華夏出版社，2006，頁570。

> 性命雙修之士，將此身精氣神團結得晶瑩活潑，骨肉俱化，
> 毛竅都融，血似銀膏，體如流水，暢貫於四肢百節之間，照
> 耀於清靜虛無之域，故能升沉莫測，隱顯無端。[240]

肉體凡夫透過修煉，抽盡穢濁，骨肉俱化，毛竅都融，遍體純陽，
化形為仙，即得長生不死。此非舊身不改的肉體長生，而是化形為
純陽之氣的不死神仙，稱之為「氣長生」[241]。

　　將凡軀肉體煉化成純陽之體，只是修仙的初步成就，白日飛昇
才是最後目的，這也是陳攖寧特別強調之處：

> 長生不死是初步效驗；白日飛昇是最後結果。其程度大有深
> 淺之不同。[242]

又在〈答復浦東李道善君問修仙〉一文中言：

> 所謂神仙者，必有確鑿的證據，要似來函所云：「許旌陽拔
> 宅飛升，王子喬跨鶴而去」，方可稱為真正神仙。[243]

此以「拔宅飛升」與「跨鶴而去」，方可稱之為真正神仙，然二者
仍有分別：

> 苟欲拔宅飛升，非全家服食天元神丹不可，僅是自己一身煉就
> 陽神，無濟也。苟欲跨鶴而去，非身外有身、陽神出現不可。[244]

二者之別亦即「白日飛升」與「出陽神」之異，關於此點，陳攖寧
在〈讀《化聲敘》的感想〉一文中析辨甚明：

---

[240] 胡海牙總編、伍國忠主編，《中華仙學養生全書》，華夏出版社，2006，頁 573。
[241] 胡海牙總編、伍國忠主編，《中華仙學養生全書》，華夏出版社，2006，頁 573。
[242] 〈答上海某女士十三問〉，胡海牙總編、伍國忠主編，《中華仙學養生全書》，華夏出版社，2006，頁 1257。
[243] 胡海牙總編、伍國忠主編，《中華仙學養生全書》，華夏出版社，2006，頁 1167。
[244] 胡海牙總編、伍國忠主編，《中華仙學養生全書》，華夏出版社，2006，頁 1167。

古人所謂「白日飛升」者，就是連自己的肉體跳出這個地球之外，神形俱妙。後人所謂「出陽神」者，因為沒有法子擺布這個肉體，只好把自己肉體當作房屋看待，把自己靈魂當作房屋中的主人翁看待，靈魂暫時住在肉體之中，用功夫修煉。一朝瓜熟蒂落，則靈魂可以獨立自由行動，與肉體脫離關係。靈魂輕清，飄然飛出此地球之外；肉體重濁，塊然拋棄於山谷之間。此即「出陽神」之說，在仙道中也算是大成。但可惜神雖妙而形不妙，比之古仙，有愧色矣。[245]

修煉能出陽神，於仙道也是一大成就，然未達形神俱妙，無法白日飛升，故尚非究竟。「仙最後之結果是白日飛升，飛升之表示就是不死，飛升之意思就是脫離凡界而升到仙界，永遠不會寂滅。」[246] 修仙而能白日飛升，即証天仙之位。

陳攖寧亦有五等仙之說：

仙有五等：有鬼仙，有人仙，有地仙，有神仙，有天仙。鬼仙者，不離乎鬼也，能通靈而久存，與常鬼不同；人仙者，不離乎人者，飲食衣服，雖與人無殊，而能免老病死之厄；地仙者，不離乎地也，寒暑不侵，飢渴無害，雖或未能出神而能免衣食住行之累；神仙者，能有神通變化，進退自如，脫棄軀殼，飄然獨立，散則成氣，聚則成形；天仙者，由神仙之資格，在求向上之功夫，超出吾人所居之世界以外，別有世界，殆不可以凡情測也。[247]

---

[245] 胡海牙總編、伍國忠主編，《中華仙學養生全書》，華夏出版社，2006，頁823。

[246] 〈眾妙居問答〉，胡海牙總編、伍國忠主編，《中華仙學養生全書》，華夏出版社，2006，頁864。

[247] 〈孫不二女功內丹次第詩注〉，胡海牙總編、伍國忠主編，《中華仙學養生

能修得人仙、地仙即可長生不死，但尚未能出陽神；及出陽神，就修得神仙之位，而有神通；若進而修至形神俱妙，脫離凡俗，則能白日飛昇，證得天仙。

　　修煉到能出陽神，即可得有神通，是故擁有神通可視為神仙之一大特徵。能得神通，則有其救國濟世之社會功能，陳攖寧更以此作為其仙學思想的重大時代意義。他感慨歐美文明偏重物質科學之發展，中毒已深，無藥可救，飛機炸藥、毒氣死光等等殺人武器，層出不窮，足令全球人類毀滅。因此，他希望藉由研究發展仙學來扭轉此歧途，拯救世界，他說：「多造就幾位真實的神仙，對於世界上物質的科學，加以制裁，使好戰之魔王所恃為殺人之利器，不生效力，然後人類方有幸福可言。」[248]因為只有成就神仙之時，「你有神通，什麼飛機、炸藥、毒氣、死光，你都可以不怕。」[249]陳攖寧自己即清楚表明，其一生之志願在於「希望肉體證得之神通，消滅科學戰爭之利器」[250]。他本乎此願，乃力倡仙學，「因欲聯絡全國超等天才，同修同證，共以偉大神通力，挽此世界末日之厄運，非但不贊成生西方，並且不許升天，不許作自了漢，不許厭惡此世界之苦而求脫離，不許心慕彼世界之樂而思趨附，故異於往昔前輩神仙之宗旨」[251]。此舉頗有呂純陽「度盡眾生方才升天」之悲情慈願。

　　陳攖寧進一步以神仙救世之論來闡釋長生之義，他說：

全書》，華夏出版社，2006，頁 570。

[248] 〈致湖南寶慶張化聲先生書〉，胡海牙總編、伍國忠主編，《中華仙學養生全書》，華夏出版社，2006，頁 1250。

[249] 〈答上海錢心君八問〉，胡海牙總編、伍國忠主編，《中華仙學養生全書》，華夏出版社，2006，頁 1219。

[250] 〈再復北平楊少臣君〉，胡海牙總編、伍國忠主編，《中華仙學養生全書》，華夏出版社，2006，頁 1236。

[251] 胡海牙總編、伍國忠主編，《中華仙學養生全書》，華夏出版社，2006，頁 1236。

我門注重長生的意思，不是貪戀這個地球有何等快樂，要永久享受，實在是因為將來全地球的人類，都不免恐怖與痛苦。想救拔他們，非有神通不可；想感化他們，亦非有神通不可。空口說白話，是無濟於事。但是修煉神通，必定先經過長生這個階段。倘若不能長生，決定沒有真實的神通發現。[252]

不過終其一生，出陽神而得神通以救世，似乎仍是一未能實現的理想，其曾自述言及：「若我六通之中有幾通，老實說，一通也沒有。至於出陽神之事，更談不上，再過二十七年，或許有出陽神之希望。」[253]這真是令人遺憾的真實表白。

　　以上所述大抵不出傳統仙學義理之範疇，至於陳攖寧仙學之新義，則展現於嘗試以近代科學來說明其仙學理論。[254]茲先引其「順則成人逆則成仙升降變化次序表」如下：

道	體	以太	中子	電子	原子	分子	細胞	肉體	精血	命	人
	用	清虛	混沌	靈光	元神	真意	識神	靈魂	情欲	性	
✕		道之境界	道仙分界	天仙境界	神仙境界	地仙境界	仙凡境界	凡人境界	凡人墮落境界		✕

---

252 〈答上海錢心君八問〉，胡海牙總編、伍國忠主編，《中華仙學養生全書》，華夏出版社，2006，頁1214。
253 〈答江蘇如皋知省盧〉，胡海牙總編、伍國忠主編，《中華仙學養生全書》，華夏出版社，2006，頁1302。
254 《仙學必成》，胡海牙總編、伍國忠主編，《中華仙學養生全書》，華夏出版社，2006，頁371-378。

　　陳攖寧以「以太」用來指稱老子所謂「有物混成，先天地生。寂兮寥兮，獨立而不改，周行而不殆，可以為天下母」的「道」。並進一步解說「道生一，一生二，二生三，三生萬物。萬物負陰而抱陽，冲氣以為和」之「道化萬物」的歷程。所謂「道生一」，即是以太凝結成中子；「一生二」即是中子分裂為陰陽電子；「二生三」即是陰陽電子由多少不等的方式組成各種原子；「三生萬物」即是原子結合而成無數物質，而其最小單位名為分子。所謂「萬物負陰而抱陽」，是指無論何種物質，雖其狀態不同，都以原子為基礎。每一原子皆有核心，核心由中性粒子與陰陽電子組合而成，但偏於陽性，另有或多或少之陰電子環繞此核心而旋轉，此即「負陰而抱陽」。在平常狀態下，原子呈中和性，陰陽電子之電量相等，故不顯電性，此即「冲氣以為和」。

　　道化生萬物，這是順生的歷程，成仙則是反其道而行的逆修。陳攖寧以體用觀來說明科學與仙學。宇宙間凡是物質皆有其能力，物質是體，能力是用，體用是一物兩面，有體必有用。就人而論，命是體，性是用，性命同出一源。次序表中上邊一行皆是體，下面一行則是用。科學家所研究都在體上，仙學家所做功夫都在用上。

　　人是形神合一之存在，同時具有肉體與靈魂。既有肉體即有精血，自然有情欲，精血是物質，情欲即精血所發出之能力。然人的靈魂中包含許多成素在內，包含情欲、識神、真意、元神、靈光等。情欲只是人靈魂的一部份，且為低下的部份，自識神以上皆屬理智之範圍。人是理欲並存的生命體，有理智亦有情欲，若失卻理智而完全由情欲作主，則不成其為人，故稱之為「凡人墮落境界」。

　　細胞階段乃仙凡分界處，細胞是物質，是體，識神是其所發出之能力，是用。順識神之用，即為「凡人境界」。若能內斂勿使耗散，則可逆而修仙。

分子階段是地仙境界，分子是體，真意是用。修仙即於此處下手，將識神之作用轉化為真意之作用，即可成就地仙。

原子階段是神仙境界，元神即是原子之能力。元神與識神不同，元神之特點在靜定，識神之特點在分別。真意則介乎元神與識神之間，非靜定亦非分別，其特點在感通。能逆修至此境界即得神仙之位，所謂「陽神」是也，即一種氣身之存在，能聚則成形為人所見，散而無形人不得見。

電子階段是天仙境界，靈光即是電子的能力。神仙煉就陽神可以在空中往來，然無法飛出地球之外。因為他雖然沒有肉體之累，畢竟還是氣體的存在，它還是物質，仍不免要受地心引力之牽引。等到氣體之陽神得以煉化成電子的靈光，即可不受牽引而得自由超生上界。修得天仙純粹是一片靈光，非但不畏炸彈，縱使將來地球毀滅亦不受影響，乃真可謂之不死神仙，至此方達仙學之究竟。

二十一、蕭天石的新道學

蕭天石（1909-1986）是當代道教思想史上另一位重要的人物，在1944年來台之後，於1953年成立自由出版社，整理出版從大陸帶到台灣的大量道教經典，主編出版《道教精華》叢書，所收以藏外道書為主，多為善本、秘本、孤本，約有八百餘種，歷時二十餘載，以古本影印陸續出版十七集，大量保存了珍貴的道教典籍，貢獻卓著。

蕭先生竭盡畢生精力研究與發揚道家道教學術文化，海內外有「刊萬世不刊之書，傳千聖不傳之學」的讚譽。[255]蕭先生晚年致力

---

[255] 李霞，〈簡記文山遯叟〉，收於蕭天石著，《道海玄微》一書〈卷五〉之附輯，

於提倡其所謂的「新道學」，不遺餘力，先後出版《道家養生學概要》、《人生內聖修養心法》、《道海玄微》等重要著作。力主「學道須自聖人起修」，特別要求「平實本分做人」，以「超凡入聖，超聖入神，超神入化，與化合真」為四大修養步驟，最後達到人生的最高境界——形神俱妙的道境界。

　　蕭先生所力倡的「新道學」，其實質內涵即其所謂的「養生學」，其內容不僅止於一般的強身健體、卻病延年，更在於增進個人的心性修養以提升人生境界。關於「養生學」的內涵，在《道家養生學概要》一書之〈例言〉中，蕭先生有明確的定義：

> 養生學的範圍，就其狹義言之，則僅指「壽命學」而言；惟就其廣義言之，則係包括整個「人學」，也就是整個「人生修養學」；凡人之所以為人，與人之如何完成其人生意義、高尚其人生價值、聖化其人生境界之道，無不賅焉。人而欲美化其人生，使其有以異於禽獸，有以超凡俗而入於聖真之域，能極高明而博大，極悠久而無疆，便不能不講究人生修養；此即是吾人所標「養生學」之事矣！[256]

蕭先生致力於中國傳統養生學之研究，以儒釋道三家文化為主流，但於三家中特以道家養生學為主幹、為最高。其內涵雖包括強身健體、卻病延年之「壽命學」，然其最終旨要則在提升個人的心性修養以提高人生境界的「人生修養學」，他認為追求健康長生的「壽命學」不過是追求人生最高生命境界之「人生修養學」的基礎、工具，其本身並非目的。蕭天石如是說：

　　自由出版社，2002，頁 629。
[256]《道家養生學概要》〈例言〉，自由出版社，2000 八版，頁 1。

> 道家養生學要旨，係以「超凡入聖，超聖入神，超神入化」
> 為三大綱宗，而以「性命雙修」為特標方法。包括丹道派之
> 心學、性學與命學，也可以說即是仙學與道學。至其修持，
> 則係以聖賢為起步功夫，先完成勝賢修養，達到聖賢境界，
> 方可再談修仙修真修道，道家恆言「入聖登真」，即是說，
> 登真乃入聖以後一邊的事。[257]

儒家以聖人為其人生最高境界，其修養以「入聖」為宗旨。道家則
以真人為人生最高境界，其修養以「登真」為宗旨。而真人的境界
高於聖人，其修持還在入聖之後，這是不可等閒視之，莊嚴神聖之
事。蕭先生進而批評了那些不識此義或略懂皮毛之士的淺薄無知，
他說：

> 當前一般學人，均昧於此義。未入門牆者，不是盲目鄙視，
> 便是盲目反對；一問其對道家學術參究如何？對道藏經籍涉
> 獵如何？對性命功夫修驗如何？則瞠目無以對。曾入藩籬
> 者，亦頗多以「延命」「長生」為能事，以參究「人生壽命
> 學」為職志；孰不知此係「仙學」「仙道」中之渣滓，乃達
> 到最後目的之「登真」的「真人境界」的津梁與工具，而非
> 目的。其究極目的在完成其人生之最高境界！這最高境界，
> 在道家為超生脫死、超神入化的「真人境界」，也就是所謂
> 「神仙境界」。[258]

在〈仙學指微〉一文中更明白地強調「長生」與「成仙」二者階序
不同：

---

[257] 《道家養生學概要》〈緒論〉，自由出版社，2000 八版，頁 1。
[258] 《道家養生學概要》〈緒論〉，自由出版社，2000 八版，頁 1。

> 神仙之學，道通造化，學極天人，微妙玄幽，博大淵深；要
> 在以體證大道，神化人品，而上造無極為旨。其長生不死之
> 說，祇在接引世人，為明道修德入聖登真之方便法門耳！故
> 其養生盡年之初功，乃係仙學之入道門徑，而非仙學之究竟
> 極旨也。[259]

道家養生學的宗旨即在成就人生的最高境界——「真人境界」，也
就是修煉成神仙。那麼，何謂「神仙」？蕭先生定義如下：

> 神仙之號，名也；乃道家對人品之最高尊稱與做人之最高境
> 界。[260]

又引白鬢老人之言曰：

> 神仙為世間上第一等人；聖賢為世間上第二等人；帝王為第
> 三等人；英雄豪傑與富貴功名中風雲人物，為第四等人，等
> 而下之，則為第五第六以至第七八九十等人了。[261]

神仙是「道家對人品之最高尊稱」，是「做人之最高境界」，是「世
間上第一等人」。依此神仙觀點，蕭天石嚴屬批評了一般所謂長生
不死而成仙之說：

> 惜乎世人，多將神仙放在長生不死四字上，真大誣也。
> 世之唯事保命延命以期長生或返老還童者，此乃仙學中之小
> 乘修行人，非真學仙者。因長生術祇是仙學之皮毛，而非其
> 神髓，祇是一個入門，而非其堂奧。入門後，超凡入聖超聖
> 入化等向上邊事，無不賅焉！且其最後本旨，亦在超離生

---

[259] 《道家養生學概要》〈仙學指微（上）〉，自由出版社，2000 八版，頁 40。
[260] 《道家養生學概要》〈仙學指微（上）〉，自由出版社，2000 八版，頁 41。
[261] 《道家養生學概要》〈仙學指微（上）〉，自由出版社，2000 八版，頁 41-42。

> 死，解脫生死，自了生死，而入於無生無死，無死無生。立
> 乎天地之間，超乎天地之外！[262]

追求長生不死只不過是仙學修煉的小乘功夫，並非究竟，其終旨乃
在達成真人的生命最高境界，達到此一境界者方可稱之為「神仙」。
如此而言，神仙並非與人異質之存在，他是達到人生極境之「世間
上第一等人」，他們所異於凡俗常人之處，祇在於其高超之精神境
界，蕭天石如是描述此一境界：

> 居塵而不染於塵，住世而不滯於世，處名而不拘於名，臨利
> 而不死於利；超然自在，悠然自得，深會於宇宙永恆而入於
> 「天人一體」「物我無分」之高妙境界，渾不知何者為天？
> 何者為人？何者為物？何者為我？方為宇宙之「真常境
> 界」。此即是「清虛之神聖」！[263]

至此境界，與大化同流，與太虛同體，得大自在，得大逍遙，得大
解脫，即形神俱妙之「神仙境界」。此一神仙觀即《漢書・藝文志》
所言之神仙：「神仙者，所以保性命之真，而游求於外者也。聊以
蕩意平心，同死生之域，而無怵惕於胸中。」這樣的神仙似乎不再
是具有神通，能遠游名山大川，或駕鶴上升天界的與人異質的存
在，而是具有很高心性修養，不被事牽，不為俗累，心靈境界逍遙
自在的人。由此可見，蕭天石先生「新道學」所追求之生命境界，
純是一派道家莊學之義，深契其逍遙精神。

---

[262] 《道家養生學概要》〈仙學指微（上）〉，自由出版社，2000 八版，頁 42。
在〈談人生修養之最高境界〉一文中亦言：「道家中之所謂神仙，非世俗人
概念中之神仙，認為係專指長生之事者，長生久視，乃神仙家用以為養生
之末技，藉為修真之工具耳！」（頁 363）

[263] 〈丹道派修真要旨〉，《道家養生學概要》〈仙學指微（上）〉，自由出版社，
2000 八版，頁 28。

二十二、李玉階的第三神論

　　李玉階（1900-1994）是當代道教思想史上值得一書的人物，
其年輕就讀中國公學時參與過上海五四學生運動，二十歲開始學習
靜坐，二十三歲即出任上海統稅局局長，二十四歲兼任上海財政局
局長，二十八歲時任當時國民政府財政部宋子文部長簡任秘書，三
十歲皈依天德教蕭昌明宗師門下，三十七歲辭官全家歸隱華山，四
十一歲完成《新宗教哲學思想體系》一書，四十七歲來台後接辦過
《自立晚報》，直至六十五歲退出，七十八歲成立「中華民國宗教
哲學研究社」積極推廣「中國正宗靜坐」，八十歲復興天帝教受命
為首任首席使者，於九十四歲離開人間。[264]

　　綜觀李玉階先生一生，從二十歲初習靜坐，三十歲皈依天德教
門下[265]，後於三十七歲歸隱華山修道八年，來台後以七十八歲高齡
大力倡導靜坐，又於八十歲受命天帝教首席使者，弘揚天帝宇宙真
道，直至九十四歲證道歸真，一生與道因緣甚深。

　　李玉階先生之傳道活動，當以「中華民國宗教哲學研究社」之
成立為其分水嶺，之前乃積厚醞釀期，之後是建業闡揚期。在「中
華民國宗教哲學研究社」於一九七八年成立時，先生有獻詞曰：

---

[264] 李玉階先生之詳細生平事蹟，請參見劉文星，《李玉階先生年譜長編》，帝
教出版社，2001。

[265] 天德教為民國初年的一個道派，創教教主為蕭昌明（1892-1942），早年隨
雲龍至聖歸隱於湘西深山修煉，得道後下山於湘鄂一帶傳道，承雲龍至聖
技法以濟世，主張融合儒、道、佛、耶、回五教精義，倡宗教大同之精神，
創廿字真言以濟世化人。廿字真言為：「忠、恕、廉、明、德、正、義、信、
忍、公、博、孝、仁、慈、覺、節、儉、真、禮、和」，此為天德教之基本
教義亦為信眾之人生守則。

我們的目標：使宗教哲學與科學研究相結合。就是要用科學
方法來研究和整理宗教哲學，用宗教精神來溝通和促進科學
發展，以期達成心物合一。

我們相信：由於追求真理，宣揚宗教，期求人類在物質生活
與精神生活相結合中，使人類在物質生活上，脫出縱欲、玩
物、暴亂與恐怖的末日。使人類在精神生活上，以人類的智
慧，在最高的形而上領域中，與多度空間的超人類智慧的境
界合一，而達成天道人道合德的天人合一。

我們追求：基本上可分為兩方面：在消極方面，是為宗教哲
學與神學探尋科學的根據。例如「敬上帝」、「信神」、「祭祖
先」，究竟是根據什麼？又能達成些什麼？從而破除迷信，
建立正信，從學術上創造宇宙的生命，而不是毀滅。在積極
方面，我們要為科學培養精神，以期科學不被誤用或濫用，
從學術上增進人類的生活，而不是危害。

我們承諾：我們不褒貶任何宗教或宗派，亦無意建立新興的
宗教。正如同我們對於各種科學的態度，一樣的客觀。我們
在工作上，自然需用比較研究和綜合研究的方法；在原則上
和精神上，更要堅持客觀與正確的要求。

我們的最後理想，通過客觀的、正確的、系統的研究與探討，
所獲致的結論，終將促進宗教大同、世界大同和天人大同，
最後最高境界的實現。[266]

此一成立獻詞可以說是李先生基本思想立場與行動綱領的明白宣
示，其要可歸結為兩點：第一，促使宗教、哲學與科學之結合，第
二，追求宗教大同、世界大同與天人大同之最後、最高境界之實現。

---

[266] 〈迎接宗教哲學與科學相結合的時代──為中華民國宗教哲學研究社成立
獻詞〉，收於《天聲人語──涵靜文存》，中華民國宗教哲學研究社出版，
1987，頁317。

然此基本思想立場與行動綱領，其實乃奠基於他在三十八年前歸隱華山時，透過天人交通所完成的《新宗教哲學思想體系》一書。[267]

《新宗教哲學思想體系》一書之要旨有三：

一、認識宇宙人生的新境界；
二、如何使人開拓生存競爭的思想領域；
三、共躋世界於和平大同之境。[268]

李玉階所高舉之「宇宙人生的新境界」，他稱之為「宇宙境界」，此為人生所能追求的最高境界，此境界以「天人合一」、「聖凡平等」為標的。[269]既有「宇宙境界」此一最高境界之追求，即突顯吾人生命有其超越性的終極關懷，此生命超越之道其最後、最高的目標就在於達成「宇宙境界」的終極理想。《新宗教哲學思想體系》一書的根本宗旨即在於此：闡明宇宙人生之究竟。而闡明宇宙人生之究竟，終極而言，其目的是要安頓吾人生命之究竟，亦即為人類生命找到最終之歸宿，也就是了斷生死，徹底解決生死大事。李玉階說：

> 地球上自有人類以來，大家所關心而得不到究竟的問題，是生命的來源、生命的歸屬、生命的究竟為何？歸結起來就是生與死的問題。凡是生物都是必生必滅，這是宇宙造化的原理。有生有死，死而復生，是一個輪迴，一個究竟，所以生死是一件大事。而天帝教就是要告訴同奮，生從哪裡來？死到哪裡去的生命究竟。[270]

---

[267] 此書完成於先生歸隱華山修道之時，最早於民國三十三年在西安出版發行，來台後於民國五十年易名《新境界》在台北市再版發行，民國六十九年天帝教成立後被奉為該教教義。

[268] 《新境界》〈緒論〉，帝教出版社，2000 三版三刷，頁 8。

[269] 《新境界》〈緒論〉，帝教出版社，2000 三版三刷，頁 4。

[270] 《涵靜老人言論集》（一），帝教出版社，2005，頁 231。天帝教信眾彼此之間互稱「同奮」，義指在修道上共同奮鬥：向自己奮鬥、向自然奮鬥、向

在《新宗教哲學思想體系》一書中所呈現的是一種二元的宇宙生命觀：物質的自然觀與精神的人生觀。宇宙間構成物質的最終成分是「電子」，依其所荷陰陽電子數量之多寡而定其精粗大小之區別。然在任何物質中，若僅有「電子」而無「和子」，即無生機，即不能成為生物。故「電子」僅表示宇宙中一切自然現象中之一面，即係陰性的、靜態的、被動的、自然的、機械的、無生機的，宇宙間若僅有「電子」而無「和子」，就呈現最單純的自然現象，即動植礦物均無法產生。[271]

宇宙間構成物質的另一種最終成分為「和子」，此種原素瀰漫於大空之間，在人體中即是道家之所謂「性靈」；佛家之所謂「阿賴耶識」；耶回二教之所謂「靈魂」；在動物中即是生命；在礦植物中即是生機。換言之，和子即是代表宇宙一切現象中之屬於陽性的、主動的、自由的、自覺的原素。[272]也就是此一陽性的、主動的、自由的、自覺的原素──「和子」，攸關生命之究竟問題，而為其思想之關鍵所在。

依《新宗教哲學思想體系》的宇宙生命觀，人的生命由和子（精神、性靈）與電子（物質、軀體）所構成。死亡就是和子與電子之分離，人死（身體死亡）之後即成和子，隨即進入靈的境界（靈界）。所謂「靈界」，即生物逝世後所進入之無形的境界也。[273]人死之後進入靈界之和子又分兩種，一為「自由神」，另一為「自由和子」。「自由和子」即生前沒有經過修煉之和子，此為一般所稱之「鬼」。因其生前不修，沾染太多因電子，其體沉重，又不合在靈界生存之條件（無功德、無智能，因其不修之故），而淪為飄蕩無常之悲慘

天奮鬥。
[271] 《新境界》〈第一章宇宙之本體〉，頁 13-15。
[272] 《新境界》，頁 15-16。
[273] 《新境界》，頁 69。

命運。「自由神」則是生前有修之和子，因其有修而所沾染之陰電子較少，體質清輕活潑，得在靈界之中自由飛旋而無所苦，命運大不相同。修道的目的在了斷生死，也就是要在生前培養死後在靈界生存的條件，修行之基礎即在於「當其生前，即陽電勝於陰電。」[274]生前若不修，死後已無能為力，注定輪迴之命運。生前有修死後成「自由神」者，死後仍得以繼續修持精進，上達更高之境界。這就涉及李玉階先生所主張的「第三神論」思想，這是其探究宇宙人生新境界的一個重要結論。

關於神論，李玉階先生是以人類對神權之認識作為其神論的依準，而有「第一神論」、「第二神論」與「第三神論」的說法。何謂「第一神論」？

> 古代民智未開，科學尚未發達，人類對於各種變化莫測之自然現象，凡無以名之者，皆謂神力之所使。故神權之第一時代，即為神權至高無上之時代，舉凡日月星辰、山河大地、動植礦物之現象，無不認為神靈之創造與表現。[275]

何謂「第二神論」？

> 此後民智漸開，哲學發達，乃有第二神論之認識。所謂第二神論者，即神為人類之救贖，其威權至高無上，凡人之功過皆可由神之喜怒而獲得善惡之報償，上干天怒，則災難迭至；上得天心，則大罪可赦。[276]

在「第一神論」與「第二神論」論述的基礎上，李玉階先生進而發展其「第三神論」，其言曰：

---

[274] 《新境界》，頁 72。此說可以說是傳統陰盡陽純之「陽神觀」的當代表式。
[275] 《新境界》，頁 100。
[276] 《新境界》，頁 100-101。

凡第一神論及第二神論，其主要之點咸謂神權萬能，前者認
為神為獨裁而不容置辨，後者則神為人類之救世主；前者之
神如暴君，後者之神如慈父，要之皆為一種「唯神論」。至第
三神論，則信神權之極限不過可為自然與物質間之一種媒介，
神乃是執行　上帝旨意之天使，不獨不能創造自然，即神之
本身，易並受自然之支配，惟具有方法足以避免之而已。[277]

李先生認為，「第三神論」是神權的第三時代，是從現代科學的角
度來看神權。這三種神論皆有其階段性意義，但唯獨「第三神論」
方為究竟，他說：

第三神論者，謂神權之第三時代也，亦現在科學所見之神權
的現象也。[278]

第一神論為創造之神，第二神論為救贖之神，第三神論為媒
介之神（媒自然介物質），唯有第三神論之性質始為神之真
相，其他皆幻想也。[279]

依上所述，「第三神論」中所謂的「神」，既非創造之神，亦非救贖
之神，其權限只是作為自然與物質間的一種媒介，也只是執行上帝
旨意的天使，故又稱為「神媒」[280]，或即稱之為「神佛」[281]。如上

---

[277] 《新境界》，頁 101。

[278] 《新境界》，頁 100。

[279] 《新境界》，頁 102。

[280] 《新境界》〈緒論〉：「上帝為維持宇宙自然律之最高執行者，具有無窮盡之
能量，施予各太陽系熱能與光，藉之維繫全宇宙和子──性靈之生生不
息。……在此自然界生化不息，精神物質同樣不滅之循環過程中，上帝於自
然與物質間自有運用媒介自然與物質之權威，並指揮逐級神媒施用「壓」「挾」
之神能力」……此神媒者，即本書所述之第三神論也。」（頁 6-7）文中所述
「逐級神媒」之言，乃第三神論之重要義涵，應予特別留意，後文詳述。

[281] 《新境界》〈第五章第三節神的權威〉：「上帝者，全宇宙間性靈之主宰，為

所言，神也就不是一般所知解的高高在上並擁有絕對權威的上帝，而是人可以達到的一種生命境界——「神的境界」[282]。總而言之，「第三神論」所謂的神「是人類修證而成，是在世追循上帝所管轄之自然律者」[283]。如此說來，神也是人所成就的；就源起而言，人神之間並無本質上的不同。所不同的是，神是一個修行有成就的人，因而乃稱之為「神」而非「人」。李玉階總結此義言：

> 蓋神之與人既為同一之電源所形成，則除有程度上之差別外，自無根本上之不同。若無根本上之不同，則自然同等。人類所以不及神者，智慧之不及，修養之不及，非根本之不及也。故佛曰：「眾生皆有佛性。」本書則曰：聖凡同源 凡聖同基其基其源在於旋和把握旋和向天奮鬥 苦煉艱磨超凡入聖神者人也。人為靈之基，聖乃人修成。神聖無足畏懼，仙佛原非尊高，盡憑凡軀自我培養磨煉奮鬥超創而成，故曰：「聖凡平等！」[284]

除了「第三神論」外，此「神者人也」的「聖凡平等」之義乃李先生探究宇宙人生新境界的另一個重要結論。顯見「神」是人可以修證的生命境界，所謂「神的境界」乃人們超凡入聖的修行道果。此義的最後結論是：「所謂神佛也者，亦不過比較人類具有更高之經驗智慧及能力，而具有更多之方法及技術以超制大自然律之性靈耳。」[285]

調和自然律之最高執行者。神佛者，執行上帝旨意之天使也。神佛根據天理，運用自然之條件，而為人類及天地間之媒介。」（頁 90）

[282] 《新境界》，頁 3。

[283] 《新境界》，頁 102。

[284] 《新境界》〈第六章第一節聖凡平等之意義〉，頁 103-104。

[285] 《新境界》〈第五章第一節靈的境界〉，頁 73。

　　進一步細究「第三神論」中所言之「神」，其內涵實有廣狹二義。「狹義之神」指的是所謂的「自由神」，這是生前有修行至某種程度的和子。[286]至於「廣義之神」，則在「狹義之神」的基礎上，包含更廣，乃形成一有層次的逐級不同之「神的境界」。李玉階先生言：

> 此宇宙之間，一切均受自然律之支配，即生命亦不能逍遙於「道法自然」之外。然生命者，和子也，亦性靈也。和子與性靈之非屬虛無飄渺之氣體，而亦為一種高級化學元素之組合。和子既能保持其知覺及智慧，則和子之生命自有其繼續發展之能力，甚至於足以凌駕自然律之支配而逍遙於其拘束之外。此種具有自我奮鬥能力之和子，即為「神」。神者，具有不受自然律支配能力之高級和子之總稱也，其奮鬥之方式及成效，亦有其不同之等級，皆依其自我奮鬥之程度而達到之。要之，凡能免除其電子之拘束而達到高級真陽（係屬鐳性）之境界者，即具有最大之能力；反之，即為依次遞減其電子量之電體的神類。[287]

---

[286] 人的生命由和子與電子所構成。死亡就是和子與電子之分離，人死（身體死亡）之後即成和子，隨即進入靈的境界（靈界）。人死之後進入靈界之和子又分兩種，一為自由神，另一為自由和子。自由和子即生前沒有經過修煉之和子，此為一般所稱的「鬼」。因其生前不修，沾染太多因電子，其體沉重，又不合在靈界生存之條件（無功德、無智能），而淪為飄蕩無常之悲慘命運。自由神則是生前有修之和子，因其有修而所沾染之陰電子較少，體質清輕活潑，得在靈界之中自由飛旋而無所苦，命運大不相同。「普通所謂神者，即此種自由自在之『自由神』是也。」（《新境界》，頁72）生前有修，死後方得成為自由神，不外四大標準：（一）生前有功德於世者，（二）生前有貢獻於人類社會者，（三）忠孝節義者，（四）具有智慧之善良者。（《新境界》，頁72）

[287] 《新境界》〈第四章生命之究竟〉，頁57。

「廣義之神」即是指「具有自我奮鬥能力之和子」，這包含「狹義之神」的自由神在內。這些具有自我奮鬥能力之和子，依其奮鬥之方式及成效而形成不同等級電體之「神的境界」。此神級由低到高分別為：自由神（陰陽電各半）→天君（陽電較多）→聖（玄電——陽電更多）→天尊（正陽——陽電最多）→仙／菩薩（氣陽——同佛）→佛（真陽——鐳質較少）。[288]這些層級不同、能力各異的諸多「神的境界」，皆可由人修行而逐級淬煉提昇達成，它們都是「心靈與物質蛻變之現象」[289]，雖說愈高的境界愈不易達成，然皆為「人類努力向善之結果所造成」[290]，是故離惡向善之道德修養對修行至關重要。至於修証成神的方法，李玉階指出不外三種：

一、立功德於世，逝後即為自由神。

二、增加親力，引來其所親近之神佛的和力，而得昇至較高之境界。

三、鍛鍊精神，以求自力達到適應其逝後之新的自然環境之理想，而依其修持力之大小，逝後進入不同之境界。[291]

修證之基本至少在求死後得以證成「自由神」，蓋所謂高級之神佛亦不過是較人類具有更高之智慧能力，而具有更多之方法以超制大自然之性靈，「自由神」乃初具這種能力而具備死後於零界生存之條件，未經修證之「自由和子」則無此能力，故無超脫之可能，終

---

[288] 此是以神之等級而論，若是和子之等級則為：普通和子（少陽——只有少數陽電）→自由神→天君→聖→天尊→仙／菩薩→佛→上帝（炁陽——純鐳質之陽電）。然普通和子陰電太重不足以稱為神，而上帝乃「最後之神」，非人所能修煉而成，故二者不在神級之列。

[289] 《新境界》，頁 78。

[290] 《新境界》，頁 78。

[291] 《新境界》，頁 84。親和力即一般所謂之感應。有感斯應，其要在誠，即所謂「誠則靈」是也。

將飄盪無常。是故，生前必須修行，有功德於世、有貢獻於人類社會、忠孝節義、具有善良智慧，死後方得以證成「自由神」。進而依其願力繼續修持，而上達更高境界。

「第三神論」思想標舉人類生命超越的奮鬥進取之道，彰顯道教傳統「我命由我不由天」之「造命」的積極精神。李玉階總結此義曰：

> 故人生之究竟，即為自我創造與奮鬥。[292]

人不能糊里糊塗、不明不白地過著渾渾噩噩的生活，自當奮發向上以提升境界，不但一己得以了斷生死究竟大事，更因其能力大增而可濟世救人普渡眾生，此實乃宇宙間人己兩利之美善大事。人生境界之拔升皆為自我創造與奮鬥之道果，此乃個人靈魂之自救，而非上帝恩典之救贖，此即「第三神論」所彰顯的核心精神。

二十三、結語：暫時的結論

牟鍾鑒教授在其〈長生成仙說的歷史考察與現代詮釋〉一文中強調地指出：

> 長生成仙是道教的核心信仰，是它區別於別的宗教的特質所在，是道教理論和方術的基石，缺少了這個核心和基石，道教也就不成其為道教了。[293]

---

[292] 《新境界》〈第四章生命之究竟〉，頁 68。
[293] 牟鍾鑒，〈長生成仙說的歷史考察與現代詮釋〉，收於鄭志明主編，《道教的歷史與文學》，南華大學宗教文化研究中心出版，2000，頁 552。

其言甚是。然而，透過上述歷史上有關仙論之梳理，明顯可見仙說內涵之歧異紛雜，諸家各言其說，莫衷一是。宋代思想家黃震評斷葛洪《抱朴子》神仙長生不死之說「獨誤天下後世之愚不肖者。」[294]「神仙」之實質內涵為何，此一問題若不能徹底釐清，不僅「獨誤天下後世」，也可能因認知上之混淆迷惑而導致此核心信仰之破產，終致道教文化之衰敗。這或許是道教信仰於歷史發展中沒落的一個重要原因，應該也是牟教授撰寫該文的良苦用心。

　　基依上文對於歷史上重要仙論的考察分析，「仙」之內涵確實眾說紛紜，不僅如此，更有仙等之說，使得問題益加複雜。於此，我們可以先區別「狹義之仙」與「廣義之仙」。在某些仙等說中，仙只是一個過渡階位，並非修道的最高果位，雖已超越凡人而成仙，但未臻究竟，此為「狹義之仙」。那些修道已達究竟階位者，則稱之為「廣義之仙」。當我們說「修道成仙是道教的核心信仰」時，所指即是「廣義之仙」。「廣義之仙」的內涵，大體可歸結為下列諸義：

（一）體道合真之聖人，即依天道行事的有道之士。（老子、莊子）

（二）獨與天地精神往來，不生不死無古今，與道合一，逍遙自在之真人。（莊子、蕭天石）

（三）依道順性貴生樂活無憂之人。（列子）

（四）修學積善得道而長生不死之人。（太平經）

（五）舊身不改長生不死之人。（葛洪）

（六）與道合真，形神俱妙之至人。（司馬承禎）

---

[294] 《黃氏日抄》卷五十五〈讀諸子〉，《文津閣四庫全書》第二三五冊，商務印書館影印，2005，頁 427。

（七）長生不死之純陽生命體。（吳筠）

（八）修煉至陽神冲舉而得身外之身的成就者。（鍾呂、陳攖寧）

（九）身在凡而心在聖境，全本性之真者。（王重陽）

（十）方寸淨明，行事忠孝，德行圓滿之人。（淨明忠孝道）

（十一）生前修心煉性有成，死後具備於靈界存在條件之獨立自主性靈和子。（李玉階）

「仙」之內涵，依老莊之說，乃「體道合真，依天道行事之聖人」，但此所謂「聖人」並非具有高尚道德修養境界的「儒家聖人」。依道教「超凡→入聖→登真」之修道階序而言，超凡而成就德行之聖人，尚未臻究竟。有德是為登真成仙之基礎，登真成仙者必定是有德聖人，然有德之聖人未必即是仙。依此而論，淨明忠孝道所言「方寸淨明，行事忠孝，德行圓滿之人」，實質上更像是儒家之聖人，而非道教之仙真。

再則，可以明確肯定的是：「仙」是人透過某種方式所成就而達致的一種特殊的存在樣態，而其中最顯著的一個特徵就是「長生不死」。此為諸家共識，概無疑義，問題在於「長生不死」之實質內涵為何，則存在很大的歧見，所言不一。歸結而言，其大要不外有四種代表性的觀點：既有葛洪舊身不改的「肉體長生不死」之說，亦有強調身外之身的鍾呂「陽神長生不死」、李玉階「性靈和子長生不死」之說，還有全真教王重陽「真性長生不死」之論。

葛洪舊身不改的「肉體長生不死」之說，在歷史發展的長期實踐觀察之下，可以說已被證偽。考察諸仙道大師們肉身在世之年壽，實與一般常人差距不大，即足以證之。葛洪本人世壽六十一歲或說八十一歲；全真教創教之王重陽世壽不過五十八；在全真七子之中，丘處機入門最早，年齡最小，成道最晚，卻事功最大，

也最高壽，亦不過春秋八十。其它六子之世壽，依仙逝先後列之
如下：孫不二，六十四歲；馬丹陽，六十一歲；譚處端，六十三歲；
劉處玄，五十七歲；郝大通，七十三歲；王玉陽，七十六歲。[295]歷
代張天師八、九十、百歲高壽者有之，然三、四十歲就過逝的亦甚
多。[296]以上所舉，足證「肉體長生不死說」之荒誕虛謬。是故，仙
等說中「留形住世，長生不死」的「地仙」應是不存在的，那可能
只是人企盼長生不死與享樂人間之願望的投射，一種無法實現的心
理幻想。

　　鍾呂所言神仙之特徵為「陰盡陽純，身外有身，脫質升仙。」
葛洪對於不死神仙的要求是「舊身不改」，但鍾呂對神仙的要求則
是「身外有身」，亦即在既有舊身之外，煉就出另一新身，此身外
之身鍾呂稱之為「陽神」。修道之士須修煉至出陽神，方成就陰盡
陽純之神仙，自得浩劫永存長生不死，此可稱之為「陽神長生不
死說」。

　　關於「陽神」之說，《神仙鑑》一書中有一則張伯端與禪僧澄
一入定出神同赴揚州觀賞瓊花之記載：

> 天台有僧澄一修戒定慧，能入定出神，數百里間頃刻即到。
> 紫陽與之雅志契合，一日謂曰：「今日能與遠遊乎？」僧曰：
> 「可，願同往揚州觀瓊花。」二人即於靜室趺坐。紫陽至時，
> 僧已先繞花三匝。紫陽曰：「可折一花為記。」少頃，久伸
> 而覺。紫陽曰：「禪師瓊花何在？」僧袖手皆空，紫陽乃拈
> 出與僧把玩，僧嘆服。[297]

---

[295] 劉見成，〈修心見性．見性成仙：長春真人丘處機的修道思想〉，收於劉鳳
　　鳴主編《丘處機與全真道──丘處機與全真道國際學術研討會論文集》，中
　　國文史出版社，2008，頁 102。
[296] 參見李申，《話說得道成仙》，湖南人民出版社，1999，頁 110-114。
[297] 徐道等撰，《神仙鑑》（七），廣文書局，2004 二版，頁 2927。

此一記載，猶如神話，玄妙神奇，不可思議。其弟子大惑不解，疑而問曰：「同一神遊，何以有得有不得？」張紫陽答曰：

> 我金丹大道，性命雙修。是故，聚則成形，散則成氣，所至之地，真神現形，謂之陽神。彼之所修，欲速見功，不復修命，直修性宗，故所至，無復形影，謂之陰神。陰神不能動物，非大道也。[298]

張紫陽所言即出陽神與出陰神之別，此亦道佛修行道果之異。「出陽神」可說是道教生命超越之道的修行最高成就。此一生命境界，若為真實不妄，則非比尋常，真可說是高而難攀、玄不可測，非理智所能解，恐需修證至該境界方得契入體知。純陽真人呂嵒有詩云：

> 莫言大道人難得，自是工夫不到頭。[299]

全真教清和真人尹志平亦有言：

> 學者惟當修進功行，無求顯驗，莫起疑心，行之既至，自然有所開覺。[300]

「行之既至，自然有所開覺」，莊子即言：「有真人而後有真知」（〈大宗師〉），對「陽神說」之了知，亦復如是，只要功夫到頭，自然有所開覺。吾人行之未至，功夫不到頭，自無以妄論是非，故身外之身的「陽神長生不死說」自當備為一說。

---

[298] 徐道等撰，《神仙鑑》（七），廣文書局，2004 二版，頁 2928。

[299] 《純陽真人渾成集》，張繼禹主編，《中華道藏》（第二十六冊），華夏出版社，2004，頁 269。

[300] 《清和真人北遊語錄》（卷二），張繼禹主編，《中華道藏》（第二十六冊），華夏出版社，2004，頁 737。

李玉階「性靈和子長生不死」之說，人於死後所成就的從自由神到上帝以下之不同狀態的逐級和子，這些逐級神媒乃生前行善積德所成就之道果，其義理實近於杜光庭所持「生前積德死後成仙」的鬼仙之說。杜光庭將死後有德之鬼亦列於神仙之林，其內涵既不同於葛洪舊身不改即生成就之仙，亦不同於鍾呂所稱純陰無陽之鬼。這種「生前行善積德死後成仙」之說，影響民間信仰甚鉅，一些在人間有功德於世的帝王將相似乎在死後都被神化而成仙，受到敬祀祭拜。這是一種生前修持死後得解脫的修道成仙觀。對比於鍾呂的「陽神成仙」，需修證至該境界方得契入體知，則李玉階所言「生前修心煉性有成，死後具備於靈界存在條件之獨立自主性靈和子」之說，亦應作如是觀。然二者又大不相同，陽神之說尚可能生前得證，雖言甚難，而李玉階性靈和子之說，猶待死後方得證驗，則更難評斷，雖說如此，亦應備為一說。

朱子曾評仙人不死之說言：

> 人言仙人不死，不是不死，但只是漸漸消融了，不覺耳。[301]

朱子此評僅屬常識俗見，未深究仙家玄義，其論過於粗淺偏滯。明代大儒王陽明曾答人問神仙之事亦有言：

> 足下欲聞其說，須退處山林三十年，全耳目，一心志，胸中洒洒不掛一塵，而後可以言此，今去仙道尚遠也。[302]

王陽明以「去仙道尚遠」，「須退處山林三十年，全耳目，一心志，胸中洒洒不掛一塵，而後可以言此」，不敢妄論神仙之事，與朱子相比，實較涵容圓通。對於生前或死後身外之身長生不死之仙論，似乎亦應有王陽明之涵養。

---

[301] 《朱子語類》，卷第一百二十五，北京中華書局，2007 六刷，頁 3003。
[302] 《王陽明全集》卷二十一〈外集三〉，上海古籍出版社 2006 五刷，頁 805-806。

　　全真教王重陽「全真成仙」之說，既反對肉體長生不死，也不贊同死後之性靈不滅，又不同於陽神浩劫永存之論。王重陽強調：「得道之人，身在凡而心在聖境矣」，並嚴厲批判：「欲永不死而離凡世者，大愚不達道理也」，可見其長生不死成仙之說非指肉體永生不死，亦非死後之性靈不朽，著實別有義涵。王重陽在回應馬丹陽「何者名為長生不死？」之問時，答曰：「是這真性不亂，萬緣不掛，無去無來，此是長生不死也。」[303]後來馬丹陽亦說：「但能澄心遣欲，便是神仙。」[304]王重陽又明白指出：「務要諸公得識真性。不曉真源，盡學旁門小術，此是作福養身之法，並不干修仙之道、性命之事，稍為失錯，轉乖人道。」[305]又有詩云：「修行須借色身修，莫殢凡軀做本求。假合四般終是壞，真靈一性要開收。」[306]由此可明鑑其義旨，全真教之修道非延年長生之養形小術，而是超生死的修仙大道，此即丘處機之所言：「吾宗所以不言長生者，非不長生，超之也。此無上大道，非區區延年小術耳。」[307]此無上修仙大道乃是「性到虛空，豁達靈明。」[308]王重陽即有詩云：「本來真性喚金丹，四假為爐煉做團；不染不思除妄想，自然滾出入仙壇。」[309]這種「性到虛空，豁達靈明」的神仙觀，究其實可說是對莊子心齋坐忘、真人用心若鏡之修道觀的一種回歸。

---

[303] 《重陽真人授丹陽二十四訣》，《王重陽集》，白如祥輯校，齊魯書社，2005，頁 295。

[304] 《丹陽真人語錄》，《馬鈺集》，趙衛東輯校，齊魯書社，2005，頁 251。

[305] 〈玉花社疏〉，《重陽全真集》卷之十，《王重陽集》，白如祥輯校，齊魯書社，2005，頁 159。

[306] 〈諸散人求問〉，《重陽全真集》卷之十，《王重陽集》，白如祥輯校，齊魯書社，2005，頁 143。

[307] 《丘祖全書節輯‧丘祖語錄》，收於蕭天石主編，《呂祖心法傳道集‧丘祖全書節輯合刊》，台灣自由出版社，1998，頁 251。

[308] 〈長春丘真人寄西州道友書〉中言：「有一等道人，丹田搬運，亦是下等門戶爾，乃教初根小器人。若性到虛空，豁達靈明，乃是大道，此處好下手，決要端的功夫。」，《真仙直指語錄》卷上，《道藏》第三十二冊，頁 437。

[309] 〈金丹〉，《重陽全真集》卷之二，《王重陽集》，白如祥輯校，齊魯書社，

　　莊子對人生實有其知其莫可奈何而安之若命的洞察，亦有一種
精神的超越、心靈的轉化。莊子當然不會否認人之作為一個「理性
的存在物」，也不會忽略作為一個「正常的人」之知情意活動，但
莊子更看重的是人之作為一個「載道之器」的面向，而作為俗世中
理性存在物之正常的人，正是莊子所要超越的生命狀態。莊子站在
道的高度關照人生，則世俗中所謂「正常的人」，在莊子眼中卻是
一個「失真的人」。〈德充符〉篇中惠子對莊子有「人而無情，何以
謂之人？」的提問，人而有情乃人之常然，「既謂之人，惡得無情？」
莊子答曰：「是非吾所謂情也。吾所謂無情者，言人之不以好惡內
傷其身，常因自然而不益生也。」人有好惡之情，即有所偏愛，即
是一是非。莊子所謂「無情」，並非指要人像枯木頑石般沒有情意
的死寂境地，而是指要我們保有一種萬物無足以擾心之「用心若鏡」
的生命境界，喜怒哀樂過即不留，那是一種對境應物不著不累的自
在心境。〈天下〉篇謂莊子：「獨與天地精神往來，而不敖倪萬物，
不譴是非，以與世俗處。」王叔岷先生解釋說：「『獨與天地精神往
來』，是超俗也。『不譴是非與世俗處』，是入俗也。莊子非避世者，
乃入俗而超俗者也。……莊子通達乎此，故入世而不為世所累，處
世而不為世所困。」[310]以莊子為「入俗而超俗者」，實為肯切之論。
莊子「入俗而超俗」的思想，在根本上影響了全真教的見性成仙觀，
就這點而言，全真教可以說是對莊子思想的回歸。

　　總結而言，「真性長生不死」之仙論，一言以畢之，即精神超
越的安身立命之道，而此精神超越之道，實則為回歸吾人真性的歸
根復命之道。生命若無向上一層境界之翻轉超越，終難避免陷於在
下層生命中諸多善惡對立的爭奪拉扯。只有精神境界之超越方能徹

　　2005，頁30。
[310]《先秦道法思想講稿》，北京中華書局，2007，頁112-113。

底解決人生根本的勞苦煩憂，這是「真性長生不死」之仙論給我們指點的一條人生之路—精神超越之道。一個人若能煉養心性，修行到用心若鏡的真人境界，達到對境應物不著不累的自在心境，即是長生不死的快活神仙，此義不僅可為現代人所接受，似乎也是心靈苦悶之現代人所必須的良藥，那是可欲亦可致之善。

第二章

修道：道教對生命終極境界的追求

一、引言

　　「得道成仙」是道教的核心教義，雖說「仙」之涵義相當紛歧，甚至道果的位階並非最高，然道教有其宗教追求的最高目標則是毋庸置疑的，而此一最高目標歷史上即習稱之為「仙」。「得道成仙」是一個道教信徒所追求的宗教理想、人生的終極關懷、生命的最高境界。

　　人欲成仙必須得道，得道方可成仙，道書《太平經》中言：

　　　人無道之時，但人耳；得道則變易成神仙。[1]

《太平經》主張原則上人人皆可成仙，只要虔志勤行，積學修善不止而得道即是。人未得道時只是一介凡夫，一但得道就成仙了，得不得道乃成仙之關鍵。「得不得道」是有關修煉功夫的問題，透過如何的修煉過程方能得道成仙，此番修煉功夫即稱之為「修道」。既言修道，即是有道可修，是故修道以道作為基礎。然何謂「道」？

---

[1]　《太平經鈔戊部》〈真道九首得失文訣第一百七〉，俞理明，《太平經正讀》，巴蜀書社，2001，頁233。

對此問題的回應就是「道論」。「道論」與得道成仙的「修道」功夫論，即是本章之主旨。

二、理論基礎：老子的道論與修道思想

《史記》卷六十三〈老子韓非列傳第三〉中說：「蓋老子百有六十餘歲，或言二百餘歲，以其修道而養壽者也。」[2]司馬遷此段評述說明了老子之所以長命，乃因其修道養壽之故，在此特別標舉老子「修道」之義。一般即以老子為修道思想開宗之祖，《道德經》一書自然成為修道之根本經典。老子《道德經》中的修道思想是以其道論作為基礎，老子言：「孔德之容，惟道是從。」（二十一章）又言：「上士聞道，勤而行之。」（四十一章）有道可聞，有道可從，方有勤而行之的修道，依道修行有成，方有孔德之容。因此在闡析老子修道思想之前，先展示老子之道論。

（一）老子的道論

胡適先生認為「天道」是老子哲學的根本觀念，但老子的天不是一個有意志、有知識、能喜能怒、能作威作福的主宰，而是一個無意志的自然天。[3]徐復觀先生則說，老子對此自然天的生成、創造，提供了新地、有系統地解釋，中國才出現了由合理思維所構成的形上學的宇宙論，並盛讚這是老子思想最大貢獻之一。[4]雖說如

---

[2] 司馬遷，《史記》，大申書局，1982，頁 2142。
[3] 胡適，《中國哲學史大綱》（卷上），里仁書局，1982，頁 54-55。
[4] 徐復觀，《中國人性論史》（先秦篇），台灣商務印書館，1988 九版，頁 325。

此，不過徐復觀先生進一步指出：「老學的動機與目的，並不在於宇宙論的建立，而依然是由人生的要求，逐步向上面推求，推求到作為宇宙根源的處所，以作為人生安頓之地。因此，道家的宇宙論，可以說是他的人生哲學的副產品。他不僅是要在宇宙根源的地方來發現人的根源，並且是要在宇宙根源的地方來決定人生與自己根源相應的生活態度，以取得人生的安全立足點。所以道家的宇宙論，實即道家的人性論，因為他把人之所以為人的本質，安放在宇宙根源的處所，而要求與其一致。」[5]陳鼓應先生呼應此一思路，也認為老子形上學的宇宙論只是為了應合人生與政治的需要而建立的。[6]他更進一步直截地表示，老子的「道」不過是概念上的存在而已，「道」所具有的一切特性的描寫，都是老子的理論預設。[7]也就是說，老子的道不過是理性思維的產物，一種概念的構作，並不實在。

　　說老子的宇宙論（即天道觀）實即老子的人性論（即人道觀或人生論），此說法大抵可以成立。但說老子的宇宙論只是其人生哲學的副產品，或者說只是一種概念系統上的預設，如此論述，可能大大扭曲老子本義。徐復觀先生說，老子宇宙論的建立是要在宇宙根源的地方取得人生的安全立足點。然而，宇宙論若只是為了因應人生與政治的需求所做的理論預設，那麼此一人生的立足點既不實在也不牢靠，因其只是理性知解的概念構作，這樣的人生立足點就像建立在沙堆之上的城堡，一點也不安全。如此，人生之安頓並無一可靠的保障，其義恰與其說相違。

---

[5]　徐復觀，《中國人性論史》（先秦篇），台灣商務印書館，1988 九版，頁325-326。

[6]　參見陳鼓應〈老子哲學系統的形成〉一文，收於《老子註釋及評介》，中華書局，2003 九刷，頁 1。

[7]　《老子註釋及評介》，中華書局，2003 九刷，頁 42-43。

　　本文以為老子是個有成就的修道者，也就是他在《道德經》中所謂的「善為道者」、「有道者」。老子《道德經》就是他修道有成對其所體悟之大道的展示與指點，並不是由理性思維所建立的一套形上學宇宙論的概念系統。

　　「道」這個字的意義，依許慎《說文解字》所說：「道，所行道也，從辵，從首，一達之謂道。」段玉裁註云：「道者人所行，故亦謂之行。首者，行所達也。」所謂一達，是指長而無旁出之大路，義似一般所言之「康莊大道」。許慎所言是從造字之本義而立論，人有一特定目的地所行走的大路就是「道」字之本義。隨著時代的演變，「道」字亦出現了許多引申的涵義。或以「道」為「言說、陳述」之義，如《詩經·鄘風》：「中冓之言，不可道也。所可道者，言之丑也。」《孝經》：「非先王之法不敢道。」傳統小說戲劇中之「常言道」、「有道是」、「快快道來」等等常見之語，均是此義。或以「道」為「原理、法則、規律、秩序」之義，如《尚書·甘誓》：「今失其道，亂其紀綱。」《國語·楚語》：「君子之行，欲其道也，故進退周旋，唯道是從。」《莊子·刻意》：「純粹而不雜，靜一而不變，淡而無為，動而以天行，此養神之道也。」《天仙正理》：「夫所謂道者，是人所以得生之理，而所以養生致死之由。」俗話說：「君子愛財，取之有道。」、「盜亦有道」即一般所謂「道理」之義。或以「道」為「導引、通達」之義，如《尚書·禹貢》：「九河既道。」《左傳·襄公三十一年》：「不如小決使道。」《論語·為政》：「道之以政，齊之以刑，民免而無恥；道之以德，齊之以禮，有恥且格。」而引導則有「引之入道」與「以道引之」之雙重意義。

　　「道」字在老子《道德經》各種完整版本中都出現七十多次。[8]基於語言符號的歧義性，同一「道」字在不同語境中有其不同的脈

8　參見劉笑敢，《老子古今》（上卷），中國社會科學出版社，2006，頁725。

絡意義。[9]不過，老子其實還以一種特殊的方式來使用「道」這個字，也就是，「道」這個字是老子用來指點視之不可見、聽之不可聞、搏之不可得、幽微深遠不可名狀、恍惚杳冥之天地萬物本根的一種勉強使用的名稱。老子言：

> 有物混成，先天地生。寂兮寥兮，獨立而不改，周行而不殆，可以為天下母。吾不知其名，強字之曰道，強為之名曰大。（二十五章）

> 道之為物，惟恍惟惚。惚兮恍兮，其中有象；恍兮惚兮，其中有物。窈兮冥兮，其中有精；其精甚真，其中有信。（二十一章）

> 視之不見，名曰夷；聽之不聞，名曰希；搏之不得，名曰微。此三者不可致詰，故混而為一。其上不皦，其下不昧，繩繩兮不可名，復歸於無物。是謂無狀之狀，無物之象，是謂恍惚。（十四章）

作為天下母的道，並不是有形有象可稱名指涉之具體事物。道本無名，只能勉強「字之曰道，強為之名曰大。」「大」是用來形容道之至大無外，無限深遠廣大之義，故亦可稱之為「大道」。作為天下母的大道，雖是視聽搏俱不可得、混而為一、繩繩不可名之物，然確是一真實的存在，只不過其存在狀態是夷希微，一種無狀之狀，無物之象，恍惚窈冥之存在。天地萬物都是從這恍惚窈冥的大道中所化生，故道為天下母。後世道經《太上老君說常清靜妙經》云：「大道無形，生育天地；大道無情，運行日月；大道無名，長

---

[9]　陳鼓應先生對此有一詳盡的分析，請參看其〈老子哲學系統的形成〉一文，收於《老子註釋及評介》，中華書局，2003 九刷，頁 13-29。

養萬物。吾不知其名，強名曰道。」[10]乃直承老子意旨。「道」這一語言文字只不過是指道之指，猶如以指指月之指月之指，指的作用在於確立月之所在，若以指為月，則大謬，指道之言亦如是。言以載道，名以指實，若無法體道得實，則不過就是名稱概念而已，故道經《高上玉皇心印經》有云：「不得其真，皆是強名。」[11]語言只是指道之符，道本無名，亦不可言狀，老子體道合真，不言又不足以指點大道之真，提示修道之方，恐後世學人乃不知道為何物，更遑論契道之要。宋抱一子陳顯微於其所註《文始真經言外經旨‧序》中言：「聖人於道，惟當不立言，不立文字。然聖人欲曉天下後世，苟不強立其名，以述其實，則所謂道者將絕學而無傳矣。」[12]其所論甚是。如此，在不可言又不得不言之情況下，勉為其難地強為之容，乃形成老子《道德經》恍惚窈冥，若有若無，似或猶如，撲朔迷離之語言風格，然究其根本義旨仍在指點大道之真，令學者不執著具象之物為道，實老子開示迷道眾生之用心良苦。

老子言道，依《道德經》中所示，老子提到「道」、「大道」、「天之道」、「天道」、「人之道」、「聖人之道」等名稱。因道是「有物混成」「混而為一」之物，本文以為「道」、「大道」、「天之道」、「天道」等皆是指道之不同文字符號，異名而同指一實。「人之道」，或稱「人道」，是人所行之道。人所行之道，有合於天道者，亦有不合於天道者。合於天道之人道，稱為「聖人之道」；不合於天道之人道，則為一般之人道，就稱之為「人之道」。[13]老子之道論實即

---

[10] 《道藏》11 冊，頁 344。文物出版社，上海書店，天津古籍出版社，1988。

[11] 孕真子註，《高上玉皇心印經》，收於蕭天石主編，《太上清淨心經‧清靜經圖註合刊》，自由出版社，1998，頁 5。

[12] 陳顯微，《文始真經言外經旨》，收於蕭天石主編，《文始真經言外經旨‧清靜經‧玄門必讀合刊》，自由出版社，2003，頁 1。

[13] 《道德經》七十七章：「天之道，損有餘而補不足；人之道，則不然，損不足以奉有餘。」此以「天之道」、「人之道」二者異質對舉，很明顯「人之道」

分為「天道」與「人道」兩部分。[14]「天道」所指為「本體義的道」，
即以道為天地萬物之本根。「人道」則是人在生活中的行為表現，
這些行為或可透過修道的與道合真而合乎天道，或者因為不修道、
不知道而違反天之道。如此，在「人道」這部分乃可談如何與道合
真的修道思想，一方面可談「功夫義的道」，即體道合真的實踐方
法；另一方面則可談「境界義的道」，這是修道得道而與道合真的
生命境界。[15]綜上所述，老子之道論可圖示如下：

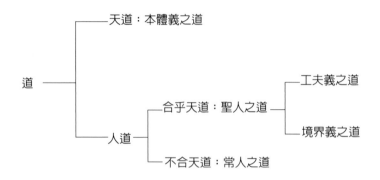

（二）天道：本體義的道

老子言：「道沖而用之，或不盈。淵兮似萬物之宗。」（四章）
又說：「道生一，一生二，二生三，三生萬物。」（四十二章）《道
德經》中所展示老子所體之道，此道化生萬物，是萬物之宗，也就

即指不合天道之人道，乃不同於合乎天道之「聖人之道」。

[14] 莊子言：「何謂道？有天道，有人道。」（〈在宥〉）一般以莊子為老子思想之
最佳闡揚者，本文在此所析，乃合於莊子對道的區分。

[15] 「境界義之道」已詳述於本書第一章，本章主要陳述「本體義的道」與「功
夫義的道」。

是作為天地萬物本根之「本體義的道」。以下就道體、道相、道用三面向以勾陳老子所體悟之大道。

（1）道體

老子所體悟的道是真實的存在物，但並不是某種可見可聞可觸的具體物，而是一種希夷微的存在。[16]這種希夷微的存在並非空無一物，而是一種恍惚窈冥的存在：「道之為物，惟恍惟惚。惚兮恍兮，其中有象；恍兮惚兮，其中有物。窈兮冥兮，其中有精；其精甚真，其中有信。」（二十一章）恍惚者，似有若無，若存若亡；窈冥為虛微幽深之義。道之為物並非一具體之物，而是「無狀之狀，無物之象」恍惚窈冥的存在，因其恍惚窈冥，故「道隱無名」（三十五章），是一種「無名樸」（三十二章）的存在。此恍惚窈冥的存在「先天地生」（二十五章），存在於天地萬物形成之前，而且「為天下母」（二十五章）、「天地根」（六章），化生天地萬物。

以上大致是老子對於作為「萬物之宗」之道體的陳述，而道的開顯展示乃表現出某些重要的特性，可稱之為「道相」。

（2）道相

在考察《道德經》的經文中，可以歸結出道相的幾個重要特性。

道最重要的一個特性就是「自然無為」，這也就是說，老子所說的道不是一個有意志的主宰天，道的生天生地生萬物乃是自然而然的過程，而不是一個有意志有目的的創造。老子言：「道大，天大，地大，人亦大。域中有四大，而人居其一焉。人法地，地法天，

---

[16] 視之不見名曰夷，聽之不聞名曰希，搏之不得名曰微。（十四章）

天法道，道法自然。」（二十五章）河上公註：「道性自然，無所法
也。」[17]吳澄註：「道之所以為大，以其自然，非道之外別有自然
也。」[18]老子所謂「自然」，就是自然而然，正如河上公所言，道
的本性就是自然。而所謂的「無為」，其實就是順其自然之義，並
非如字面上望文生義所示的無所作為。「無為」一詞常與「無不為」
連用，老子言：「道常無為而無不為。」（三十七章）道生天生地生
萬物的無所不為，也只是順其自然，自然而然的過程，沒有一絲一
毫意志干擾的勉強造作，這就是無為。「自然無為」可以說是道最
根本的特性。

　　自然無為大道的第二個特性是「虛靜」。老子言：「道冲而用之，
或不盈。淵兮似萬物之宗。」（四章）「冲」，古字為「盅」，訓義為
虛。[19]老子又言：「天地之間，其猶橐籥乎！虛而不屈，動而愈出。」
（五章）橐籥或解為二器，橐為冶工鼓風以鑄鐵之器物，籥為樂工
所用之簫管吹氣出音之器；或解為一器，冶鑄所以吹風炙火之器，
猶今之風箱。以天地為橐籥，乃喻道虛而有大用。道的存在狀態是
虛，此虛絕非空無所有，却是「虛而不屈」的狀態。老子還用谷來
形容道之虛：「谷神不死，是謂玄牝。玄牝之門，是謂天地根。綿
綿若存，用之不勤。」（六章）嚴復註曰：「以其虛，故曰谷；以其
因應無窮，故稱神；以其不屈愈出，故曰不死。」[20]因道之為虛，
才能用之不竭，而有萬物之生生不息。生生不息的萬物來自虛無大
道，最終也要回歸一切存在根源之虛無狀態，老子言：「夫物芸芸，
各復歸其根。歸根曰靜，靜曰復命。復命曰常。」（十六章）萬物

---

[17]　《老子道德經河上公章句》，王卡點校，中華書局，1997 二刷，頁 103。
[18]　吳澄，《道德真經註》，轉引自陳鼓應《老子註譯及評介》，中華書局，2003
　　　九刷，頁 168。
[19]　參見陳鼓應，《老子註譯及評介》，中華書局，2003 九刷，頁 75。
[20]　嚴復，《老子道得經評點》，轉引自陳鼓應《老子註譯及評介》，中華書局，
　　　2003 九刷，頁 85。

皆要歸根復命，回歸自然，這就是老子所說的「靜」，而靜是常道、正道，老子即說：「清靜為天下正。」（四十五章）此即道經《黃帝陰符經》所說：「自然之道靜。」[21]

　　自然無為虛靜大道的第三個特性是「**處下不爭**」。老子常以水喻道，如說：「上善若水，水善利萬物而不爭，處眾人之所惡，故幾於道。」（八章）又說：「譬道之在天下，猶川谷之於江海。」（三十二章）、「江海之所以能為百谷王者，以其善下之，故能為百谷王。」（六十六章）所言皆說道不爭之德。大道善利萬物處下不爭，故能「萬物恃之以生而不辭，功成而不有。衣養萬物而不為主，……萬物歸焉而不為主。」（三十四章）此即老子所言：「功遂身退，天之道也。」（九章）

　　大道之善利萬物，也不是一個有意志有目的的作為，它依然只是自然無為。這就衍生出大道的第四個特性：「**無親不仁**」，這是指道之善利萬物是沒有任何偏私獨愛，不仁非麻木不仁，而是一視同仁。老子言：「天地不仁，以萬物為芻狗。」（五章）、「天地相合，以降甘露，民莫之令而自均。」（三十二章）、「天道無親」（七十九章），皆是此義。「無親不仁」此一特性，究其實不過是「自然無為」特性之引申義。

　　天道雖無親不仁，卻善利萬物：「天之道，利而不害。」（八十一章）然天道之利而不害，則是就整體之和諧平衡而說。老子即言：「天之道，損有餘而補不足。」（七十七章）若天道善利萬物利而不害，如何對萬物有「損」而言損有餘而補不足？此於義不通。道生萬物，萬物之存在乃處於一種和諧的狀態，老子言：「道生一，一生二，二生三，三生萬物。萬物負陰而抱陽，沖氣以為和。」（四十二章）道生萬物，萬物之所以存在，是因為陰陽二氣處於

21　張果注解，《黃帝陰符經》，收於張君房纂輯，蔣力生等校注，《雲笈七籤》卷十五〈三洞經教部・經〉，華夏出版社，1996，頁86。

一種和諧的狀態，物物皆是，萬物整體亦然。若破壞或違反了這種和諧的狀態（失道），萬物的存在也就難以維持了（「不道早已」（三十章））。

總上所述，道具有「自然無為」、「虛靜」、「處下不爭」、「無親不仁」與「和諧平衡」等特性。

（3）道用

「道用」指的是道的運作規律。老子提出「反者道之動」（四十章），「反」就是大道運作的規律。「反」是個總原則，究其實則有三義。第一層涵義是「相反相成」：一切事物都是在相反對待的狀態下所形成的，如老子所言：「有無相生，難易相成，長短相形，高下相盈，音聲相和，前後相隨。」（二章）有無、難易等是相反對待之物，但也相互依存，一方不存，另一方也就不在。然而，這種相反對待的狀態是經常互相轉化的，這是「反」的第二層涵義：「對立轉化」。關於此義，老子說得不少，如：「曲則全，枉則直，窪則盈，敝則新，少則得，多則或。」（二十二章）、「物或損之而益，或益之而損。」（四十二章）、「禍兮福之所倚，福兮禍之所伏。……正復為奇，善復為妖。」（五十八章）禍福相反相成亦對立轉化，此義為一般大眾所知曉。人生之苦樂亦然，有苦即有樂，無苦亦無樂，二者相反相成亦對立轉化，苦盡甘來樂極生悲是也。俗云：「委曲求全」、「吃虧就是佔便宜」，即是此義。「反」的第三層涵義是「返」：萬物源於虛無大道，最終亦將回歸虛無大道，即「返本復初」之義，老子稱之為「歸根復命」：「夫物芸芸，各復歸其根。歸根曰靜，靜曰復命。復命曰常。」（十六章）萬物歸根復命就是要回歸到一切存在的根源（即道）的虛靜狀態，此乃常道。

（三）聖人之道：老子的修道思想

老子於《道德經》七十七章中，首次出現也是全書唯一一次以「天之道」與「人之道」對舉：

> 天之道，損有餘而補不足；人之道，則不然，損不足以奉有餘。孰能有餘以奉天下，唯有道者。

顯然「人之道」是不合乎「天之道」，與之相違，而只有「有道者」方能做到損有餘而補不足。[22]「有道者」指的是能依天道而行／不行的人。相對於「有道者」，不能依天道而行／不行的人即是「無道者」，這其實就是指一般人，因其不知道或不修道，其所行乃不合天道者。「有道者」老子稱之為「聖人」，但其內涵與儒家之聖人不同。儒家之聖人是「有德者」，一個有道德修養的人；老子所稱的聖人則是「有道者」，是大道的體現者，是依天道而行／不行的有道之人。「聖人」一詞在《道德經》二十四章中出現了二十九次之多，由此自可看出其重要性。聖人與一般人確有所別，聖人體道而行自然無為，故能不辱不殆長生久視；一般人則貪欲恣盛，巧智妄作，因而給生命帶來諸多禍患。老子即諄諄告誡：「禍莫大於不知足，咎莫大於欲得。」（四十六章）「不知常，妄作凶。」（十六章）不知足與不知常其實就是一般人的兩大弊病。老子又言：「知常曰明」（十六章），無明即迷，而「人之迷，其日固久。」（五十八章）這是老子深沉的慨嘆。如何導迷啟明，引人入聖，依天道以行人道，這應該就是老子開示《道德經》五千言之本懷，這也就是老子的修道思想。

---

22 能依天道而行某事之人為有道者，同樣地，能依天道而不行某事的人亦是有道者。重點不在行不行，合不合乎天道才是關鍵所在。

　　修道思想所關注的是「功夫義的道」，其要在於修道中如何體道合真的實踐方法，這包括兩個面向：其一是對於道的運作規律「反」必須要有深切的體認與掌握，包括「相反相成」、「對立轉化」與「返本復初」，並以此來觀照世事的變化，應世順事。其二是應該確實體現天道所展示的特性，作為修道的功夫進路。

（1）為道日損→自然無為

　　「自然無為」可說是修道的總目標，為此老子提出了「為道日損」的總原則。老子言：「為學日益，為道日損。損之又損，以至於無為。」（四十八章）河上公註曰：「學謂政教禮樂之學也。日益者，情欲文飾日以益多。道謂自然之道。日損者，情欲文飾日以消損。」[23]憨山註云：「為學者，增長知見，故日益。為道者，克去情欲，墮形泯智，故日損。」[24]蕭天石解：「為學所以求知，故日益。為道所以去妄，故日損。」[25]為學這種人間事業，無論是河上公所謂的「政教禮樂之學」，還是增長知見的「求知之學」，它總是日益積累增進的過程。但為道這種修道之事，却是日益減損的逆反過程。修道之所損，乃日損其一己情欲妄念之造作，損之又損，以至於反璞歸真的合道自然，即老子所謂的「復歸於嬰兒，復歸於無極，復歸於樸」（二十八章）的生命狀態。聖人以此治世行事就是「輔萬物之自然而不敢為」（六十四章），亦即不以個人意志妄作干預，讓百姓自然順性地化育發展。老子說：「道常無為而無不為，侯王若能守之，萬物將自化。」（三十七章），又說：「我無為，而民自化；我好靜，而民自正；我無事，而民自富；我無欲，而民自

---

[23]　《老子道德經河上公章句》，王卡點校，中華書局，1997 二刷，頁 186。

[24]　《老子道德經憨山註》，新文豐出版公司，2004 五刷，頁 108。

[25]　蕭天石，《道德經聖解》，自由出版社，2003，頁 324。

樸。」（五十七章）好靜、無事、無欲都是無為的具體內涵，為政者若能無為，人民將自化、自正、自富、自樸，天下自然安定和諧。

（2）致虛守靜→虛靜

致虛守靜可視為「為道日損」的具體功夫，依此用功，勤行不斷，自然能復歸於嬰兒、復歸於無極、復歸於樸，「嬰兒」、「無極」、「樸」都是老子用來形容返本復初與道渾一之虛靜境界。這是老子的「虛心之教」，透過「滌除玄鑒」（十章）的功夫，盡除心中情欲妄念等心垢，達到虛靜清明的境界，即能觀復知常，體道合真而沒身不殆。修道功夫的此一過程，恰與一般人之心馳向外相逆反，因為「五色令人目盲；五音令人耳聾；五味令人口爽；馳騁畋獵，令人心發狂；難得之貨，令人行妨」（十二章），所以日損情欲之虛心功夫，就是要掃盡心中不知足之貪欲，最後達到合道自然之恬淡素樸的生命狀態，如此方是長生久視之道。一味向外追求物欲之滿足則使人心神外馳，精力耗散，長此以往，「物壯則老，是謂不道，不道早已。」（三十章）

（3）不敢為天下先→處下不爭

天道處下不爭，故「聖人之道，為而不爭。」（八十一章）此不爭之德乃表現為「功成而弗居」（二章）、「後其身、外其身」（七章）、「不為大」（六十三章）、「下民、後民」（六十六章）、「不敢為天下先」（六十七章）。雖然後其身外其身會得到身先身存的結果，不為大終能成其大，不爭最終會達到天下莫能與之爭的結果，但這種種表現並不是以退為進的心機，或是欲擒故縱的謀略，反倒是虛而能容之大度量與功成弗居之無私襟懷的展現。

（4）以百性心為心→無親不仁

天道無親不仁，善利萬物而無所偏私，聖人體道之自然無為，亦應如是：「天地不仁，以萬物為芻狗；聖人不仁，以百姓為芻狗。」（五章）這無親不仁並不是說六親不認麻木不仁，而是指不私心用事、私意妄為，故泛愛眾，而無所偏私，一視同仁。「無私」（七章）、「以百姓心為心」（四十九章）、「慈」（六十七章）等，都是此功夫的具體表現。

（5）儉嗇知足→和諧平衡

老子言：「天之道損有餘而補不足。」（七十七章）聖人體道而行，亦應維持生命之和諧平衡，方能像天長地久般長生久視。這是老子「虛心實腹、儉嗇知足」之教，也就是除了滿足生命中的基本需求之外，盡除心中不知足之貪欲，以一種知足儉嗇的方式生活。老子強烈地告誡人們：「禍莫大於不知足，咎莫大於欲得。」（四十六章）不知足欲得的心，必定會為生命帶來禍患。吾人於生活中，追求五色、五音、五味、馳騁畋獵，尚賢（名），貴難得之貨（利），最後導致老子所說的：目盲、耳聾、口爽、心狂、爭名、盜利等，凡此種種皆是害生之舉。因此老子要人們「見素抱樸，少私寡欲。」（十九章）「去甚、去奢、去泰」（二十九章），最後達到合道自然之恬淡素樸的和諧生命狀態。這樣的生命狀態與一般人是相當不同的，正如老子自己所言：「眾人熙熙，如享太牢，如春登台。我獨泊兮其未兆，如嬰兒之未孩。」（二十章）達到這樣的生命狀態，也就是老子所謂的「深根固柢，長生久視之道。」（五十九章）

（四）小結

　　老子之道論並不是因應人生之需求逐步向上思考推求的形上學系統，而是體道合真由上而下作為人生行為規範之根源。老子之道並不是從人道到天道由下而上逐級上推的思考結果，反之，它是從天道到人道由上而下的價值體悟，依天道以行人道，率人道以合天道，實則此乃老子修道之義涵。也就是說，老子深切地體悟到宇宙中有一股無形無狀之力量，此力量依一定的規律展現出某種秩序，而人生之至善就在於將自己之生命調整至與該秩序和諧一體的狀態。

　　老子的修道思想，不但有原則性的提示，也有具體功夫之指點。而老子修道功夫之根本要訣就是其「虛心實腹」之教：「虛其心，實其腹，弱其志，強其骨。」（三章）虛心弱志是屬於精神性的修心功夫，實腹強骨則是有關形體的養身之方，二者兼備，方為長生久視之道。這虛心實腹之教大大影響了後世「形神兼養」、「性命雙修」的修煉觀念。

三、修道之階：莊子的修道漸法

　　莊子其人其思，《史記》中記載：

> 莊子者，蒙人也，名周。周嘗為漆園吏，與梁惠王、齊宣王同時。其學無所不窺，然其要本歸於老子之言。故其著書十餘萬言，大抵率寓言也。作漁父、盜跖、胠篋，以詆訿孔子之徒，以明老子之術。[26]

---

[26] 司馬遷《史記》卷六十三〈老子韓非列傳第三〉，大申書局，1982，頁2143-2144。

依司馬遷之記述，莊子博學無所不窺，其旨要則「本歸於老子之言」，其著書立說以「明老子之術」。依此，莊子可以說是老子思想最好的承繼者與闡發者，他既承繼了老子的道論與修道思想，並闡發了其修道功夫之所不足。以下即展示與闡析莊子上達真人境界之修道思想。

（一）小大之辨：理解的態度

　　吾人欲了解莊子的修道思想，首先須具備一種正確的態度，做好心理準備，否則容易將莊子之論視為荒唐無稽之言，在未能領略莊子深義之前就棄之不前了。這似乎就是〈天下〉篇中所言：「以天下為沉濁，不可與莊語」之情況。莊子自己也很清楚，「大聲不入於里耳，折楊皇華，則嗑然而笑。是故高言不止於眾人之心；至言不出，俗言勝也。」（〈天地〉）「大聲」指咸池、大韶之高雅樂曲，折楊皇華則為民間里巷俗曲。莊子論道之高言、至言正如大聲之不入於里耳，非世俗中人所能領會，「不止於眾人之心」，於是就成了俗言充斥的局面了。是故，莊子於其書之首篇〈逍遙遊〉起始便以「鯤化為鵬，水擊三千里，搏扶搖而上者九萬里，徙於南冥」之喻，以明「小大之辨」。蜩與學鳩嘲笑大鵬鳥展翅高飛之舉動說：「我決起而飛，槍榆枋，時則不至，而控於地而已矣！奚之九萬里而南為？」關於小蜩鳩對大鵬鳥的嘲笑，莊子做了如下的評論：

> 適莽蒼者，三湌而反，腹猶果然；適百里者，宿舂糧；適千里者，三月聚糧。之二蟲，又何知！

莊子之意，小蜩鳩安知大鵬鳥鴻飛沖舉之志，蜩鳩之笑乃「大聲不入於里耳，折楊皇華，則嗑然而笑」之笑，是「下士聞道大笑之」之笑，其笑正顯其無知之極。「之二蟲，又何知」中之「二蟲」，很

明顯是指蜩與學鳩，但郭象卻將之注為鵬與蜩而論說「適性逍遙」
之義。郭向注云：

> 二蟲，謂鵬蜩也。對大於小，所以均異趣也。夫趣之所以異，
> 豈知異而異哉？皆不知所以然而自然耳。自然耳，不為也，
> 此逍遙之大意。

又言：

> 苟足於其性，則雖大鵬無以自貴於小鳥，小鳥無羨於天池，
> 而榮顯有餘矣。故小大雖殊，逍遙一也。

依郭象之說，鵬與蜩鳩雖有形體大小之分，但二者若能各自「足於
其性」，則都是一種逍遙，各逍其遙，並無差別，「逍遙一也」。如
此解義實則大大誤解莊之言，大鵬之展翅沖舉確是莊子之所貴、
所欲。鯤鵬蜩鳩之說是一種譬喻，其寓意非如郭象所言是表達「適
性逍遙」之義，而是「小大之辨」。「適性逍遙」之說，實不差，亦
有其理，然屬世俗中言（俗言），非有道之識（至言）。適性逍遙畢
竟仍是有待，但莊子所追求的是無待的逍遙，二者確有差別，其異
即在大知小知之不同。莊子借鵬鳩之喻以明眼界大小之分與境界高
低之別，並指出「小知不及大知」之義。莊子很明顯是斥蜩鳩而貴
大鵬，是捨小就大，他要我們突破時間、空間、學識、心智上的種
種自我限制，如此才有可能上達而觀看到一個更寬廣、更高超的世
界。此即道教東派開祖明陸西星所言：「讀南華者，先須大其胸襟，
空其我象，不得一以習見參之。」[27]

　　同樣是在〈逍遙遊〉的篇章中，我們看到莊子所舉的另一事例。
肩吾聞言於接輿有關神人之說：「藐姑射之山，有神人居焉。肌膚

---

[27] 陸西星，《莊子南華真經副墨》，〈讀南華真經雜說〉，台灣自由出版社，
1993，頁38。

若冰雪，綽約若處子。不食五穀，吸風飲露。乘雲氣，御飛龍，而遊乎四海之外，其神凝，使物不疵癘而年穀熟。」肩吾認為這根本上是大而無當、有違人情之常的狂言謬語，故驚怖不信，而問疑於連叔。連叔的回應頗堪玩味：

> 瞽者無以與乎文章之觀，聾者無以與乎鐘鼓之聲，豈唯形骸有聾盲哉，夫知亦有之。[28]

連叔舉「形之聾盲」，以明「知之聾盲」。形有聾盲者，則無以觀眾物之美、聽鐘鼓之音；知有聾盲者，亦無以契入高論至言。肩吾的驚怖不信，就是「知之聾盲」，心知上有所障礙。知障之弊，莊子多有所說：

> 聖人有所遊，而知為孽。（〈德充符〉）

> 井蛙不可以語於海者，拘於墟也；夏蟲不可以語於冰者，篤於時也；曲士不可以語於道者，束於教也。（〈秋水〉）

> 褚小者不可以懷大，綆短者不可以汲深。（〈至樂〉）

井蛙拘於墟、夏蟲篤於時、曲士束於教，凡此種種皆聞道之孽，乃自限不明之弊也。只有在哪一天可以接觸到海洋、冰塊與大道之時，也就是掌握了莊子所謂的「大知」，方能對舉出一察自是自好管見之偏失錯狹。莊子以夢覺之說以論此境況，其言曰：

> 夢飲酒者，旦而哭泣；夢哭泣者，旦而田獵。方其夢也，不知其夢也。夢之中又占其夢焉。覺而後知其夢也。且有大覺，而後知此其大夢也，而愚者自以為覺，竊竊然知之。（〈齊物論〉）

---

[28] 〈大宗師〉有「夫盲者無以與乎眉目顏色之好，聾者無以與乎青黃黼黻之觀。」之言，文字稍異而義理則同。

井蛙、夏蟲、曲士即是處於夢中不知夢，而自以為覺竊竊然知之的情境。看到海洋、接觸冰塊、體悟大道，這是覺醒的時刻，至此方知其夢之不真，知之不切，「有大覺，而後知此其大夢也」。

任何「小知」皆形成一種觀看事物的特殊視角，而形成一種特定的認識，雖各有所見，然亦有其偏缺，莊子言：

> **以物觀之**，自貴而相賤；**以俗觀之**，貴賤不在己；**以差觀之**，因其所大而大之，則萬物莫不大；因其所小而小之，則萬物莫不小。……**以功觀之**，因其所有而有之，則萬物莫不有；因其所無而無之，則萬物莫不無。……**以趣觀之**，因其所然而然之，則萬物莫不然；因其所非而非之，則萬物莫不非。（〈秋水〉）

因其所觀，自有其所見，而各是其是各非其非。這種是是非非的一偏之見，莊子稱之為「成心」（〈齊物論〉），郭象注：「夫心之足以制一身之用者，謂之成心。」成玄英疏：「夫域情滯者，執一家之偏見者，謂之成心。」「成心」亦即「成見之心」。[29]因此，各家各派出於「成心」的是非之爭，只不過是各自發揮其偏見的爭辯。[30]只有上達「以道觀之」的層次，才猛然醒覺了悟物無貴賤、大小、有無、是非，始覺前述諸觀之偏失。「道隱於小成」，一是非即是一小成，故不得道之全。依莊子之見，只有「真人」（真正的覺醒者）才達到「以道觀之」的層次，「有真人而後有真知」（〈大宗師〉）。「真人」照之於天，莫若以明，以虛靜清明之心觀照萬物，故能「獨與天地精神往來，而不敖倪於萬物，不譴是非，以與世俗處。」（〈天

---

[29] 明憨山大師釋「成心」為「現成本有之真心」（《莊子內篇憨山註》，新文豐出版公司，2004 五刷，頁 211）。此解恐不得莊子之本義，莊子言：「未成乎心而有是非，是今日適越而昔至也。」有成心方有是非，故「成心」不會是泯是非的「現成本有之真心」，反倒是有是非的成見之心。

[30] 方勇、陸永品，《莊子詮評》，四川巴蜀書社，2007 二版，頁 37。

下〉) 所謂「不譴是非」，非無是非也，乃使是非各止於自然之分。[31]
莊子稱之「兩行」：「聖人和之以是非，而休乎天鈞，是之謂兩行。」
(〈齊物論〉) 明白「和之以是非」的「兩行」之義，則各家各派各
有其是，不必相非。所謂「兩行」並非是非相對論，必超是非乃可
明「兩行」。以道觀之，是非然否，通而為一。[32]未達真人境界者
之知，皆是「成心」各是其所是非其所非的「小知」。「小大之辨」
務須了悟，這是掌握莊子修道思想至為緊要之關鍵，而修道的終極
目的就是要上達「以道觀之」之「真人真知」的境界。

（二）天人之分：莊子的道論

　　荀子評論莊子之思想曰：「莊子蔽於天而不知人。」[33]其義是
說莊子知天不知人，荀子所謂「不知人」是指莊子忽視了人及其存
在價值。[34]然而若進一步深入考察，將發現莊子究其實是要確立人
真正的存在價值，只不過他是以一種與儒家不同的方式—「明於天
以知人」，來確立人的存在價值。莊子即言：「古之明大道者，先明
天而道德次之，道德已明而仁義次之。」(〈天道〉) 天人相比，莊
子確實是重天而輕人，主張「無以人滅天」(〈秋水〉)，但非荀子所
言「蔽於天而不知人」。莊子亦言：「知天之所為，知人之所為，至
矣。」(〈大宗師〉)、「不厭其天，不忽於人。」(〈達生〉) 只不過莊
子之所重乃「天人不相勝」之「天人合一」：「其一也一，其不一也
一。其一與天為徒，其不一以人為徒，天與人不相勝也，是之謂真

---

[31] 王叔岷，《先秦道法思想講稿》，北京中華書局，2007，頁 112。

[32] 王叔岷，《先秦道法思想講稿》，北京中華書局，2007，頁 112。

[33] 唐楊倞注，清王先謙集解，《荀子集解》，〈解蔽篇第二十一〉，新篇諸子集
　　成（二），世界書局，1991，頁 262。

[34] 參見楊國榮，《莊子的思想世界》，北京大學出版社，2006，頁 20。

人。」（〈大宗師〉）依此，莊子可以反駁荀子而作出評論：「荀子蔽於人而不知天」。[35]

何謂天？何謂人？莊子做了如下之界定：

> 牛馬四足，是謂天；落馬首，穿牛鼻，是謂人。故曰：無以人滅天……，謹守而勿失，是為反其真。（〈秋水〉）

這裡的「天」是指存在的規定性而言，它具體表現為事物的本然之性，即一般所稱之「天性」或「天真」；它不僅構成了牛馬這一類對象的本然狀態，而且也體現於人：人的本真規定便以這一意義上的天為內涵。[36]相對於「事物本然之性」的天，這裡的「人」所指的就是破壞了事物本然之性的狀態。此「天人之分」，莊子多處言及此義：

(1) 〈養生主〉中言：「澤雉十步一啄，百步一飲，不蘄畜於樊中。」澤雉十步一啄、百步一飲是「天」，畜於樊中則為「人」。

(2) 〈駢拇〉中言：「鳧脛雖短，續之則憂；鶴脛雖長，斷之則悲。」鳧脛短、鶴脛長是「天」，續短斷長則為「人」。

(3) 〈馬蹄〉中言：「馬，蹄可以踐霜雪，毛可以禦風寒，齕草而陸，此馬之真性。」馬此本真之性是「天」；又言：「及至伯樂，曰：『我善治馬。』」燒之、剔之、刻之。

---

[35] 事實上，荀子對莊子的批評是不相應的，因為二人對「天」之理解，其內涵並不相同。荀子的「天」是指不受人們好惡之情所左右的自然現象及其變化，其言：「天行有常，不為堯存，不為桀亡。」（〈天論〉）其義與莊子之「天」相去甚遠。熊十力先生說：「荀卿可謂深知莊者。」（《讀經示要》，中國人民大學出版社，2006，頁158。）實是錯誤的論斷。

[36] 參見楊國榮，《莊子的思想世界》，北京大學出版社，2006，頁33-34。

連之以羈馽，編之以皁棧，馬之死者十二三矣！」則為「人」。

馬有真性，民有常性，此為「天」；若失去此常然本真之性，則是「人」，莊子稱之「倒置之民」（〈繕性〉），而能不以人滅天之反其常性之真者，莊子謂之「真人」──活出本有天性（天真）之人。真人「法天貴真」（〈漁父〉），「以天待之，不以人入天。」（〈徐無鬼〉）由此，進而可言「天」的另一重要義涵：「無為為之之謂天」（〈天地〉），這指的就是與道合真之真人的行為方式：順應常然真性而行，「盡其所受乎天」（〈應帝王〉），「任其性命之情而已」（〈駢拇〉），成玄英即注曰：「無為為之，率性而動也。」率性而動之「性」即上面所言之常然真性。莊子自己也說：「無為，天德而已矣。」（〈天地〉）合於天德之無為，而後能「安其性命之情」（〈在宥〉），這才是人生之正道。而那些以物易性，失性於俗，無法率性而動者，那就是違真背道失於本性的「倒置之民」。此不以人滅天之無為，在莊子關於「以己養養鳥」之寓言中有非常具象而傳神的描述：

> 昔者海鳥止於魯郊，魯侯御而觴之於廟，奏九韶以為樂，具太牢以為膳。鳥乃眩視憂悲，不敢食一臠，不敢飲一杯，三日而死。此**以己養養鳥也**，非**以鳥養養鳥也**。夫以鳥養養鳥者，宜栖之深林，遊之壇陸，浮之江湖，食之鰍鰷，隨行列而止，委蛇而處。（〈至樂〉）

魯侯對待海鳥，「觴之於廟，奏九韶以為樂，具太牢以為膳」，這是以人滅天之「以己養養鳥」；「栖之深林，遊之壇陸，浮之江湖，食之鰍鰷，隨行列而止，委蛇而處」才是依天順性之「以鳥養養鳥」。這是莊子非常明確的「天人之分」，而莊本人也是不以人滅天，

循天之理，動而以天行的身體力行者，這在莊子堅拒楚王之禮聘一
事上表露無遺。

> 莊子釣於濮水。楚王使大夫二人往先焉，曰：「願以境內累
> 矣！」莊子持竿不顧，曰：「吾聞楚有神龜，死已三千歲矣。
> 王巾笥而藏之廟堂之上。此龜者，寧其死為骨而貴乎？寧其
> 生而曳尾於塗中乎？」二大夫曰：「寧生而曳尾塗中。」莊
> 子曰：「往矣！吾將曳尾於塗中。」(〈秋水〉)

龜曳尾於塗中是為「天」，龜死巾笥藏之廟堂之上奉為神，此為
「人」。社會大位，有權、有名、有利，一般大眾莫不趨之若鶩，
這是莊子「天下莫不以物易其性」之慨歎：「小人則以身殉利，士
則以身殉名，大夫則以身殉家，聖人則以身殉天下。故此數子者，
事業不同，名聲異號，其於傷性以身相殉，一也。」[37] (〈駢拇〉)
莊子則是很明確地堅持其「捨人就天」之原則，寧生而曳尾塗中，
也不傷性以身相殉於名位，此「有道者所以異於俗者也」(〈讓王〉)。

當以人滅天，破壞了事物本然之性的狀態，就會導致生命的不
幸與敗亡：澤雉畜於樊中即無精打采；續鳧脛之短則憂，斷鶴脛
之長則悲；伯樂之治馬，則馬之死者十二三；以人養養鳥，則鳥
乃眩視憂悲，不敢食一臠，不敢飲一杯，三日而死。失性之為生
之害，此義在「渾沌開竅」的寓言中，莊子已經很明白地指出此
不幸的後果。

依上所論，莊子很清楚地區分兩種人：一是法天貴真盡其所受
乎天的「真人」，另一則是以物易性失性於俗的「俗人」。[38]如何才

---

[37] 此傷性以身相殉天下之「聖人」，很明顯是指儒家之聖人，而非與道合真之
道家聖人。

[38] 或者對比於「真人」，稱之為「假人」似更貼切些，蓋在未達真人境界之前，
他就只能是一個假人。

能成為一個登假於道的真人，這是莊子修道功夫論之核心。在展示莊子如何成就真人之修道功夫論之前，於此先回顧總結其作為修道基礎之道論思想。

莊子之道論直承老子道之思想，莊子說：

> 夫道有情有信，無為無形；可傳而不可受，可得而不可見；自本自根，未有天地，自古以固存；神鬼神帝，生天生地；在太極之先而不為高，在六極之下而不為深，先天地生而不為久，長於上古而不為老。(〈大宗師〉)[39]

道是真實的存在，是可得不可見，無為無形之物，先天地生自古以固存，而生天生地，乃天地萬物之本源：「夫道於大不終，於小不遺，故萬物備。廣廣乎其無不容也，淵淵乎其不可測也。」(〈天道〉)道為天地萬物之本源，化生天地萬物，無所不包亦深不可測。此外，莊子亦言：「道者萬物之所由也。庶物失之者死，得之者生。為事逆之則敗，順之則成。」(〈漁父〉)由此看來，本體義的道，不僅構成了一切存在之源，而且也展現為存在之序。[40]莊子即言：「語道而非其序者，非其道也。」(〈天道〉)此存在之序即表現為天地萬物「本然之性」，也就是「天性」，是為天地萬物存在之規律，此乃「循道而趨」。因此，「天地固有常矣，日月固有明矣，星辰固有列矣，禽獸固有群矣，樹木固有立矣。……循道而趨，已至矣！」

---

[39] 對於此段莊子體道的陳述文字，嚴復先生曾經指出：「自『夫道』以下數百言，皆頌歎道妙之詞，然是莊文最無內心處，不必深加研究。」（轉引自陳鼓應，《莊子今注今譯》，北京中華書局，1983，頁182。）關於道，莊子謂：「有真人而後有真知」。本文視莊子為有成就的修道者，這段文字是莊子達到與道合真境界所發之言論，而非只是文學寫作誇大渲染的頌歎之言。嚴復「最無內心處，不必深加研究」之論，失之偏狹，並不足取。

[40] 參見楊國榮，《莊子的思想世界》，北京大學出版社，2006，頁78。

（〈天道〉）天地萬物皆具秉道而有的常然本真之性，人為萬物之一亦然，能法天貴真者，莊子謂之「真人」，反之便是「倒置之民」，不刻逆敗失亡。

此本體義之道，正如老子所言：「道隱無名」，莊子也說：「大道不稱」（〈齊物論〉）、「道不當名」（〈知北遊〉）、「道窅然難言哉！」（〈知北遊〉）道之為言只是強為之名：「道之為名，所假而行。……道，物之極，言默不足以載。非言非默，議有所極。」（〈則陽〉）道乃極物，非具體有形之物，其無形、無聲、窈冥、昏默、無古今、不生不死，是超越語言思辯論說的存在。因此莊子明確而言：道「視之無形，聽之無聲，於人之論者，為之冥冥，所以論道而非道也。」（〈知北遊〉）、「道不可聞，聞而非也；道不可見，見而非也；道不可言，言而非也。」（〈知北遊〉）如此超感官知覺又超言絕慮的道，如何可以掌握呢？〈天運〉篇中有段孔子與老子關於得道的對話：

> 孔子行年五十有一而不聞道，乃南之沛見老聃。
>
> 老聃曰：「子來乎？吾聞子北方之賢者也，子亦得道乎？」
>
> 孔子曰：「未得也。」
>
> 老子曰：「子惡乎求之哉？」
>
> 曰：「吾求之於度數，五年而未得也。」
>
> 老子曰：「子又惡乎求之哉？」
>
> 曰：「吾求之於陰陽，十有二年而未得也。」
>
> 老子曰：「然使道而可獻，則人莫不獻之於其君；使道而可進，則人莫不進於其親；使道而可以告人，則人莫不告其兄弟；使道而可以與人，則人莫不與其子孫。然而不可者，無佗也，中無主而不止，外無正而不行。」

孔子花了五年時間求道於度數，又花了十二年的時間求道於陰陽，
皆未能得道。究其根柢在於未能了悟道乃無形無聲超言絕慮之存
在，既非度數亦非陰陽，故而用錯方法求錯對象，當然了不可得。
道不像那些具體有形之物，可以獻君、進親、告兄弟、與子孫。若
是如此，那麼道是否就不可得了？其實不然，之所以不能得道，依
老子對孔子的回答，乃因「中無主而不止，外無正而不行。」郭象
注曰：「心中無受道之質，則雖聞道而過去也。中無主，則外物亦
無正己者也，故未嘗通也。」成玄英疏曰：「若使中心無受道之主，
假令聞於聖說，亦不能止住於胸懷，故知無他也。中既無受道之心，
故外亦無能正於己者，故不可行也。」可見只要找對方法門路就能
得道。莊子即列舉敘述了好些遠古以來得道之人的事蹟：

> 狶韋氏得之，以挈天地；伏羲氏得之，以襲氣母；……堪坏
> 得之，以襲崑崙；馮夷得之，以遊大川；肩吾得之，以處太
> 山；黃帝得之，以登雲天；顓頊得之，以處玄宮；禺強得之，
> 立乎北極；西王母得之，坐乎少廣，莫知其始，莫知其終；
> 彭祖得之，上及有虞，下及五伯；傅說得之，以相武丁，奄
> 有天下，乘東維，騎箕尾而比於列星。(〈大宗師〉)

依莊子所述，人能得道，而得道之人，古往今來其數甚多，而且得
道有其極大效益：或順天應地，或逍遙自在，或登雲仙化，或不生
不死，或長壽延年，或成就功業。所謂「得道」，並非如獲得一技
之長或者擁有某種事物那種「得到、擁有」之義，而是指一種自得
於心與道合真之相契。[41]

---

[41] 有學者將莊子此處所言之「道」視為一種超脫生死的途徑，一種逍遙塵垢
之外的方法，或者一種神奇的道術，並做出結論說：「道即方法，方法即道。」
得道就是得了這種方法，也就可以成為真人，進入無古今不生不死的徹底
解脫境界。(參見徐克謙，《莊子哲學新探：道、言、自由與美》，北京中華
書局，2006 二刷，頁 46-48。) 此論犯了一個明顯的謬誤，即混淆了「道」

如何才能達到與道合真的得道境界？由此乃轉入莊子的修道功夫論。

（三）登白雲帝鄉之道：修道功夫論

　　莊子可以說是老子思想最好的承繼者與闡發者，他既承繼了老子的道論與修道思想，並闡發了其修道功夫之所不足。

　　老子之道論並不是因應人生之需求逐步向上思考推求的形上學系統，而是體道合真由上而下作為人生行為規範之根源。老子之道並不是從人道到天道由下而上逐級上推的思考推斷，反之，它是從天道到人道由上而下的價值體悟，依天道以行人道，率人道以合天道，此實則乃老子修道之根本義涵。也就是說，老子深切地體悟到宇宙中有一股無形無狀之力量，此力量依一定的規律展現出某種存在秩序，而人生之至善就在於將自己之生命調整至與該秩序和諧一體的狀態（與道合真的生命境界）。老子的修道思想，不但有原則性的提示（為道日損），也有具體功夫之指點（如致虛守靜、處下不爭、以百姓心為心、儉嗇知足等等）。而老子修道功夫之根本要訣就是其「虛心實腹」之教：「虛其心，實其腹，弱其志，強其骨。」（三章）虛心弱志是屬於精神性的修心功夫，實腹強骨則是有關形體的養身之方，二者兼備，方為長生久視之道。這虛心實腹

　　與「得道的方法」。「道」字之古義即指「達到某種目的之途徑或方法」，於此道與方法是同義詞。但是除了「方法義的道」之外，另有作為「目的義的道」，那是莊子所展示的吾人修行所欲達到的境界，或稱之為「境界義的道」。「得道的方法」是一種修道的功夫，得此方法之後勤而修之，方可成為真人，並非得了此方法不待修煉就可成為真人。得了方法並非得道，修煉成為真人才是得道。得道是與道合真的生命境界，而不是指得到修道的方法，其義遠矣！本文下節之主旨即在展示莊子關於如何得道的修道功夫。

之教大大影響了後世「形神兼養」、「性命雙修」的修煉觀念，不過老子並無明確提出修道階次之功夫次第的觀念。莊子完全繼承老子修道養生之說，其言曰：

> 道之真以治身，其緒餘以為國家，其土苴以治天下。由此觀之，帝王之功，聖人之餘事也，非所以完身養生也。（〈讓王〉）

聖人即老子所稱之「有道者」。道之真以治身，所以完身養生，能達此境界者，即是有道的聖人。莊子將修道養生區分為養形與養神，他說：

> 吹呴呼吸，吐故納新，熊經鳥申，為壽而已矣。此導引之士，養形之人，彭祖壽考者之所好也。（〈刻意〉）

又說：

> 純粹而不雜，靜一而不變，淡而無為，動而以天行，此養神之道也。（〈刻意〉）

養形與養神二者皆修道養生之重要內涵，然二者相較，莊子更重養神之道，其言：

> 純素之道，惟神是守。守而勿失，與神為一。一之精通，合於天倫。……故素也者，謂其無所與雜也；純也者，謂其不虧其神也。能體純素，謂之真人。（〈刻意〉）

莊子所謂真人即體道合真之人，是全神保生之有道者。「惟神是守，不虧其神」之說，可見莊子之所重。此「動而以天行」、「合於天倫」的純素養神之道，實即老子致虛極守靜篤「虛心之教」之繼承與發揮。莊子不只是單純地承繼為道日損的虛心功夫，更進一步闡發了修道一步步的功夫次地與相應的心靈境界。

　　莊子本老子「為道日損」的修道總綱領，對於修道功夫與其所欲達到的境界，也多方設喻地作出原則性的提示。

　　（1）黃帝遊乎赤水之北，登乎崑崙之丘而南望。還歸，遺其玄珠。使知索之而不得，使離朱索之而不得，使喫詬索之而不得也，乃使罔象，罔象得之。（〈天地〉）

「玄珠」喻道也。「知」指智者；「離朱」為古之名目者，「喫詬」是巧言善辯者，「罔象」乃虛構之名，取其恍惚杳冥，似有若無，無心自然之義。黃帝遺失玄珠，知者以智巧求之，離朱以明目求之，喫詬以言辯求之，皆無所得，罔象則以無心自然而得之。此則寓言指明，靠感官知覺、聰明智巧、語言文字無法求得大道，須無心純任自然方能得之。

　　（2）黃帝問曰：「聞吾子達於至道，敢問：治身奈何而可以長久？」廣成子曰：「至道之精，窈窈冥冥；至道之極，昏昏默默。無視無聽，抱神以靜，形將自正。必靜必清，無勞汝形，無搖汝精，乃可以長生。目無所見，耳無所聞，心無所知，汝神將守形，形乃長生。慎汝內，閉汝外，多知為敗。」（〈在宥〉）

黃帝問廣成子長生之至道。廣成子答曰，至道窈窈冥冥、昏昏默默，故無法以視聽而見聞，亦無法以心慮而得知。必須任運視聽而無所見聞，心清靜純任自然而無所用心思慮，方契至道，而得長生。

　　（3）齧缺問道乎被衣，被衣曰：「若正汝形，一汝視，天和將至；攝汝知，一汝度，神將來舍。德將為汝美，道將為汝居。汝瞳焉如新生之犢而無求其故。」言未卒，齧缺睡寐，被衣大悅，行歌而去之，曰：「形若槁骸，心若死灰，真其

> 實知，不以故自持。媒媒晦晦，無心而不可與謀，彼何人哉！」
> （〈知北遊〉）

齧缺聽聞大道即睡寐，被衣歌頌其為頓悟大道之人。睡寐即入睡，喻謂頓悟至道。林雲銘釋曰：「當下頓悟，收聽返視，凝神內守，不覺相對而睡寐也。」[42]「正汝形，一汝視」是忘其形體耳目；「攝汝知，一汝度」是去其思慮意度。合而言之即「形若槁骸，心若死灰」之義。只有達到如「瞳焉如新生之犢而無求其故」般，返樸歸初、無私無慮的無心境界，方能體悟虛無大道。

　　以上所述修道原則之提示終可匯歸為莊子「心齋坐忘」之說，指明修心養神的功夫原則階次與相應的心靈境界。「心齋」之法載於〈人間世〉，乃不同於不飲酒、不茹葷的「祭祀之齋」，其詳細內容是：

> 若一志，無聽之以耳而聽之以心，無聽之以心而聽之以氣。聽止於耳，心止於符。氣也者，虛而待物者也。唯道集虛。虛者，心齋也。

郭象注曰：「虛其心，則至道集於懷。」成玄英疏曰：「唯此真道，集在虛心。」坐忘之說則出自〈大宗師〉，其言曰：

> 墮肢體，黜聰明，離形去知，同於大通，此謂坐忘。

郭象注曰：「夫坐忘者，悉所不忘哉！既忘其迹，又忘其所以迹者。內不覺其一身，外不識有天地，然後曠然與變化為體而無不通也。」成玄英疏曰：「大通猶大道也。道能通生萬物，故謂道為大通也。外則離析於形體，一一虛假，此解墮肢體也。內則除去心識，恬然無知，此解黜聰明也。既而枯木死灰，冥同大道，如此之益，謂之

[42] 轉引自方勇、陸永品，《莊子詮評》，四川巴蜀書社，2007 二版，頁 704。

坐忘也。」「坐忘」，〈在宥〉篇中謂之「心養」：「墮爾形體，吐爾聰明，倫與物忘，大同乎涬溟。解心釋神，莫然無魂。」坐忘即物我兩忘與道合一的境界，也就是莊子所說：「忘乎物，忘乎天，其名忘己，忘己之人是謂入於天。」（〈天地〉），而要達到此一境界，有其修習之次序。

「心齋」之法揭示達到與道合一境界之修行三階次，從「聽之以耳」、「聽之以心」到「聽之以氣」。「聽之以耳」所指為感官知覺之層次，「聽之以心」之「心」是指是非思慮之認知心，這屬於理性思考判斷之層次。只有超越感官知覺與理性思慮之層次（墮肢體——離形，黜聰明——去知），而達到「聽之以氣」之層次，才能同於大通與道合一。〈達生〉篇中庄子借梓慶成鐻在胸削木為鐻之鬼斧神工，言此階次與境界：

> 梓慶削木為鐻，鐻成，見者驚猶鬼神。魯侯見而問焉，曰：「子何術以為焉？」對曰：「臣工人，何術之有！雖然，有一焉：臣將為鐻，未嘗敢以耗氣也，必齊以靜心。齊三日，而不敢懷慶賞爵祿；齊五日，不敢懷非譽巧拙；齊七日，輒然忘吾有四枝形體也。當是時也，無公朝，其〔內〕巧專而外滑消。然後入山林，觀天性形軀，至矣，然後成見鐻，然後加手焉，不然則已。則以天合天，器之所以疑神者，其〔由〕是與！」

梓慶削木為鐻的創作活動，實際上是談體道的修持過程，透過「齊」達到「靜心」與天渾淪為一的境界。「齊」通「齋」，即心齋坐忘之意。所謂「不敢懷慶賞爵祿」、「不敢懷非譽巧拙」、「忘吾有四枝形體」、「無公朝」指的是忘是非、忘知巧、忘我、忘外物，從而進入「以天合天」純任自然的虛而待物之心境。三、五、七日之說，大體言其修道進程，勿執著其數。

　　然而，何謂「聽之以氣」？莊子界定「氣」為：「虛而待物者
也」。徐復觀先生說，莊子此處所說的氣，「實際只是心的某種狀態
的比擬之詞。」[43]此「心的某種狀態」，陳鼓應先生則明確指出，
即是「高度修養境界的空靈明覺之心」[44]，這是心虛靜清明的狀態。
所謂「聽之以氣」，就是要使吾人之心處於虛靜清明的狀態，以此
虛靜清明之心以應物（虛而應物）。陳攖寧先生說：「此處雖仍說
『聽』，實際上就是不要再著意於『聽』，成語所謂『聽其自然』、『聽
之而已』、『聽它去罷』這幾個『聽』字，是此處最好的解釋。」[45]
「虛而應物」就是超越一切差別對立而涵攝萬有，此即莊子所謂：
「盡其所受乎天，而無見得，亦虛而已。至人用心若鏡，不將不
迎，應而不藏。」（〈應帝王〉）至此境界，「萬物無足以鐃心者，
故靜也。……水靜猶明，而況精神。聖人之心靜乎，天地之鑑也，
萬物之鏡也。」（〈天道〉）這實際上就是老子為道日損的致虛守靜
之教。

　　老子為道日損的致虛守靜之功夫，雖已隱含漸進修行之義，然
老子並無清楚展示此一步步漸修之功夫次第，莊子則大大闡發了此
點，而彰其所隱，補其所不足。〈天道〉篇中記述了黃帝借聞樂以
喻聞道之心路歷程：

> 北門成問於黃帝曰：「帝張咸池之樂於洞庭之野，始聞之懼，
> 後聞之怠，卒聞之而惑，蕩蕩默默，乃不自得。……樂也者，
> 始於懼，懼故祟；吾又次之以怠，怠故遁；卒之於惑，惑故
> 愚；愚故道，道可載而與之俱也。」

---

[43] 徐復觀，《中國人性論史》（先秦篇），台灣商務印書館，1988 九版，頁 382。

[44] 陳鼓應，《莊子今註今譯》，台灣商務印書館，1984 六版，頁 130。

[45] 胡海牙總編，武國忠主編，《中華仙學養生全書——陳攖寧先生對健康長壽
學說作出的獨特貢獻》，華夏出版社，2006，頁 1557。

懼、怠、惑是北門成聞樂所經歷的三個階段心境，然此段實屬寓言，所謂樂即是指道。北宋王雱曰：「夫咸池者，道渾之喻也。」[46]北門成聞樂所經歷的三個階段心境，實際上就是修道過程中的三種依序漸進的境界，其目的在指引修道之士達到蕩蕩默默、混混沌沌、無知無為而與道合一。南宋褚柏秀云：「凡人聞道之初，胸中交戰，則始懼也。少焉戰勝，則似怠矣。及乎情識漸泯，懼怠俱釋，然後造乎和樂，復乎無知，此入道之序也。」[47]其解甚切。

〈寓言〉篇中透過顏成子游之現身說法，表明修道有其功夫次第，從返朴還淳，無知無為，齊一生死，純任自然，與道合真，一步一步漸進之階次，不可躐等。

> 顏成子游謂東郭子綦曰：「自吾聞子之言，一年而野，二年而從，三年而通，四年而物，五年而來，六年而鬼入，七年而天成，八年而不知生不知死，九年而大妙。」

王雱解說此段其義甚佳，茲引述如下：

> 一年而野者，挫其銳而反朴也；
> 二年而從者，同其塵而不迕於俗也；
> 三年而通者，隨時安變而不蔽惑也；
> 四年而物者，與物齊諧而無彼我也；
> 五年而來者，所適皆至而自得也；
> 六年而鬼入者，達乎幽奧而神與冥合也；
> 七年而天成者，任於自然而無所虧也；
> 八年而不知生不知死者，了於不生不死之趣也；
> 九年而大妙者；盡於真空妙有之至也。[48]

---

[46] 《南華真經新傳》，《中華道藏》第十三冊，華夏出版社，2004，頁 615。
[47] 《南華真經義海纂微》，《中華道藏》第十四冊，華夏出版社，2004，頁 254。
[48] 《南華真經新傳》，《中華道藏》第十三冊，華夏出版社，2004，頁 670。

修道之進展有其階序，但無法以逐年公式般而計算，謂第一年如何，第二年會如何等等，此進展本無定數，過程之快慢因人而異。文中所言，自一年以至九年，只是借以言功夫之次第，亦不可執著其數。南宋林希逸註曰：「自一年至九年，此即借為節次之語，此事非可以歲月計也。」[49]重點在於循序漸進，不可躐等。

〈大宗師〉篇中記載南伯子葵問乎女偊曰：「子之年長矣，而色若孺子，何也？」女偊回曰：「吾聞道矣。」南伯子葵進而問曰：「道可得學耶？」女偊乃告知學道之階曰：

> 參日而後能**外天下**；七日而後能**外物**；已外物矣，吾又守之，九日而後能**外生**；已外生矣，而後能朝徹；朝徹而後能**見獨**；見獨而後能**無古今**；無古今而後能入於**不死不生**。殺生者不死，生生者不生。其為物無不將也，無不迎也，無不悔也，無不成也。其名為**攖寧**。攖寧者，攖而後成者也。

外天下→外物→外生→朝徹→見獨→無古今→入於不死不生，此女偊所述學道之階，亦即心齋坐忘循序漸進之實踐步驟。首先是「外天下」，外即遺忘之意。成玄英疏曰：「凝神靜慮，修而守之。凡經三日，心既虛寂，萬境皆空，是以天下地上，悉皆非有也。」也就是說，已能把天下置之度外，「舉世而譽之而不加勸，舉世而非之而不加沮。」（〈逍遙游〉）接著是「外物」，郭象注曰：「物者，朝夕所須，切己難忘。」成玄英進一步疏曰：「天下萬境疏遠，所以易忘；資身之物親近，所以難遺。守經七日，然後遺之。」再來就是「外生」，成玄英疏曰：「隳體離形，坐忘我喪。」此時已達忘我之境，能將生死置之度外。功夫再精進一步就能「朝徹」、「見獨」了。成玄英疏「朝徹」曰：「朝，旦也。徹，明也。死生一觀，物

---

[49] 《南華真經口義》，《中華道藏》第十三冊，華夏出版社，2004，頁 891。

我兼忘，惠照豁然，如朝陽初啟，故謂之朝徹也。」疏「見獨」曰：「夫至道凝然，妙絕言象，非無非有，不古不今，獨往獨來，絕待絕對。睹斯勝境，謂之見獨。」「見獨」就是見到老子所謂「獨立而不改」的大道，當然這裡所說的「見」並非眼見為憑肉眼之見，而是心虛與道契合之義。此即〈天地〉篇中所謂「冥冥之中，獨見曉焉。無聲之中，獨聞和焉。」〈德充符〉篇中所言「謷乎大哉，獨成其天。」〈在宥〉篇中所稱「出入六合，游乎九州，是謂獨有。」之「獨」，意指與道合一之親身體證，「獨與天地精神往來」（〈天下〉）。此乃心齋坐忘功夫達到虛寂靜篤，豁然貫通，而同於大通的境界。達致此合道妙境，也就是入於無古今、不死不生，與道合一的境界。

　　莊子在此段文字中，明確指出一步一步的功夫次第所獲致的心靈境界，而且都是刻苦真修實煉而得，所謂「攖寧」者也。林希逸云：「攖者，拂也，雖攖擾汩亂之中而其定者常在。寧，定也。攖擾而後見其寧定，故曰攖寧。攖寧也者，擾而後成此名也。」[50]也就是說，俗事塵勞中的種種紛擾煩亂困頓，皆無以騷動心之寧定，即「攖而後成者也」。綜觀其功夫進路，外天下→外物→外生→朝徹→見獨→無古今→入於不死不生→同于大通，這層層境界都必須自己躬行之真切體驗，故言三、五、七日皆有「守」之功夫，以求真切體驗之效，此非如物質財貨、見聞之解之可私相授受，否則，如女偊所說：「以聖人之道告聖人之才亦易矣」，而其實不然。道不可獻、不可進、不可告、不可與，其功夫端在一己身體力行之修證。

---

[50]　《南華真經口義》，《中華道藏》第十三冊，華夏出版社，2004，頁 756。

（四）小結

　　生命若無向上一層境界之翻轉超越，終難避免陷於在下層生命中諸多善惡對立的爭奪拉扯。只有精神境界之超越方能徹底解決人生根本的勞苦煩憂，這是莊子給我們指點的一條人生之路—精神超越之道。莊子是一位指引我們走出心靈洞穴的精神導師，他要我們像大鵬鳥一樣，摶扶搖而上天際，游心於道，回歸帝鄉。莊子其實向人們展示了一崇高的人生境界，此一境界明顯超然脫俗，與世間之所欲相去甚遠。總不能因人們不知、不解、不想或不能追求，就說莊子所標舉之境界荒誕不經，正如肩吾之疑而不信，此乃知障之弊。

　　〈知北遊〉篇弇堈弔曰：

> 夫體道者，天下君子所繫焉。今於道，秋毫之端萬分未得處
> 一焉，而猶知藏其狂言而死，又況夫體道者乎！視之無形，
> 聽之無聲，於人之論者，謂之冥冥，所以論道而非道也。

在未得道之前，一切論述都只是以一己「成心」為師之展現，雖各有其所是，然皆非道之全，「論道而非道也」。也許只有修到遊心於道、以道觀之的境界，才能真正瞭解莊子。

四、頓超直入：文始派的修道頓法

今日道門中人所言修道的三個步驟：一、煉精化氣；二、煉氣化神；三、煉神還虛，乃源於陳摶所傳之《無極圖》。此圖之來歷傳承，清代易學家黃宗炎指出：

> 此圖本名《無極圖》，陳圖南刻於華山石壁，列此名位。創自河上公，魏伯陽得之，以著《參同契》。鍾離權得之，以授呂洞賓。洞賓後與圖南同隱華山，因以授陳。陳又受《先天圖》於麻衣道者，皆以授種放。放以授穆修，與僧壽涯。修以《先天圖》授李挺之，挺之以授邵天叟，天叟以授於堯夫。修以《無極圖》授周茂叔，茂叔又得先天地之偈於壽涯，**乃方士修煉之術，其義自下而上，以名逆則成丹之法**。[51]

此一《無極圖》，在促成宋元時期道教由外丹轉向內丹修練的過程中，起了相當重要的作用。正因此故，道門乃尊之為「陳摶老祖」。黃宗炎進而對此圖做了詳細之解說，分總論與五個層次。他總論此圖之奧妙：「其圖自下而上，以明逆則成丹之法。」論其「逆則成丹之法」則有五個層次：「蓋始於得竅，次於煉己，次於和合，次於得藥，終於脫胎成仙，真求長生之秘術也。」[52]朱彝尊，《太極圖授受考》論其形式為：

---

[51] 黃宗炎，《圖說辨惑》，收於施維主編，《周易八卦圖解》，巴蜀書社，2005，頁 510-511。
[52] 施維主編，《周易八卦圖解》，巴蜀書社，2005，頁 512。

> 自下而上：初一曰玄牝之門；次二曰煉精化氣，煉氣化神；
> 次三五行定位，曰五氣朝元；次四陰陽配合，曰取坎填離；
> 最上曰煉神還虛，復歸無極。故謂之無極圖，乃方士修煉之
> 術爾。[53]

陳摶所傳之《無極圖》，奠定了「順則生人，逆則成丹」的還丹原理與「煉精化氣，煉氣化神，煉神還虛」的基本步驟。[54]此三步驟又稱為修道三關：煉精化氣為初關，煉氣化神為中關，煉神還虛為上關。宋葆真子陽道生《儡學真詮》言：「蓋三關自有為入無為者，漸法也。修上一關兼下二關者，頓法也。」[55]這是說，先修初中二關以達上關者，是自有為入無為的漸法；直修上關以兼初中下二關者為頓法。頓法也就是跳過煉精化氣、煉氣化神二步驟，下手處即逕修煉神還虛功夫，直至虛極靜篤處，自然超越初、中二關，精自化氣，氣自化神，即可直透三關，頓超仙域。

　　玄門修道，一般認為以文始派最高，而以少陽派最大。兩派之義理與修煉功法，究其淵源，據傳均開宗於老子。老子以《道德經》授關令尹喜，尹喜奉行道成，「號文始先生，位為無上真人」[56]，故後人乃稱因尹喜所形成的修煉派別為文始派，以《文始真經》為代表經典。文始派功法以虛無為本，養性為宗，為修煉法門中「最上一乘虛無大道」[57]。其修煉下手處即由最上一層煉神還虛起手，逕修煉神還虛功夫，直透三關，頓超仙域，是一種「直指大道的頓修方法」[58]。

---

[53] 朱彝尊，《太極圖授受考》，見《曝書亭集》卷十八，又惠棟，《易漢學》卷八亦載。轉引至胡孚琛・呂錫琛，《道學通論——道家、道教、丹道》（增訂本），社會科學文獻出版社，2004，頁 587。

[54] 參見胡孚琛・呂錫琛，《道學通論——道家、道教、丹道》（增訂本），社會科學文獻出版社，2004，頁 539。

[55] 宋葆真子陽道生，《儡學真詮》，《藏外道書》10 冊，頁 868，巴蜀書社，1992。

[56] 宋趙全陽纂輯，《歷世真仙體道通鑑》（上），自由出版社，1968，頁 199。

[57] 胡孚琛・呂錫琛，《道學通論——道家、道教、丹道》（增訂本），社會科學

尹喜得道後，另傳法於少陽帝君王玄甫，王玄甫創立少陽派，而後成為道門修煉之最大法派。後世所傳之鍾呂派，南宗、北宗、東派、西派、三丰派、青城派、伍柳派等等均可溯源於此派。此派不像文始派那樣直修煉神還虛虛無大道之頓法，而是由有為而至無為，功夫次第分明，由煉己築基、煉精化氣、煉氣化神、煉神還虛，一關一關循序漸進修煉的「漸法」。

文始派以關令尹喜為宗祖，莊子以其與老子相提並論，稱其為「古之博大真人」（〈天下篇〉）[59]，關於其人其事，西漢劉向《列仙傳》中云：

> 關令尹喜者，周大夫也。善內學，常服精華，隱德修行。時人莫知老子西遊，喜先見其炁，知有真人當過。物色而遮之，果得老子。老子亦知其奇，為著書授之。後與老子俱遊，流沙化明，服苣勝實，莫知其所終。尹喜亦自著書九篇，號曰關令子。[60]

尹喜曾任涵谷關（一說散關）關令，在此老子應其所求，著書上下篇，以道德五千言（即《道德經》）授之。尹喜奉行道成，亦自著書九篇，號《關令子》。[61]《關令子》（即《關尹子》）一書，清四庫全書道家著錄稱《文始真經》，疑出自宋人之作。然考之晉葛洪為該書作序云：「尹真人《文始真經》九篇，洪愛之、誦之、藏之、拜之。」[62]則劉向所言《關令子》九篇，並非宋人之偽作。今存《文

文獻出版社，2004，頁 557。

[58] 張興發，《道教內丹修煉》，宗教文化出版社，2003，頁 17。

[59] 郭象注、成玄英疏，《南華真經注疏》，中華書局，1998，頁 617。

[60] 劉向，《列仙傳》，上海古籍出版社，1990，頁 3-4。

[61] 宋趙全陽纂輯，《歷世真仙體道通鑑》（上），自由出版社，1968，頁 197。

[62] 葛洪，《文始真經·序》，收於蕭天石主編之《文始真經》，自由出版社，2003，頁 2。

始真經》九篇，有宋元人牛道淳直解，又有《文始真經言外經旨》，為宋抱一子陳顯微所撰。[63]

　　玄門修道諸派中，以文始派最高，以《文始真經》為經典，宋抱一子陳顯微即盛讚此書價值極高：「自清濁兆分以來，未有立言垂訓，顯道神德，至精至凝，至元至妙，如此書者也。」[64]

　　尹喜聞道學法於老子，《歷世真仙體道通鑑》記述了尹喜受《道德經》之後，「乃於草樓清齋屏絕人事，三年之內修煉俱畢。心凝形釋，無有飢渴，不畏寒暑。窮數達變之微，形一神萬之旨，悉臻其妙。乃自著書九篇，號關尹子。」[65]是知文始派之修持法門乃歸宗於老子，其修道功夫亦如老子以其道論為基礎。

（一）《文始真經》中的道論

　　《文始真經》首章〈一宇〉即開宗明義對道做了界說：

　　　　非有道不可言，不可言即道。非有道不可思，不可思即道。[66]

關尹子指出，並非有不可言不可思之道，不可言不可思就是道，此明白揭示「道不在言思」之義，而究其實，道在言前亦在思外，因道「惟莫能名，所以退天下之言；惟莫能知，所以奪天下之智。」[67]是故道不能由言思得，實則道超言絕慮，既在言前亦超思外。經文中接著又言：

---

[63] 參見黃公偉，《道教與修道秘義指要》，新文豐出版社，2004 二刷，頁 427。

[64] 陳顯微，《文始真經言外經旨》序，自由出版社，2003，頁 2。

[65] 《老子道德經河上公章句》，王卡點校，中華書局，1997 二刷，頁 103。

[66] 《文始真經》〈一宇〉，《道藏》11 冊，頁 513，文物出版社、上海書店、天津古籍出版社，1988。以下所引《道藏》《文始真經》經文，只註篇名及《道藏》冊頁數。

[67] 〈三極〉，《道藏》11 冊，頁 516。

> 惟不可為、不可致、不可測、不可分，故曰天、曰命、曰神、
> 曰玄，合曰道。[68]

此言道本自然，不假作為，故謂之天；天者，無為而無不為，自然
而然也。道本自具足，不假外求而致，故謂之命；命者，性中本有
也。道變化莫測，故謂之神；神者，陰陽不測妙用無方也。道渾淪
一體不可析辨，故謂之玄；玄者，杳冥莫辨混沌難分也，合天、命、
神、玄四者而謂之「道」。而在〈八籌〉篇中關尹子對道做了一個
總結性的陳述：

> 是道也，其來無今，其往無古；其高無蓋，其低無載；其大
> 無外，其小無內；其本無一，其末無多；其外無物，其內無
> 人；其近無我，其遠無彼。不可析，不可合，不可喻，不可
> 思。惟其渾淪，所以為道。[69]

道渾淪一體，無古今、無高下、無大小、無一多、無人物、無彼我，
故不可分析，不可組合，不可譬喻，不可思議。此不可分別的渾淪
大道，無待自存，生天生地生萬物，為天地萬物之本根：「天非自
天，有為天者；地非自地，有為地者。譬如屋宇舟車，待人而成，
彼不自成。知彼有待，知此無待，上不見天，下不見地，內不見我，
外不見人。」[70]「天地雖大，有色有形，有數有方。吾有非色非形，
非數非方，而天天地地者存。」[71]這非色非形非數非方之道，不只
化生有色有形有數有方之天地萬物，而且「溥天之下，道無不在」[72]，
道在萬物，故關尹子言：「無一物非天，無一物非命，無一物非神，

---

68 〈一宇〉，《道藏》11 冊，頁 513。
69 〈八籌〉，《道藏》11 冊，頁 523。
70 〈二柱〉，《道藏》11 冊，頁 515。
71 〈二柱〉，《道藏》11 冊，頁 515。
72 〈一宇〉，《道藏》11 冊，頁 514。

無一物非玄。[73]」也就是說，無一物非道也。故又言：「善吾道者，即一物中，知天盡神致命造玄。」[74]亦即，即一物中即可契道，道通為一之故也。物如此，人亦然：「故人皆可曰天人，皆可曰神人，皆可致命造玄。」[75]道在萬物，亦在人身，故人人皆可透過修練而與道合真，這是《文始真經》修道思想之根基所在。

（二）《文始真經》中的修道思想

《文始真經》中屢屢言及聖人，然此所謂聖人，非指儒家之聖人，即有高尚道德修養之人，而是指道家的聖人，指體道合真如道而行之有道者，即莊子所說的真人。有得道的聖人，自然有修道之方，茲以下列幾點以述《文始真經》中之修道思想。

（1）道與道之迹

道在萬物，即一物中即可契道，然道非萬物，萬物非道，萬物不過是道顯化之迹，而非道本身，道與道之迹不可混淆不分。修道須知道，不可執物為道，亦不可執道為物。《文始真經》中於此義言之甚切，如言：

> 知道無物，故不尊卓絕之行，不驚微妙之言。[76]

道莫能言，故退天下之言；莫能知，故奪天下之智。行雖卓絕，言雖微妙，亦屬於迹，而道非迹，故不尊驚。又言：

---

[73] 〈一宇〉，《道藏》11 冊，頁 513。
[74] 〈一宇〉，《道藏》11 冊，頁 513。
[75] 同上。
[76] 〈五鑑〉，《道藏》11 冊，頁 520。

> 道無作，以道應世者，是事非道。道無方，以道寓物者，是
> 物非道。聖人竟不能出道以示人。[77]

道可應事，亦可寓物，然道非事亦非物，故有道者也無法以道示人。
又言：

> 仰道者企，如道者浸，皆知道之事，不知道之道。是以聖人
> 不望道而歉，不恃道而豐，不借道於聖，不賣道於愚。[78]

任何景仰大道與追求大道者，即是執道為一事物，企慕而馳求之，
是執迹而迷道，故謂之知「道之事」而不知「道之道」。道乃人人
本自具足，於此本無少欠，亦無多餘；聖人亦不能以道示人，是故
既無法向聖人借道，也不能販賣道給愚者。聖人既然不能出道以示
人，而道乃人人本自具足，故經中諄諄告誡修道之人不可執迹向外
馳求：

> 勿以行觀聖人，道無蹟；勿以言觀聖人，道無言；勿以能觀
> 聖人，道無為；勿以貌觀聖人，道無形。行雖至卓，不離高
> 下；言雖至工，不離是非；能雖至神，不離巧拙；貌雖至殊，
> 不離妍醜。聖人假此以示天下，天下冥此乃見聖人。[79]

道雖由聖人顯，然超越高下、是非、巧拙、妍醜之相互對待，「道
無蹟」、「道無言」、「道無為」、「道無形」，故不執聖人行、言、能、
貌之迹而反觀內求，方能冥迹而契大道。

---

[77] 〈三極〉，《道藏》11 冊，頁 516。
[78] 〈一宇〉，《道藏》11 冊，頁 515。
[79] 〈三極〉，《道藏》11 冊，頁 516。

（2）無執

　　道由物顯，然物之所顯只是道之迹而非道本身，故不可執物為道。就是對道本身亦不可執，有所執即將道視作一物，然道無迹、無言、無為、無形，執道為物即背離大道。故關尹子言：

> 均一物也。眾人惑其名，見物不見道；賢人析其理，見道不見物；聖人合其天，不見道不見物。一道皆道，不執之即道，執之即物。[80]

一者道也，物者萬物。道寓萬物由萬物顯，道在萬物，「見物不見道」與「見道不見物」皆有所執。道本不二，亦無所不在，故曰：「一道皆道」。若能無執，不妄意分別，則道即萬物，萬物即道也。言「聖人合其天，不見道不見物。」者，謂其無妄意分別之執也，故不見道不見物。無執故，則見道即見物，見物即見道，「即見道即見物」是也。經中又言：

> 小人之權歸於惡，君子之權歸於善，聖人之權歸於無所得。惟無所得，所以為道。[81]

權者，用也。小人之用歸於惡，君子之用歸於善，聖人之用則超越相互對待之善惡，其用乃順自然之化，應變無方，無為而無不為，既非作惡亦非為善，故歸於無所得。道經《太上老君說常清靜經》云：「慾既不生，即是真靜。真靜應物，真常得性。常應常靜，常清靜矣。如此清靜，漸入真道。既入真道，名為得道。雖名得道，實無所得。為化眾生，名為得道。能悟之者，可傳聖道。」[82]大道

---

[80]　〈八籌〉，《道藏》11 冊，頁 523。
[81]　〈一宇〉，《道藏》11 冊，頁 515。
[82]　《道藏》11 冊，頁 344。

無形無象，不可以名言事物求取，所謂「得道」，亦是強名，實則
惟道集虛，冥契大道，並無所得。聖人之所以假立「得道」者，只
不過是教化導引眾生的權宜方便，此即關尹子所言：「聖人假此以
示天下，天下冥此乃見聖人」之切義。「惟無所得，所以為道。」
若言有所得，即視道為物，皆是妄識執著，故關尹子乃言：「聖人
不去天地，去識。」[83]即去妄識分別之心，無執之意也，一有所執
即失道矣。經云：

> 目之所見，不知其幾何，或愛金或愛玉，是執一色為目也。
> 耳之所聞，不知其幾何，或愛鐘或愛鼓，是執一聲為耳也。[84]

耳目之所聞見，不知凡幾，若執愛金玉鐘鼓，自然就會厭惡其它聲
色，如此則起分別心，徒增煩惱，有礙學道。經中又云：

> 金玉難捐，土石易捨。學道之士，遇微言妙行，慎勿執之，
> 是可為不可執。若執之者，腹心之疾，無藥可療。[85]

微言妙行尚不可執，何況金玉鐘鼓，有執乃修道之一大障弊。
學道之人務須了悟「道無不在，不可捨此就彼」[86]之理，放下一切
執著，包括經典、聖人之行，修而不執，如此方可契合大道。

（3）無為自然

關尹子言：

---

[83] 〈二柱〉，《道藏》11 冊，頁 515。
[84] 〈九藥〉，《道藏》11 冊，頁 524。
[85] 〈九藥〉，《道藏》11 冊，頁 524。
[86] 〈九藥〉，《道藏》11 冊，頁 524。

> 聞道之後，有所為有所執者，所以之人；無所為無所執者，
> 所以之天。為者必敗，執者必失。[87]

大道天命神玄，不可為致測分，人若以一己心識妄作思慮分別，有
所為有所執，則背本迷源，必敗必失，去道遠矣。有所為有所執乃
人為造作（之人），無所為無所執則是合道自然（之天）。關尹子「之
人」、「之天」之分，乃直承老子「人道」、「天道」有別之義。「人
道」乃人所行之道，然人之所行，有合於天道者，亦有不合於天道
者。合於天道之人道（之天），老子稱之為「聖人之道」；不合於天
道之人道（之人），則為一般之人道，可稱之為「常人之道」。老子
言：「人法地，地法天，天法道，道法自然。」（二十五章）河上公
註：「道性自然，無所法也。」[88]吳澄註：「道之所以為大，以其自
然，非道之外別有自然也。」[89]老子所謂「自然」，就是自然而然，
正如河上公所言，道的本性就是自然。「道法自然」者，非指道之
外還有一自然須師法，道本身就是自然。聖人體天道以行人道，也
就是合道法自然而行，聖人所展現的一切都是自然無為，而無絲毫
一己之個人意志夾雜其中，故關尹子即言：

> 聖人之道天命，非聖人能自道；聖人之德時符，非聖人能自
> 德；聖人之事人為，非聖人能自事。是以聖人不有道，不有
> 德，不有事。[90]

聖人無我，能體大道之自然無為，其道、其德、其事均非一己自我
意志之展現，而只是天道自然（天命）、時勢所趨（時符）與以百

---

[87] 〈一宇〉，《道藏》11 冊，頁 514。

[88] 《老子道德經河上公章句》，王卡點校，中華書局，1997 二刷，頁 103。

[89] 吳澄，《道德真經註》，轉引自陳鼓應《老子註譯及評介》，中華書局，2003
九刷，頁 168。

[90] 〈三極〉，《道藏》11 冊，頁 516。

姓心為心之人民所託（人為）。故終究而言「聖人不有道，不有德，不有事。」

（4）虛心若鏡

關尹子將聖人之道譬喻為雲之卷舒與禽之飛翔，因其「皆在虛空中，所以變化無窮。」[91]此喻所表之義明顯地乃承繼自老子的「虛心之教」（三章），莊子「至人用心若鏡」（〈應帝王〉）之說。聖人虛心若鏡，故能「日應萬物，其心寂然。」[92]如何才能虛心若鏡？關尹子云：

> 無愛道……無逐道……無言道……無思道……惟聖人不離本情而登大道，心既未萌，道亦假之。[93]

虛心即「不離本情」，何謂「本情」？即愛、逐、言、思未萌前之情也，關尹子又稱之為「性」，其言曰：

> 惟聖人知我無我，知物無物，皆因思慮計之而有。是以萬物之來，我皆對之以性，而不對之以心。性者，心未萌也。[94]

思慮未萌之前，內不知有我，外不知有物，今已知物我者，皆因思慮分別執之而有。聖人應物，對之以性，而不對之以心，此心在這裡指思慮之心，亦可廣而言之，包含前述愛欲觀逐之情，而性則是指心之未萌者。「心既未萌，道亦假之。」心既未萌，即指本心（或稱本情，或稱性）虛明之狀態，在此狀態下，道自來居，此即莊子所謂「惟道集虛。虛者，心齋也」（〈人間世〉）之義是也。

---

[91] 同上，頁 517。
[92] 〈五鑑〉，《道藏》11 冊，頁 519。
[93] 〈一宇〉，《道藏》11 冊，頁 514。
[94] 〈四符〉，《道藏》11 冊，頁 518。

依關尹子所論，虛心之道在於，泯除言思之慮、愛逐之情，渾然利害、賢愚、是非、好醜等分別心[95]，超越相互對待而達到一種虛靈明覺之渾淪狀態，則自然冥契大道。

（5）頓法

老子修道主「為道日損，損之又損，以至於無為，無為而無不為」（四十八章），為依序第入之漸法。關尹子則主：道不可漸修，只能頓入。

關尹子於《文始真經》終篇〈九藥〉中反覆申言直陳「道在言外」之旨：

> 言道者如言夢。夫言夢者曰：如此金玉，如此器皿，如此禽獸。言者能言之，不能取而與之；聽者能聞之，不能受而得之。惟善聽者，不泥不辯。[96]

更諄諄告誡學道者：「古人之言，學之多弊，不可不救。」[97]學道貴自體悟，不可執於言行之迹。然道不可聞見，由聖人之言行顯，若不假之聖人言行，吾人如何知道？但若執聖人言行之迹，則又非道，如何知道而不執，此為甚難之事。關尹子自然知此難處，他就說：

> 不信愚人易，不信賢人難。不信賢人易，不信聖人難。不信一聖人易，不信千聖人難。[98]

---

[95] 關尹子云：「利害心愈明，則親不睦；賢愚心愈明，則友不交；是非心愈明，則事不成；好醜心愈明，則物不契。是以聖人渾之。」（〈三極〉，《道藏》11 冊，頁 517。）

[96] 〈九藥〉，《道藏》11 冊，頁 525。

[97] 〈九藥〉，《道藏》11 冊，頁 524。

[98] 〈九藥〉，《道藏》11 冊，頁 525。

不信聖人難，不信千聖人更難，確是如此！千聖人皆如此說，豈能
不信？縱然如是，關尹子仍然鄭重告誡學道之人：「夫不信千聖人
者，外不見人，內不見我，上不見道，下不見事。」[99]不信即無執
之義。所謂「土石易捨，金玉難捐。」聖人微言妙行之風範，令人
景仰企慕，亦應慎勿執之。要連諸聖人之言行亦不執著，方可直契
大道。關尹子總結此義云：

> 昔之論道者，或曰凝寂，或曰邃深，或曰澄澈，或曰空同，
> 或曰晦冥，慎勿遇此而生怖退。天下至理，竟非言意。苟知
> 非言非意，在彼微言妙意之上，乃契吾說。[100]

天下至理，指道也。道在言前意外，故非言非意，言意俱泯，方契大
道。是故修道合道只能頓超直契，無法依迹而求循序漸入。關尹子言：

> 若以言行學識求道，互相輾轉，無有得時。知言如泉鳴，知行
> 如禽飛，知學如摑影，知識如計夢。一息不存，道將來契。[101]

道本無名，故不可以言求；道本無迹，故不可以行求；道本無知，
故不可以學求；道本無思，故不可以識求。若一息之間，言行學識
頓忘而不存，自然冥契於道。「彼未契道者，雖動作昭智，止名為
事，不名為道。」[102]修道而未契道，則所行持之一切，只是事，而
非道。只有頓超直入方與道契，契於道，始可名道。「不得其真，
皆是強名。」[103]修道畢竟不像種種人間學問技術，必須日積月累，
循序漸進，方竟其功，正如關尹子所言：

---

[99] 〈九藥〉，《道藏》11 冊，頁 525。
[100] 〈九藥〉，《道藏》11 冊，頁 525。
[101] 〈一宇〉，《道藏》11 冊，頁 514。
[102] 〈一宇〉，《道藏》11 冊，頁 514。
[103] 孚真子註，《高上玉皇心印經》，收於蕭天石主編，《太上清淨心經‧清靜經
圖註合刊》，自由出版社，1998，頁 5。

> 習射習御習琴習弈，終無一事可以一息得者。惟道無形無
> 方，故可得之一息。[104]

學習射、御、琴、弈，包括其他種種人間學問技藝，都必須經年累
月不進則退的練習，方可有一定之火候。然修道則不同，因其無形
無方，故可一息之間頓入。正如千年暗室，一燈即明，是頓明而非
漸亮。故關尹子言：

> 勿曰外物，然後外我；勿曰外我，然後外心。道一而已，不
> 可序進。[105]

從外物而外我而外心，是一步一步之漸修也。然道無古今、無高下、
無大小、無一多、無人物、無彼我，不可析、不可合、不可喻、不
可思，「道一而已」，道乃渾淪之一體，漸修若有所得皆其部分而非
整體，故「不可序進」。文始派之修道要訣，即上述虛心若鏡之法，
不外泯思慮情識知意而歸於虛。惟道即虛，虛則道契，此文始派修
煉法門「一息得道」[106]之頓法也。

（三）小結

　　成仙了斷生死是修道的終極目的，修道之方則不外漸法與頓
法。漸法是依煉精化氣、煉氣化神、煉神還虛三關一關一關循序而
修，頓法之修持則超越煉精化氣、煉氣化神二關，直修上關煉神還
虛，不在肉體上用功夫，故依頓法而言，修道即修心。頓法直修還
虛之功，以求虛心契道之境。虛心之功乃有賴於清心寡慾之日損，

---

[104] 蕭天石主編，《太上清淨心經・清靜經圖註合刊》，自由出版社，1998，頁 5。
[105] 〈九藥〉，《道藏》11 冊，頁 524。
[106] 〈一宇〉，《道藏》11 冊，頁 514。

於此可言其為「漸修」，然契道則是豁然貫通之「立頓」。究其實，「頓」有二義，其一，直修上關以兼初、中二關謂之頓；其二，契道是指當下體悟道的渾淪一體亦謂之頓。就前一義言，在修煉中，亦需歷經煉精化氣、煉氣化神竅開關通之過程，這根本上亦屬漸修，此頓只是指其直接修煉最上一關，然亦有漸進之歷程。依關尹子所言，道在言前意外渾淪一體，契道只能頓入不能漸修。然而頓契大道亦無法憑空而降，漸修即是為頓契大道而做的準備功夫，勤行不懈，一旦豁然貫通，自然水到渠成頓契大道。所以必要的功夫還是要做的，尤其是煉心，因頓法直修煉神還虛，已不在肉體上用功夫之故。煉心功夫可溯源老子滌除玄鑒、見素抱樸、少私寡欲、致虛守靜的虛心之教。文始派講去識無執、虛心若鏡，即是以老子為法源。

依蕭天石先生之評述，因其曲高和寡之法理，歷代修習文始派者寥若辰星，故此法門沉寂不興。另一因素是修文始派之虛無大道，全在修一己真陽之炁以接天地真陽之炁，盜天地虛無之真機以補我神炁之真機，下手最難。[107]「修一己真陽之炁以接天地真陽之炁」此為頓法修煉之要訣，不過文始派僅留下了要訣，高則高矣，然虛無飄渺，實令人茫然不知何從起手。

宋葆真子陽道生指出：「長生之學有真有偽，偽者方士之術，真者道士之道。」[108]「方士之術」如服食草木金石及採陰補陽之法等，「道士之道」則引《文史真經》中「能見精神而久生，能忘精神而超生」[109]之說，將修煉之道分判為二：

---

[107] 參見蕭天石，《道家養生學概要》，自由出版社，2000 八版，頁 102-103。
[108] 宋葆真子陽道生，《儕學真詮》，《藏外道書》10 冊，頁 840。
[109] 〈四符〉，《道藏》11 冊，頁 519。

忘精神者，虛極靜至，精自然化炁，炁自然化神，神自然
還虛，此虛無大道之學也。見精神者，虛靜以為體，火符
以為用，鍊精成炁，鍊炁成神，鍊神還虛，此以神馭炁之
學也。[110]

「虛無大道之學」是舉上而兼下之頓法，「以神馭炁之學」則是
自下而向上修去之漸法，此乃「道士之道」之二端，為「金丹
之真諦，大道之正宗，體之有益，修之則成。」[111]二者皆修煉之
真道，然葆真子仍以「虛無大道之學」為頓超直入之上品丹法：
「今只須逕做鍊神還虛功夫，直到虛極靜篤處，精自化炁，炁自
化神，把柄在手，命由我立，是一鏃貫三關也，最簡易，最直捷，
入道者宜細玩之。」[112]此言坦率地點明文始派上乘修真頓超直入
之要義。

五、雙遣兼忘：重玄學之修道觀

「重玄」一詞，是對老子《道德經》首章「玄之又玄」一語之
簡要概括，亦標舉對老子義理旨趣深入認識的一個重要面向。唐初
道士成玄英在其《老子道德經開題序訣義疏》中言：

夫釋義解經，宜識其宗致，然古今注疏，玄情各別。而嚴均
平《旨歸》以玄虛為宗，顧微君《堂誥》以無為為宗，孟智
周、臧玄靜以道德為宗，梁武帝以非有非無為宗，晉世孫登

---

[110] 宋葆真子陽道生，《儦學真詮》〈序〉，《藏外道書》10 冊，頁 840。
[111] 《藏外道書》10 冊，頁 840。
[112] 《藏外道書》10 冊，頁 868。

> 云托重玄以寄宗。雖復眾家不同，今以孫氏為正，宜以重玄
> 為宗，無為為體。[113]

唐末五代高道杜光庭在其《道德真經廣聖義》一書中對歷代注釋《道德經》各家之宗趣旨歸作歸結時言：

> 宗趣指歸者。道德尊經，包含眾義，指歸意趣，隨有君宗。
> 河上公、嚴君平皆明理國之道。松靈仙人、魏代孫登、梁朝
> 陶隱居、南齊顧歡，皆明理身之道。符堅時羅什、後趙圖澄、
> 梁武帝、梁道士竇略，皆明事理因果之道。梁朝道士孟智周、
> 臧玄靜、陳朝道士諸糅、隋朝道士劉進喜、唐朝道士成玄英、
> 蔡子晃、黃玄頤、李榮、車玄弼、張惠超、黎元興，皆明重
> 玄之道。何晏、鍾會、杜元凱、王輔嗣、張嗣、羊祐、盧氏、
> 劉仁會，皆明虛極無為理家理國之道。此明注解人意不同
> 也。又諸家秉學立宗不同：嚴君平以虛玄為宗，顧歡以無為
> 為宗，孟智周、臧玄靜以道德為宗，梁武帝以非有非無為宗，
> 孫登以重玄為宗。宗旨之中，孫氏為妙矣。[114]

由以上引文，可見「重玄」是注釋闡發《道德經》義理的一種理論觀點，「托重玄以為宗」乃淵源於東晉人孫登，其秉學立宗更為成玄英、杜光庭二人推崇為「正」、為「妙」。[115]

重玄學淵源於對老子《道德經》義理的注疏闡釋，自然與老學密切相關，無庸置疑。但重玄學並非單單依託於此，比如重玄大家

---

[113] 張繼禹主編，《中華道藏》第九冊，頁 231。

[114] 張繼禹主編，《中華道藏》第九冊，頁 591。

[115] 歷史上似乎有兩位孫登，成玄英指孫登為晉人，杜光庭則以孫登為魏時隱士。依盧國龍之考證，托重玄以為宗的應是東晉孫登，本文從其說，見其《中國重玄學》一書，人民中國出版社，1993，頁 2-3。

成玄英，雖有對《道德經》的注疏闡釋，但其重玄義理更多的是展現於對《南華真經》郭象注的疏中。此外，唐初道士劉進喜所撰之道經《本際經》，雖闡發重玄之旨，但並不是有關《道德經》的注釋。

簡言之，重玄學自然可以說是注釋《道德經》的一種理論觀點，它也是在般若空宗雙遣雙非之中道觀所影響下的一種思想方法。[116]但更重要的是，在修道的視角下，重玄是體玄得道的修行功夫進路，有其深刻的實踐引導意義。

（一）玄之又玄：成玄英的重玄學

唐初重玄學者，以成玄英最負盛名，學術思想理論上的成就也最高。[117]其闡述重玄學的主要著作有《老子道德經義疏》和《莊子疏》，今以其重玄思想要述重玄學的修道觀。

重玄既是對道體的表述方式，也是理解道體的思維方法，更是體道契道的修道功夫進路。成玄英的重玄學是基於其對道的體悟與表述而展開，其對道之體悟與表述，大要有三：

（1）道體非有非無，既有既無，有無不定，不可滯執

成玄英疏老子二十一章「道之為物，惟恍惟惚」言：

---

[116] 盧國龍指出，重玄之道有兩層指意，一是指解注《老子》的一個學術流派，二則是指一種思想方法。見其《中國重玄學》一書〈緒論〉，人民中國出版社，1993，頁1。

[117] 盧國龍，《道教哲學》〈第四章隨唐重玄的精神哲學〉，華夏出版社，2007，頁239。

> 至道之為物也，不有而有，雖有不有，不無而無，雖無不無。
> 有無不定，故言恍惚。[118]

又疏十四章「是無狀之狀，無物之象，是謂惚恍」言：

> 狀，貌。象，形。妙本希夷，故稱無狀無物。迹能生化，故
> 云之狀之象。惚恍，不定貌也。妙本非有，應迹非無。非有
> 非無，而無而有。有無不定，故言惚恍。[119]

道體恍惚，有無不定，說有似無，說無卻有，執有執無之定見，互
為攻詰辯駁，皆為偏滯，不得其妙要。

（2）道體妙絕形聲，不可以名言辯，不可以心慮知

成玄英疏老子十四章「視之不見名曰夷，聽之不聞名曰希，搏
之不得名曰微」言：

> 夷，平也。言至道微妙，體非五色，不可以眼識求，故視
> 之不見。若其有色，色則參差。只為無色，故夷然平等也。
> 希，簡少也。體非宮商，不可以耳根聽，故曰希也。搏，
> 觸也。微，妙也。言體非形質，不可搏觸而得，故曰微也。……
> 既不見不聞不得，即應云無色無聲無形，何為乃言希夷微
> 耶？明至道雖言無色，不遂絕無。若絕無者，遂同太虛，
> 即成斷見。今明不色而色，不聲而聲，不形而形。故云希
> 夷微也。[120]

---

[118] 成玄英，《老子道德經義疏》，張繼禹主編，《中華道藏》第九冊，頁 249。
[119] 張繼禹主編，《中華道藏》第九冊，頁 244。
[120] 張繼禹主編，《中華道藏》第九冊，頁 244。

道體超絕色聲形，故不可以物象狀求之，因而也就不可以名言辯
之，以心慮知之。成玄英疏「道可道，非常道」之義時言：

> 道以虛通為義，常以湛寂得名。所謂無極大道，是眾生之
> 正性也。而言可道者，即是名言，謂可稱之法也。雖復稱
> 可道，宜隨機慷當而有聲有說，非真常凝寂之道也。常道
> 者，不可以名言辯，不可以心慮知。妙絕希夷，理窮恍惚。
> 故知言象之表，方契凝常真寂之道。可道可說者，非常道
> 也。[121]

又疏「道常無名」之義云：

> 虛通之理，常湛然凝然，非聲非色，無名無字，寂寥獨立，
> 超四句之端，恍惚希夷，離百非之外。豈得以言象求，安可
> 以心智測？[122]

「道本無名，是知不可言說明矣。」[123]道本無名，只能勉強「字
之曰道，強為之名曰大。」「大」是用來形容道之至大無外，無限
深遠廣大之義，故亦可稱之為「大道」。作為天下母的大道，雖是
視聽搏俱不可得、混而為一、繩繩不可名之物，然確是一真實的
存在，只不過其存在狀態是夷希微，一種無狀之狀，無物之象，
恍惚窈冥之存在。言只是指道之符，道本無名，亦不可言狀，老
子體道合真，不言又不足以指點大道之真，提示修道之方，恐後
世學人乃不知道為何物，更遑論契道之要。故成玄英疏「有名，
萬物母」云：

---

[121] 張繼禹主編，《中華道藏》第九冊，頁 234。
[122] 張繼禹主編，《中華道藏》第九冊，頁 258。
[123] 張繼禹主編，《中華道藏》第九冊，頁 234，「無名，天地始」疏。

> 有名，迹也。重玄之道，本自無名，從本降迹，稱謂斯起。
> 所以聖人因無名立有名，寄有名詮無名者，方欲子育眾生，
> 令其歸本，慈悲鞠養，有同母儀。[124]

宋抱一子陳顯微於其所註《文始真經言外經旨・序》中言：「聖人
於道，惟當不立言，不立文字。然聖人欲曉天下後世，苟不強立其
名，以迹其實，則所謂道者將絕學而無傳矣。」[125]如此，在不可言
又不得不言之情況下，勉為其難地強為之言，究其根本義旨仍在指
點大道之真，令學者不執著具象之物為道，此實聖人開示迷道眾生
之用心良苦。故成玄英於疏「始制有名，名亦既有，夫亦將知止」
時言：

> 因無名以立有名，寄有名以明無名，方欲引導群迷，令其悟
> 解也。道無稱謂，降迹立名，亦在引物向方，歸根反本。既
> 知寄言詮理，應需止名求實，不可滯執筌蹄，失於魚兔。[126]

名言只不過是指道之指，猶如以指指月之指月之指，指的作用在於
確立月之所在，若以指為月，則大謬，指道之言亦如是。言以載道，
名以指實，若無法止名求實體道得本，則不過就是名稱概念而已，
故道經《高上玉皇心印經》有云：「不得其真，皆是強名。」[127]

（3）道為虛通妙理，眾生正性

成玄英疏「道者萬物之奧」言：

---

[124] 張繼禹主編，《中華道藏》第九冊，頁 234。

[125] 陳顯微，《文始真經言外經旨》，收於蕭天石主編，《文始真經言外經旨・清
靜經・玄門必讀合刊》，自由出版社，2003，頁 1。

[126] 成玄英，《老子道德經義疏》，張繼禹主編，《中華道藏》第九冊，頁 258。

[127] 孚真子註，《高上玉皇心印經》，收於蕭天石主編，《太上清淨心經・清靜經
圖註合刊》，自由出版社，1998，頁 5。

> 道者，虛通之妙理，眾生之正性。[128]

道以虛通為義，故「能用而無滯」[129]。道體恍惚，有無不定，故其特性為「虛」，亦因其「虛」，故能「通」於萬物而無所滯礙。又疏「天下有始，以為天下母」：

> 始，道本也。母，道迹也。夫玄道妙本，大智慧源，超絕名言，離諸色象，天下萬物皆從此生。[130]

道生萬物，萬物皆秉道而生，生而有性，人為萬物之一，亦然。道在人身之謂性，人秉道而生，生而有道性，此乃重玄修道觀之根本基礎。

　　道非有非無，既有既無，有無雙遣不落兩邊的這種特質，只能透過成玄英所稱之為「重玄」的功夫進路，方得以體契。成玄英釋「玄」曰：

> 玄者，深遠之義，亦是不滯之名。有無二心，微妙兩觀，源乎一道，同出異名。異名一道，謂之深遠。深遠之玄，理歸無滯。既不滯有，亦不滯無。二俱不滯，故謂之玄。[131]

玄既指道的深遠，又指道的無滯，既不滯於有，亦不滯於無。而此不滯有無的玄道尚未達究竟，須進一步遣去此不滯有無之滯，方達圓通無礙之「重玄之道」，成玄英進而曰：

> 有欲之人，唯滯於有。無欲之士，又滯於無。故說一玄，以遣雙執。又恐行者滯於此玄，今說又玄，更祛後病。既而非

---

[128] 成玄英，《老子道德經義疏》，張繼禹主編，《中華道藏》第九冊，頁280。
[129] 張繼禹主編，《中華道藏》第九冊，頁242，「鑿戶牖以為室，當其無，有室之用」疏。
[130] 張繼禹主編，《中華道藏》第九冊，頁272。
[131] 張繼禹主編，《中華道藏》第九冊，頁234，「同謂之玄」疏。

> 但不滯於滯，亦乃不滯於不滯。此則譴之又譴，故曰玄之又
> 玄。[132]

在此，成玄英以「玄」道遣去了有無之偏執滯礙，進而再用「又玄」
之道遣去對玄道的滯執，故謂之玄之又玄的「重玄」之道。成玄英
還用了病藥之喻來闡述其重玄之道，其疏「眾妙之門」云：

> 妙，要妙也。門，法門也。前以一中之玄，遣二偏之執。
> 二偏之病既除，一中之藥還遣。唯藥與病一時俱消，此乃
> 妙極精微，窮理盡性。豈獨群聖之戶牖，抑亦眾妙之法
> 門。[133]

被視為成玄英弟子的道士李榮在註解老子「玄之又玄，眾妙之門」
言：「借玄以遣有無，有無既遣，玄亦自喪，故曰又玄。」[134]重玄
之義甚明。

重玄之道為修道得道之方法論，「玄之又玄」的重玄要旨實乃
老子「損之又損」修道原則的發揮，成玄英在疏「為學日益，為道
日損。損之又損之，以至於無為」時言：

> 為，修營也。學，俗學也。言修俗學之人銳情分別，故累欲日
> 增也。為道，猶修道也。言修道之士虛夷恬淡，所以智德漸明，
> 累惑日損也。為學之人執於有欲，為道之士又滯無為。雖復深
> 淺不同，而二俱有患。今欲祛此兩執，故有再損之文。既而前
> 損損有，後損損無，二偏雙遣，以至於一中之無為也。[135]

而這種闡揚基本上是在佛教中觀思想影響之下的時代產物。

---

[132] 張繼禹主編，《中華道藏》第九冊，頁234，「玄之又玄」疏。
[133] 張繼禹主編，《中華道藏》第九冊，頁234，「眾妙之門」疏。
[134] 李榮，《道德真經註》，張繼禹主編，《中華道藏》第九冊，頁296。
[135] 成玄英，《老子道德經義疏》，張繼禹主編，《中華道藏》第九冊，頁269。

　　依此重玄功夫進路，終而可體契大道，達到與太虛同體、與道合真的境界，此一境界，成玄英稱之為「重玄至道之鄉」[136]或「重玄之域」[137]。能達此境，即是至樂之所。得道者窮通皆樂，無所不樂，此為「天樂」。相對於伴有憂苦的「人樂」（俗樂），天樂乃無苦之至樂，亦可稱之為「道樂」，乃無待逍遙之樂，此實深契莊子之要旨。[138]是故，修道者若能修至與道合真之至樂境界，就是生命徹底安頓之處，此即修道之終極目的。依成玄英之論，玄之又玄的重玄之道，正是達此境界的不二法門。

（二）養氣坐忘：司馬承禎的修道觀

　　司馬承禎是盛唐時期重要的道教思想家，其修道思想在初唐重玄學的基礎上，融攝了其傳承自上清派的服氣養生道法，從而形成別具特色的兼重修性與養命的修道觀。

　　養氣鍊形是司馬承禎修道成仙思想的基礎、大前提，養氣之所以如此根本而重要，乃基於司馬承禎氣本論的宇宙生命觀。《服氣精義論》一開頭就說：

> 夫氣者，道之幾微也。幾而動之，微而用之，乃生一焉，故混元全乎太易。夫一者，道之沖凝也。沖而化之，凝而造之，乃生二焉，故天地分乎太極。是以形體立焉，萬物與之同秉；精神著焉，萬象與之同受。在物之形，為人最貞；在象之精，

---

[136] 郭象注、成玄英疏，《南華真經注疏》，中華書局，1998，頁45。

[137] 郭象注、成玄英疏，《南華真經注疏》，中華書局，1998，頁150。

[138] 成玄英自稱對於《莊子》一書「少而習焉，研精覃思三十矣。」（《南華真經疏·序》）以三十年時光專研《莊子》，雖以重玄述其妙旨，亦深契莊子之逍遙精神。

> 唯人最靈。並乾坤居三才之位，合陰陽當五行之秀，故能通
> 玄降聖，鍊質登仙。[139]

氣為一切造化之本源，所謂的「道」即表現為一氣之沖凝，因一
氣之沖凝而有天地萬物形體之立。氣在則形在，有氣即有形，有
形即有氣，萬物皆然：「夫氣者，胎之元也，氣之本也。」[140]「觀
夫萬物，未有有氣而無形者，未有有形而無氣者。」[141]亦因一氣
之沖凝，萬物受有精神。人與萬物雖皆同秉一氣生而有形體精
神，但司馬承禎認為「在物之形，為人最貞；在象之精，唯人最
靈。並乾坤居三才之位，合陰陽當五行之秀，故能通玄降聖，鍊
質登仙。」萬物之生命只是氣化自然任運的生長老死，但人因其
貞靈，若能「納氣以凝精，保氣以鍊形」[142]，固本培元，則「可
以固存耳」[143]。也就是說，人若透過某種鍊形養神之方法就可以
得道成仙。

　　以下就《道藏》中所輯《服氣精義論》、《修真精義雜論》，闡
述司馬承禎的養氣之方。其養氣之方凡九論[144]，即九種養氣的方
法，以下依序略述各法之大要。

---

[139] 《服氣精義論》，《道藏》18 冊，頁 447。
[140] 《道藏》18 冊，頁 448。
[141] 《道藏》18 冊，頁 448。
[142] 《道藏》18 冊，頁 448。
[143] 《道藏》18 冊，頁 448。
[144] 九論之說乃依《雲笈七籤》卷五十七《諸家氣法部》所收《服氣精義論‧
序》之文字，蔣力生等校注，華夏出版社，1996，頁 334。《道藏》本有
九論但無九論之說，其中之五牙論、服氣論見於《服氣精義論》，導引論、
符水論、服藥論、慎忌論、五臟論、療病論、病候論等則見於《修真精
義雜論》。

（1）五牙論

五牙或稱五芽，指東西南北中五方神氣，此五方神氣與五臟相通，以茲補缺。修道之人，每於清旦，面朝五方，平坐，閉目，叩齒，唸咒，則口生津液，咽之可滋補五臟。因為司馬承禎認為「夫形之所全者，本於臟腑也；神之所安者，質於精氣也。雖秉形於五神，以具其象，而體衰氣耗，乃至凋敗，故須納雲牙而漱液，吸霞景以孕靈，榮衛保其純和，容貌駐其朽謝。」[145]因此「凡服氣，皆先行五牙，以通五臟。」[146]若善服氣養藏，勤行不懈，則不只形全，進而可位列仙班，故司馬承禎說：「加以久習成妙，積感通神，與五老而齊升，并九真而列位。」[147]此外，在行服五牙氣之術時，還應注意的是必須加入靜心存想之功夫：「坐向其方，靜慮澄心，注想而為之。」[148]如服東方青牙之氣時應思氣入肝中。

（2）服氣論

此論乃闡發老子「專氣致柔」之說，強調服氣固本培元以全形，因為氣為形之本，有形即有氣，氣在形存，氣衰則形凋，氣散則形亡。司馬承禎說：「夫氣者，胎之元也，氣之本也。胎既誕矣，而元精已散；形既動矣，而本質漸弊。是故須納氣以凝精，保氣以鍊

---

[145] 《服氣精義論》，《道藏》18 冊，頁 447。
[146] 《服氣精義論》，《道藏》18 冊，頁 447。詳言之，東方青色，入通於肝，開竅於目，在形為脈；西方白色，入通於肺，開竅於鼻，在形為皮；南方赤色，入通於心，開竅於舌，在形為血；北方黑色，入通於腎，開竅於耳，在形為骨；中央黃色，入通於脾，開竅於口，在形為肉。
[147] 《服氣精義論》，《道藏》18 冊，頁 447。
[148] 《服氣精義論》，《道藏》18 冊，頁 448。

形，精滿而神全，形休而命延，元本既實，可以固存耳。觀夫萬物，未有有氣而無形者，位有有形而無氣者。攝生之子，可不專氣而致柔乎！」[149]

（3）導引論

所謂「流水不腐，戶樞不蠹」，吾人身外之肢體關節，體內之經脈榮衛，均須活動導引，致使血氣精神和暢宣通，以保持形體之健康。因為「血氣精神者，所以養生而周其性命也。」[150]故導引使其暢通，對於養形全生十分重要。

（4）符水論

符即符文、符圖，是一種筆畫屈曲似字非字之圖形。又稱之為「雲篆」，道教以為雲呈現出圖文之象，示天之意，有道者可藉符以通神靈之意。「夫符文者，雲篆明章，神靈之書字也。」[151]燒符，灰納水中，飲之可以療疾。在早期道教太平道中，更以服符水病癒與否作為信不信道之據。[152]此外，司馬承禎認為水具有滋臟腑、通腸胃、益津氣之效用，又說：「夫水者，氣之津，潛陽之潤也。有形之類，莫不資焉。故水為氣母，水潔則氣清；氣為形本，氣和則形泰。」[153]由此觀之，司馬承禎符水論之意，亦在養氣全形。

---

[149] 《服氣精義論》，《道藏》18 冊，頁 448。
[150] 《修真精義雜論》，《道藏》4 冊，頁 953。
[151] 《修真精義雜論》，《道藏》4 冊，頁 954。
[152] 《三國志》卷八《張魯傳》注引《典略》：「太平道者，師持九節杖，為符祝，教病人叩頭思過，因以符水飲之。得病或日淺而癒者，則云此人信道；其或不癒，則為不信道。」轉引自鍾肇鵬（主編），《道教小辭典》，上海辭書出版社，2005，頁 226。
[153] 《修真精義雜論》，《道藏》4 冊，頁 954。

（5）服藥論

　　司馬承禎此論以為：服氣則五臟之氣有餘，然服氣之同時必須辟穀（即絕糧），若辟穀則六腑之氣有所不足，引《黃帝內經‧素問》之言：「穀不入半日，則氣衰；一日則氣少。」故須服食茯苓、巨勝等藥物，使臟腑氣味兼全，不懨不瀛。此論所說之服藥非用以治病療疾，亦為養氣全形之用。

（6）慎忌論

　　服氣養氣之外，更應注意保氣惜氣，「夫氣之為理也，納而難固，吐而易竭。難固須保而使全，易竭須惜而勿泄。」[154]因此對於言行舉止必須謹慎，有所顧忌，「交接言笑，務宜省約；運動呼叫，特須調緩；觸類愛慎，方免所損矣。」[155]此外，司馬承禎又認為「人之為性也，與天地合體。」[156]人之臟腑榮衛呼吸進退與天地節候寒暑變化互為表裡，故養生者宜知天忌，「因天時而調血氣」[157]。其說多本於《黃帝內經‧素問》。如文中又言：「人有五氣：喜、怒、悲、憂、恐也。怒則氣上，喜則氣緩，悲則氣消，恐則氣下，寒則氣聚，熱則氣泄，憂則氣亂，勞則氣耗，思則氣結，喜怒傷陰，寒暑傷陽，喜怒不節，寒暑過度，生乃不固。」[158]是知攝生者服氣之外，於日常生活起居亦應戒慎恐懼，懂得保氣惜氣，使其不泄不損，維持和暢宣通，方能克盡其功，故慎忌亦為養氣至要之方。

---

[154] 《道藏》4 冊，頁 957。
[155] 《道藏》4 冊，頁 957。
[156] 《道藏》4 冊，頁 957。
[157] 《道藏》4 冊，頁 957。
[158] 《道藏》4 冊，頁 958。「生乃不固」，《雲笈七籤》本作「氣乃不固」。

（7）五臟論

此論本乎「人之性與天地合體」之說，與五牙論中所言「形之所全本於臟腑」之論，極言五臟調理為養氣全形之至要。於此，司馬承禎再次申言：「夫生之成形也，必資之於五臟，形或有廢，而臟不可闕；神之為性也，必秉於五臟，性或有異，而氣不可虧。」[159]依此，五臟若不調不通，形神必傷，以此養生則殆矣。此論亦皆本於《黃帝內經・素問》。

（8）療病論

此論是指在服氣之後，能以心使氣，用氣攻病之法。司馬承禎深具信心地說：「以我之心，使我之氣，適我之體，攻我之病，何往而不癒焉。」[160]其法可於日出後，天氣和靜，面向日而施作，平坐瞑目握固扣齒，行服五牙氣之法，思氣入其有患之臟腑。若非臟腑之疾，患在肢體筋骨者，亦宜思氣存入其所主之臟。當覺臟中有氣之時，閉之，乃有其氣，以心使之攻於所苦之處。閉極之後，微微吐氣，其息稍定，更咽而攻之，至覺疾處溫暖、出汗為佳。此論實際上已非養氣之法，而是養氣之後以氣療病的應用之術。縱非養氣之法，但於去病全形，也是十分重要的。

---

[159] 《道藏》4冊，頁958。
[160] 《道藏》4冊，頁959

（9）病候論

　　此論同於上述之服氣療病論，亦為養氣之後的應用之術，以為辨知病因，使氣攻病之用。司馬承禎於此再次重申：「夫生之為命也，資乎形神；氣之所和也，本乎臟腑。形神貞頤，則生全而享壽；臟腑清休，則氣泰而無病。」[161]不過人在出生時有四時之異，五常所秉之差，加之喜怒憂傷，寒暑飲食，此等均造成不同程度之影響。若不知調養，則形氣相隨，諸病即生。故應辨明病候之狀，知其所由，詳其所療，以調養之。此於祛病延年亦是必須的。

　　修道成仙除了養氣全形之外，尚須養志修心，即司馬承禎所稱「安心坐忘之法」，依序修習勤行，物我兩忘，達到與道合真的得道境界，此方是修道之關鍵所在。司馬承禎《坐忘論·序》云：

　　　　《西昇經》云：「我命在我，不屬於天。」由此言之，修短在己，得非天與，失非人奪。捫心苦晚，時不少留，所恨朝菌之年，以過知命，歸道之要，猶未精通。為惜寸陰，速如景燭。勉尋經旨，事簡理直，其事易行，與心病相應者，約著安心坐忘之法，略成七條修道階次，兼其樞翼，以編敘之。[162]

由此篇序言可明白知道司馬承禎作《坐忘論》之旨趣，這是他在五十歲（知命之年）之後，針對修道中與修心相關之方法與弊病，遍尋群經，加上自己的體驗，作出歸結闡述，指出具體可行之操作方式，以作為修行得道的功夫次序。

---

[161] 《道藏》4 冊，頁 960。
[162] 司馬承禎，《坐忘論·序》，收於蕭天石主編《道家養生秘旨導論》，自由出版社，1999，頁 173。《道藏》本文字有異，其文曰：「是以恭尋經旨，而與心法相應者，略成七條，以為修道階次，樞翼附焉。」前言「心病」，此言「心法」，文字互異，然皆與心相關，所論皆為修道中修心之法的七個階次。

　　司馬承禎安心坐忘之法，實歸本於老莊。老子《道德經》言心之文只有四處[163]，然已隱含修心之論，如「不見可欲，使民心不亂。」（三章）「虛其心，實其腹，弱其志，強其骨。」（三章）「我愚人之心也哉，沌沌兮！」（二十章）[164]由此亦可見老子修心之要為「虛心」。莊子對老子之修心思想有進一步之闡發，此即其著名的「心齋坐忘說」。「坐忘」一詞即出自《莊子‧大宗師》。莊子心齋坐忘說是對老子虛心之教的繼承與發揮，指明修心的一個依序漸進的功夫進路與相應的心靈境界。心齋坐忘雖密切相關，理趣歸一，畢竟為二法。

　　「心齋」之法載於《莊子‧人間世》，乃不同於不飲酒、不茹葷的「祭祀之齋」，其詳細內容是：

> 若一志，無聽之以耳而聽之以心，無聽之以心而聽之以氣。聽止於耳，心止於符。氣也者，虛而待物者也。唯道集虛。虛者，心齋也。[165]

郭象注曰：「虛其心，則至道集於懷。」成玄英疏曰：「唯此真道，集在虛心。」道經《齋戒錄》引《混元皇帝聖紀》而言齋法約有三種：一者設供齋，以積德解愆。二者節食齋，可以和神保壽。此二者是屬「祭祀之齋」，乃中士所行之法。第三種就是心齋：「疏瀹其心，除嗜慾也；澡雪精神，去穢累也；掊擊其智，絕思慮也。夫無思無慮則專道，無嗜無慾則樂道，無穢無累則合道。既心無二想故一志焉。」[166]此乃上士所行修心合道之至要。司馬承禎於《天隱子》

---

[163] 此四處為：第三章：「不見可欲，使民心不亂。虛其心，實其腹。」第十二章：「馳騁畋獵，令人心發狂。」第二十章：「我愚人之心也哉，沌沌兮！」第五十五章：「心使氣曰強。」

[164] 以上《道德經》引文見陳鼓應：《老子注釋及評介》，北京中華書局，2003 第 9 次印刷。

[165] 郭象注、成玄英疏，《南華真經注疏》，北京中華書局，1998，頁 82。

[166] 《齋戒錄》，《道藏》6 冊，頁 1002。

中言及：「人之修真達性不能頓悟，必須漸而進之，安而行之，故設漸門。一曰齋戒，二曰安處，三曰存想，四曰坐忘，五曰神解。」[167] 即以齋戒為修道五漸門之首。而此齋戒亦非是指蔬茹飲食而已，而是「澡身虛心」，所謂澡身亦非湯浴去垢而已，亦有澡雪精神之義。此皆承合莊子心齋之義而有所闡發。

坐忘之法則出自《莊子‧大宗師》，其言曰：

> 墮肢體，黜聰明，離形去知，同於大通，此謂坐忘。[168]

郭象注曰：「夫坐忘者，悉所不忘哉！既忘其迹，又忘其所以迹者。內不覺其一身，外不識有天地，然後曠然與變化為體而無不通也。」成玄英疏曰：「大通猶大道也。道能通生萬物，故謂道為大通也。外則離析於形體，一一虛假，此解墮肢體也。內則除去心識，恬然無知，此解黜聰明也。既而枯木死灰，冥同大道，如此之益，謂之坐忘也。」坐忘即物我兩忘與道合一的境界，而要達到此一境界，有其修習之次序。《莊子‧大宗師》中記載，女偊告訴南伯子葵學道之階為：外天下→外物→外生→朝徹→見獨→無古今→入於不死不生。[169]女偊所述學道之階即坐忘實際操作之方。坐忘亦為司馬承禎修道五漸門之四，其義為：「遺形忘我」[170]，更著《坐忘論》七篇詳論其方，言其旨意為：「夫坐忘者，何所不忘哉？內不覺其一身，外不知乎宇宙，與道冥一，萬慮俱遣。」[171]以上所述，可以明顯看出司馬承禎安心坐忘之法乃源本於莊子，《天隱子》、《坐忘論》中援引莊子義理甚多，並以安心坐忘作為修道成仙的實踐功夫。以下即依《坐忘論》之篇次，闡述其修道階次。

---

[167] 《道藏》21 冊，頁 699。
[168] 郭象注、成玄英疏，《南華真經注疏》，北京中華書局，1998，頁 163。
[169] 郭象注、成玄英疏，《南華真經注疏》，北京中華書局，1998，頁 148-149。
[170] 《天隱子》，《道藏》21 冊，頁 699。
[171] 《坐忘論》，《道藏》22 冊，頁 892。

（1）敬信

敬信是指對道以及修道得道有堅定的信仰，毫無疑惑。司馬承禎說：

> 夫信者道之根；敬者德之蒂。根深則道可長，蒂固則德可茂。[172]

不過，對道有堅定不惑的信心並非易事，因「至道超於色味，真性隔於可欲」[173]，而人們之心緒卻易迷於形器，情思常忽於理事，故對於希微罔象之道無法敬信不惑。誠如老子所言：「上士聞道，勤而行之；中士聞道，若存若亡；下士聞道，大笑之，不笑不足以為道。」[174]聞道勤而行之之上士畢竟很少，大部分人不是半信半疑就是根本不信或是認為荒誕可笑。司馬承禎也說：「如人聞坐忘之言，信是修道之要，敬仰尊重，決定無疑者，加之勤行，得道必矣。」[175]又引老子「信不足有不信焉」之言而說：「信道之心不足乃有不信之禍及之，何道之可望乎？」[176]信心不惑堅定不移是修道之大前提，否則便無法持行不懈而一門深入，終將因疑情半途而廢以致前功盡棄。

---

[172] 《坐忘論》，《道藏》22 冊，頁 892。

[173] 《坐忘論》，《道藏》22 冊，頁 892。

[174] 《道德經》四十一章，引文見陳鼓應：《老子注釋及評介》，北京中華書局，2003，頁 227。

[175] 《坐忘論》，《道藏》22 冊，頁 892。

[176] 《坐忘論》，《道藏》22 冊，頁 892。

（2）斷緣

斷緣就是要斷除有心造作之俗事塵緣，使心不為俗累。司馬承禎說：

> 斷緣者，斷有為俗事之緣也。棄事則形不勞，無為則心自安。
> 恬簡日就，塵累日薄。迹彌遠俗，心彌近道。至聖至神，孰
> 不由此乎？[177]

修道畢竟於根本上是與世俗價值逆反的一種生活方式，一心追逐名聞利養，均有礙道途。正如司馬承禎於文中所言，人們「或顯得露能，求人保己；或遺問慶弔，以事往還；或假隱逸，情希升進；或酒食邀致，以望後恩」，這些「巧蘊機心，以干時利」的種種別有心機的做法，均是違道之舉，深妨修道正業。《道德經》云：「為學日益，為道日損，損之又損，以至於無為。」[178]是以對於世俗追求之除情去欲，損之又損，以至於自然無為，則心安恬簡，斯近道矣。所以「無事安閑，方可修道。」[179]但修道必有可資之事，如財侶法地之屬，若諸事斷絕，亦無以修道。於此，司馬承禎有言：

> 修道之身必資衣食，事有不可廢、物有不可棄者，當須虛襟
> 而受之，明目而當之，勿以為妨心生煩躁。若因事煩躁者，
> 心病已動，何名安心？夫人事衣食者，我之船舫也。欲渡於

---

[177] 《坐忘論》，《道藏》22 冊，頁 892。

[178] 《道德經》四十八章，引文見陳鼓應：《老子注釋及評介》，北京中華書局，2003，頁 250。

[179] 《坐忘論》，《道藏》22 冊，頁 892。

海，事資船舫，渡海若訖，理自不留。因何未渡，先欲廢捨？
衣食虛幻，實不足營。為出離虛幻，故求衣食。雖有營求之
事，莫生得失之心。即有事無事心常安泰。[180]

故文中又引莊子「聖人用心若鏡，不將不迎」之說，作為棄絕俗情
之則，而言：「若事有不可廢者，不得已而行之，勿遂生愛繫心為
業。」[181]此即上所言「雖有營求之事，莫生得失之心。即有事無事心
常安泰。」可見斷緣之要，乃在於對境忘心，應物無心，也就是不讓
俗世塵緣諸事干擾修道之心，其目的在能進入下一步的修持：收心。

（3）收心

敬信與斷緣是修道的前提與準備功夫，收心這一階次才是修道
真正的起點與功夫重點。收心就是要排除內心中的一切塵染俗累，
復歸虛靈無垢之心體，如此自然與道合真。司馬承禎對修道做了如
下的界定：

淨除心垢，開識神本，是名修道。[182]

又言：

學道之初，要須安坐，收心離境，住無所有，因住無所有，
不著一物，自入虛無，心乃合道。[183]

安坐即靜坐或稱打坐，其目的在「收心離境，住無所有」。收心離
境，心不受外亦不逐外，則是非善惡不入於心；住無所有，心淨無

---

[180] 《坐忘論‧真觀》，《道藏》22 冊，頁 894-895。
[181] 《坐忘論‧斷緣》，《道藏》22 冊，頁 892。
[182] 《坐忘論‧收心》，《道藏》22 冊，頁 893。
[183] 《道藏》22 冊，頁 893。

染，入於虛極靜篤之境，便能與道冥合。司馬承禎說：「心不受外名曰虛心，心不逐外名曰安心，心安且虛，道自來居。」[184]這不外是莊子「唯道集虛，虛者心齋」思想之發揮。

由此，司馬承禎指出修心時必須避免的四種偏差[185]：一是「心起皆滅，不簡是非，則永斷覺知，入於盲定。」；二是「任心所起，一無收制。」；三是「唯斷善惡，心無指歸，肆意浮游待自定。」；四是「徧行諸事，言心無所染者，於言甚善，於行極非。」這些偏差均造成心之無法靜定，「真學之流，特宜誡此」。收心離境，使心靜定，這是一種漸修漸進的過程，因「此心由來依境，未慣獨立，乍無所托，難以自安，縱得暫安，還復散亂。」[186]故須「隨起隨制，務令不動，久久調熟，自得安閑。」[187]最後達到「在物而不染，處事而不亂」，心安而虛之境。司馬承禎強調「法道安心，貴無所著」，甚而「出離生死，實由乎此」。

收心是修道至為關鍵的步驟，其功須漸習而成，所謂「蔽日之幹，起於毫末；神凝之聖，積習而成。」[188]事實上，積習漸修是整個司馬承禎修道思想之最高要訣。

（4）簡事

所謂簡事，是要求修道之人必須「宅心物外，處事安閑，在物無累」，這是對收心功夫的進一步修證。人生在世，雖必營於事物，但事務稱萬，不獨委於一人，況且「偃鼠飲河，不過實腹；羅綺千

---

[184] 《道藏》22 冊，頁 893。
[185] 《道藏》22 冊，頁 893。
[186] 《道藏》22 冊，頁 893。
[187] 《道藏》22 冊，頁 893。
[188] 《道藏》22 冊，頁 894。

箱，不過一暖；食前方丈，不過一飽。」所以修道之人應「外求諸
物，內明諸己，知生之有分，不務分之所無；事之有當，不任事之
非當。任非當則傷於智力，務過分則弊於形神。身且不安，何能及
道？是以修道之人，莫若斷簡事物，知其閑要，較量輕重，識其去
取，非要非重皆應絕之。」[189]諸如酒肉、羅綺、名位、財利等等，
這些都是情欲之餘好，非益生之良藥，修道之人，除了資生全形之
外，不應有分外之貪求。「故於生無所要用者並須去之，於生之用
有餘者亦須捨之。」[190]《天隱子》就將「易簡」視為神仙之德，並
指出：「凡學神仙，先知易簡，苟言涉奇詭，適足使人執迷，無所
歸本，此非吾學也。」[191]神仙之道，其本在於修煉吾人生時所秉之
虛氣，追逐身外之名位貨利，不啻背道而馳，離道彌遠。修道之人
於此應慎思明辨，「若不簡擇，觸事皆為心勞智昏，修道事闋。」[192]

（5）真觀

何謂真觀？司馬承禎說：

> 夫真觀者，智士之先鑑，能人之善察。就儻來之禍福，詳動
> 靜之吉凶，得見機前，因之造適，深祈衛足，竊務全生，自
> 始至末，行無遺累。理不違此者，謂之真觀。[193]

但如何才能做到禍福吉凶得見機前，一生行無遺累？還是要通過前
述一步一步的功夫，斷緣簡事，收心離境，返觀本源，方契道妙。

---

[189] 《道藏》22 冊，頁 894。
[190] 《道藏》22 冊，頁 894。
[191] 《道藏》21 冊，頁 699。
[192] 《道藏》22 冊，頁 894。
[193] 《道藏》22 冊，頁 894。

也就是要以一種超俗絕塵之心來觀照世事，因為「若以合境之心觀境，終身不覺有惡，如將離境之心觀境，方能了見是非。譬如醒人能觀醉者為惡，如期自醉，不覺其非。」[194]若能收心簡事，日損有為，身靜心閑，則能了知紅塵俗世之虛幻不實、謬誤乖悖，於修道之途，乃不致迷執歧路，而能洞澈機先，自然行無遺累。

（6）泰定

泰定是前述斷緣、收心、簡事、真觀諸功夫修習有成，近一步達到「無心於定而無所不定」的境界。何謂泰定？司馬承禎說：

> 夫定者，出俗之極地，至道之初基，習靜之成功，持安之畢事。形如槁木，心若死灰，無感無求，寂泊之至，無心於定而無所不定，故曰泰定。[195]

這是「復歸純靜本真，神識稍稍自明」[196]，即將進入得道的境界。在此階段，會因定生慧。司馬承禎闡釋莊子所言「宇泰定者發乎天光」說：「宇則心也，天光則發慧也。心為道之器宇，虛靜至極則道居而慧生。慧出本性，非適今有，故曰天光。但以貪愛濁亂，遂至昏迷。澡雪柔挺，復歸純靜本真，神識稍稍自明，非謂今時別生他慧。」[197]但司馬承禎特別強調，生慧不難，難就難在「慧而不用」，此點對於能否得道至為關鍵。因為「得慧並非得道也，人但知得慧之利，未知得道之益。」[198]得慧並非得道，切勿以慧害道，要須慧

---

194 《道藏》22 冊，頁 895。
195 《道藏》22 冊，頁 896。
196 《道藏》22 冊，頁 896。
197 《道藏》22 冊，頁 896。
198 《道藏》22 冊，頁 896。

而不用，懷而寶之，不傷於定，修之有常，習以成性，就得以「體
證真常」，自然得道。

（7）得道

所謂得道是指完成了養氣全形與安心坐忘之層層修練所達到
的與道合真之境界，達到此一境界，就是形神俱妙、形神合一的神
仙。一方面是「鍊形入微，與道冥一」、「形隨道通，與神合一」，
同時也是「虛心谷神，唯道來集」。若只煉心養神，而不及養氣全
形，則用慧心勞，形體不免消亡，無以長生久視。司馬承禎說：

> 虛心之道，力有深淺。深則兼被於形，淺則唯及於心。被形
> 者，神人也。及心者，但得慧覺，而身不免謝。何耶？慧是
> 心用，用多則心勞。初得少慧，悅而多辯，神氣漏洩，無靈
> 潤身光，遂致早終，道故難備。經云屍解，此之謂也。[199]

在此亦說明了「慧而不用」之理，以免用慧勞心以害道。修道必須
形神兼養，求其全備，身與道同，心與道同，形神合一，形神俱妙，
即是得道神仙。所以，司馬承禎總結地說：

> 是故大人含光藏輝，以期全備，凝神寶氣，學道無心，神與
> 道合，謂之得道。[200]

司馬承禎在論述了敬信、斷緣、收心、簡事、真觀、泰定、得道等
修道的七個階次之後，又附以〈坐忘樞翼〉，提綱挈領地綜述其修

---

[199] 「虛心之道」，《道藏》本作「虛無之道」。依《坐忘論》之主旨乃講述安心
坐忘之法，「虛無之道」於修心之義不明。今依蕭天石主編《道家養生秘旨
導論》所集之版本改訂為「虛心之道」，以彰顯其坐忘旨意。
[200] 《道藏》22 冊，頁 897。

道思想之旨，並歸納其要為勤行三戒：一簡緣，二無欲，三靜心。
若能勤行此三戒而無懈怠，則無心求道，道自來居。[201]

　　司馬承禎的修道思想，對於後世道教有極大的影響，如楊向
奎所說，後來的道書在談到修練方法時，大體不出《坐忘論》的
範圍。[202]卿希泰主編之四卷本《中國道教史》中亦說，在當時修煉
外丹的風氣中，司馬承禎力倡坐忘之說，給後世道教以極大影響，
特別是在道教由外丹轉向內丹，由外向內尋求成仙之道的過程中起
了重要的理論作用，成為宋元道教內丹學的理論先驅。[203]明末全真
道士葆真子陽道生所輯《真詮》一書即以司馬承禎之《坐忘論》為
上品丹法，盛讚之為「忘精神而超生之道」。[204]

　　司馬承禎主張修道必須形神兼養，養氣煉形與修心養神全備，
才能修成形神俱妙的不死神仙，這深深地影響後來道教「性命雙修」
之說，成為道教內丹修煉的基本法則。雖然司馬承禎主張形神兼
養，但二者有其先後，亦有所側重。修道以養氣全形為先，在此基
礎上，繼之以養志修心之法，方能克盡其功。最後要進入「內不覺
一身，外不知乎宇宙，與道冥一，萬慮俱遣」之坐忘境界，關鍵功
夫仍在修心。司馬承禎說：「虛心之道，力有深淺。深則兼被於形，
淺則唯及於心。」修心功夫一門深入之後，對於「煉形入微，與道
冥一」起到關鍵性的作用。這也說明司馬承禎對修道作出「淨除心
垢，開識神本」之界定的根本意旨。煉形修心都是修道所必須的，
二者應兼備，但修心才是修道關鍵性的功夫所在。就此而言，修道

---

[201] 《道藏》22 冊，頁 897。

[202] 楊向奎，《中國古代社會與古代思想研究》（上冊），上海人民出版社，1962，
　　　頁 494。轉引自張成權，《道家與中國哲學──隨唐五代卷》，人民出版社，
　　　2004，頁 270。

[203] 卿希泰（主編），《中國道教史》（修訂本）第二冊，四川人民出版社，1996，
　　　頁 234。

[204] 《藏外道書》10 冊，頁 844-847。

就是修心，修心就是修道。「修道即修心」之觀點於歷史上影響非常深遠。

（三）修道即修心：歷史流韻

「修道即修心」此一觀點的提法，最早可見於大約出於南北朝末或隋唐之際的道經《太上老君內觀靜》，經中云：

> 道者，有而無形，無而有情，變化不測，通神群生，在人之身則為神明，所謂心也。所以教人修道，則修心也，教人修心，則修道也。[205]

然而「修道即修心」此一觀點，於歷史上淵源悠久，其實質內涵在老子「虛心之教」、莊子「養心養神純素之道」與「心齋坐忘之法」中，早已明白揭示。唐代知名茅山道士司馬承禎作《坐忘論》，進一步發揮了莊子心齋坐忘之論，提出「安心坐忘之法」，指出敬信、斷緣、收心、簡事、真觀、泰定、得道為修道功夫循序漸進的七個階次。司馬承禎定義修道為：「淨除心垢，開識神本。」[206] 此修道思想與老子滌除玄鑒虛心之教、莊子心齋坐忘之法，一脈相傳，乃「修道即修心」之觀念。司馬承禎坐忘論所述之修道七階次，實即修心之次序。「修道即修心」之說，直至清代丹道西派始祖李涵虛更有「九層煉心」之法，亦即修心的九個階次[207]，依序如下：

---

[205] 張繼禹主編，《中華道藏》（第六冊），華夏出版社，2004，頁 80。

[206] 《坐忘論‧收心》，《道藏》22 冊，頁 893。

[207] 李涵虛，《人元大道九層煉心文終經》，收於《涵虛秘旨》，徐兆仁主編，中國人民大學出版社，1993 三刷，頁 236-238。

初層煉心者，是煉未純之心也。

二層煉心者，是煉入定之心也。

三層煉心者，是煉來復之心也。

四層煉心者，是煉退藏之心也。

五層煉心者，是煉築基之心也。

六層煉心者，是煉了性之心也。

七層煉心者，是煉已明之心也。

八層煉心者，是煉已伏之心，而使之通神也。

九層煉心者，是煉已靈之心而使之歸空也。

煉心分層如此細膩，則已流於繁瑣。

成玄英於疏老子「塞其兌，閉其門」時言：

> 閉塞之義有兩：一者，斷情忍色，棲託山林，或卻掃閉門，
> 不見可欲。二者，體知六塵虛幻，根亦不真，內無能染之心，
> 外無可染之境，既而恣目之所見，極耳之所聞，而恆處道場，
> 不乖真境，豈曰杜耳掩目而稱閉塞哉？蓋不然乎！見無可見
> 之相，聽無定實之聲，視聽本不馳心，斯乃閉塞之妙也。[208]

此疏言及修心的兩個層次，一是較低的層次：不見可欲使心不亂，
這是初始的修心功夫；再則是較高的層次，「內無能染之心，外無
可染之境，既而恣目之所見，極耳之所聞，而恆處道場，不乖真境」，
修心達到如此境界，見可欲心亦不動了。這可說是在塵上修功、在
事上煉心的修行方式，其所重乃在心之本體論轉化的修煉功夫，所
謂「道在方寸，何必山林。」這在約出於東晉時的道經《太極真人
敷靈寶齋戒威儀諸經要訣》中就提到說：

---

[208] 蒙文通，輯校成玄英《道德經義疏》，收於其《道書輯校十種》一書，四川
巴蜀書社，2001，頁 481-482。

> 學仙要在方寸盡，方寸不盡，是以學而不獲矣。[209]

又說：

> 上士得道於室內矣。雖處巖穴，而外想一毫不絕，亦徒勞損
> 力爾。學道唯心盡，心盡，仙人當下觀試之也。[210]

這種「學道唯心盡，心盡則成仙」的煉心觀點，在清朝時面世的道
書《唱道真言》中更被強調為「千聖總途，萬真要路」[211]，是「成
仙一貫之學」[212]，乃「仙家徹始徹終之要道也。」[213]煉心的這一觀
點乃通向另一含意的「出家」。「修道即修心」的入世修行方式，究
其實可以說是一種很特殊的「出家」形式，相對於離家住庵、歸隱
山林的「身出家」，可稱之為「心出家」。《太極真人敷靈寶齋戒威
儀諸經要訣》所言：「雖處巖穴，而外想一毫不絕，亦徒勞損力爾」，
指的就是「身出家卻未修心」的情況，於修道是沒有什麼效果的。
這種出家不過是「形式上出家」或「假出家」——身已出家而心未
出家，此於仙道無任何助益。須知「身出家」之旨亦在遠離塵勞俗
務對修道的干擾，其究竟仍在求心性之鍛鍊，即「心出家」。「心出
家」之深義，王重陽論之甚切，其言曰：

> 離凡世者，非身離也，言心地也。身如藕根，心似蓮花，根
> 在泥而花在虛空矣。得道之人，身在凡而心在聖境矣。[214]

「心出家」就是「身在凡而心在聖境」。依此言，修道似乎也不是
非要離塵出家不可，身在紅塵一樣可以修行，就像蓮花之根在泥中

---

[209] 張繼禹主編，《中華道藏》（第四冊），華夏出版社，2004，頁 107。
[210] 張繼禹主編，《中華道藏》（第四冊），華夏出版社，2004，頁 109。
[211] 丁福保編，《道藏精華錄》（第三卷），北京圖書館出版社，2005，頁 325。
[212] 張繼禹主編，《中華道藏》（第四冊），華夏出版社，2004，頁 332。
[213] 張繼禹主編，《中華道藏》（第四冊），華夏出版社，2004，頁 331。
[214] 《重陽立教十五論》，《王重陽集》，白如祥輯校，齊魯書社，2005，頁 279。

而其花則出污泥不染而綻放，只要在塵而不染塵、處事應物而心無累著即可。此一觀點影響後世極為深遠，元全真道士姬志真有〈長生〉詩云：

> 長生豈論幻形骸，數盡歸元土底埋；
> 唯有本真誰會得，古今無去亦無來。[215]

又有〈神仙〉詩云：

> 神仙莫向外邊尋，只是元初一片心；
> 灑落萬塵籠不住，立教大地變黃金。[216]

有清一代源於全真龍門之伍柳派道師沖虛子伍守陽亦言：

> 始終皆是本性而成仙，能復真性者，即仙也。非真性者，即非仙也。世世之愚人，不知仙即是性，與佛即是性同，所以舉世談仙，而莫知所學，而亦莫有成就。[217]

伍沖虛此論實乃重彈王重陽之舊調，可見其影響。

　　心性問題是修道思想中的重要課題。依道家道教傳統之道論而言，作為萬物之宗的道，並不是有形有象可稱名指涉之具體事物。道本無名，只能勉強「字之曰道，強為之名曰大。」（《道德經》二十五章）「大」是用來形容道之至大無外，無限深遠廣大之義，故亦可稱之為「大道」。作為天下母的大道，雖是視聽搏俱不可得、混而為一、繩繩不可名之物，然確是一真實的存在，只不過其存在狀態是夷希微，一種無狀之狀，無物之象，恍惚窈冥之存在。天地萬

---

[215] 《雲山集》，張繼禹主編，《中華道藏》（第二十七冊），華夏出版社，2004，頁 23。
[216] 張繼禹主編，《中華道藏》（第四冊），華夏出版社，2004，頁 26。
[217] 《天仙正理直論增注》，收於《伍柳法脈》，徐兆仁主編，中國人民大學出版社，1993 三刷，頁 9。

物都是從這恍惚窈冥的大道中所化生，故道為天下母，為萬物之宗。道經《太上老君說常清靜妙經》云：「大道無形，生育天地；大道無情，運行日月；大道無名，長養萬物。吾不知其名，強名曰道。」[218]道這種夷希微的存在，如何知、如何體、如何修，這是根本而關鍵的問題，此問題乃涉及道與吾人心性之關係究竟為何的問題。

　　基於大道化生萬物之宇宙生命觀，道生萬物，萬物秉道而生，生而有性，人為萬物之一，亦然。《陰符經》云：「天性，人也；人心，機也。」王道淵釋之曰：「天賦命於人謂之性，人心發用謂之機。性即天也，心即性也。是以聖人觀天之道，明天之性；執天之行，運心之機。」[219]人秉道生而得天地之道以為性，而以心為發用之樞機。也就是說，道在人身謂之性，性之動則謂之心。《文始真經》云：「性者，心未萌也。」[220]又言：「心既未萌，道亦假之。」[221]心既未萌，即指性虛空靈明的狀態，在此狀態下，道自來居，此即莊子所謂：「惟道集虛。虛者，心齋也。」[222]長春真人丘處機亦言：「若性到虛空，豁達靈明，乃是大道。」[223]《太上老君內觀經》中言：「道者有而無形，無而有情，變化不測，通神群生，在人之身則為神明，所謂心也。」[224]此所謂「心」實則指「性」，以其動而神明，方謂之心。性之動有二，或依天道而動，或順情欲而動，而心為性之動，故心亦有二。性依天道而動，謂之真心，即是道心、天心；性順情欲而動，則為妄心，此乃塵心、人心。王道淵「性即天也，

[218] 《道藏》十一冊，頁344。

[219] 王道淵，《黃帝陰符經夾頌解註》，《道藏》第二冊，頁836。

[220] 〈四符〉，《道藏》十一冊，頁518。

[221] 〈一宇〉，《道藏》十一冊，頁514。

[222] 郭象注、成玄英疏，1998，〈人間世〉，《南華真經注疏》，中華書局，頁82。

[223] 〈長春丘真人寄西州道友書〉，《真仙直指語錄》卷上，《道藏》三十二冊，頁437。

[224] 《道藏》十一冊，頁397。

心即性也。」所言之「心」即指真心、道心而言。天性者，天賦之性，即真如之性也。人心者氣質之性，觸景生情，隨風揚波，馳逐向外，不能自主。守天性者存，順人心者亡。聖人觀天道執天行，「修真性而化氣性，守天道而定人心。」[225]修道之鑰，即在乎去妄心存真心，除塵心人心，顯道心天心。去妄心存真心，就是保持一顆無情欲染雜的清靜之心。

　　大道無形，性本虛靜，如何體道？如何見性？答案只能是：在性動之心處，由心體道，由心見性。《太上老君了心經》云：「若夫修道，先觀其心。……心為禍本，心為道宗。」[226]性依天道而動，則心為道宗；若性順情慾而動，則心為禍本。故修道之切要即在修心，於此乃可言「修道即修心，修心即修道」。修心之要在於盡除虛妄之心，修得一顆清淨之心，即見本來真性，即體大道之妙，《太上老君內觀經》中言：「人能常清淨其心，則道自來居。」[227]這也就是唐代茅山道士司馬承禎對修道的界定：「盡除心垢，開識神本，是名修道。」此一定義可以說是「修道即修心」之修道觀的核心內涵。此修心應機默契道妙之旨，唐張果以之深刻地闡釋「觀天之道，執天之行」的陰符之義，其言曰：

> 觀自然之道，無所觀也；不觀之以目，而觀之以心；心深微而無所見，故能照自然之性；唯深微而能照，其斯之謂陰。執自然之行，無所執也；不執之以手，而執之以機；機變通而無所繫，故能契自然之理，其斯之謂符。照之以心，契之以機，而陰符之義盡矣。[228]

---

[225] 清劉一明，《陰符經注》，收於《道書十二種》，北京圖書館出版社，2006二刷，頁479。
[226] 《道藏》十一冊，頁398。
[227] 《道藏》十一冊，頁397。
[228] 《道藏》二冊，頁755。

以心觀性謂之陰，以心契機謂之符，天道與人道有暗合大理之妙，心之作用居於關鍵地位，故修道之鑰在修心。

　　道經《呂帝心經》云：「人心不治不純，如彼亂絲，不理不清；如彼古鏡，不磨不明；如彼劣馬，不勒不馴。」[229]人心不治不純即失其真，故「欲善其心，先治其心。治心如何？即心治心。」[230]即心治心之方，經云：

> 以老老心治不孝心；以長長心治不悌心；以委致心治不忠心；
> 以誠格心治不信心；以恭敬心治無禮心；以循理心治無義心；
> 以清介心治無廉心；以自愛心治無恥心；以積德心治為惡心；
> 以利濟心治殘賊心；以匡扶心治傾陷心；以仁慈心治暴戾心；
> 以謙遜心治傲慢心；以損抑心治盈滿心；以儉約心治驕奢心；
> 以勤慎心治怠忽心；以坦夷心治危險心；以忠厚心治刻薄心；
> 以和平心治忿恚心；以寬洪心治偏窄心；以傷身心治沉湎心；
> 以妻女心治姦淫心；以果報心治謀奪心；以禍患心治鬥狠心；
> 以正教心治異端心；以至誠心治大疑心；以悠久心治無恆心；
> 以始終心治反覆心；以施與心治慳吝心；以自然心治勉強心；
> 以安分心治非望心；以順受心治怨尤心；以推誠心治猜忌心；
> 以鎮定心治搖惑心；以正中心治偏袒心；以大體心治細務心。[231]

修道之鑰在修心，修心之要在以心治心，「天心即在人心見」[232]，人心死即道心生。

---

[229] 《孚佑帝君大洞真經・呂帝心經》，瑞成書局，2007。
[230] 《孚佑帝君大洞真經・呂帝心經》，瑞成書局，2007。
[231] 《孚佑帝君大洞真經・呂帝心經》，瑞成書局，2007。
[232] 《孚佑帝君大洞真經・呂帝心經》，瑞成書局，2007

六、性命雙修：全真教的修道思想

「全真」二字即清楚彰顯全真教開宗立教之本旨，所謂「全真」實有二義，一為除情去欲，全本性之真；二是除弊去誕，全老莊之真。全真教之創立是在南宋金元之際道教的一個新發展，而其實質內涵則是對老莊思想的回歸。「全老莊之真」終究亦可以歸於「全本性之真」的義涵之中。

全真教修道的基本義理可大歸為五：（一）三教圓融一道同風；（二）性命雙修惟貴見性；（三）修心見性見性成仙；（四）內修性命外積福行；（五）離塵絕俗出家修道。以下依序述其要義。[233]

（一）三教圓融一道同風

王重陽有很多詩詞文章高倡「三教一家、道理無二」之義：

釋道從來是一家，兩般形貌理無差。[234]

儒門釋戶道相通，三教從來一祖風。[235]

心中端正莫生邪，三教搜來做一家。

---

[233] 本文對全真教基本義理之論述，主要以王重陽、馬丹陽與丘處機的思想為主。

[234] 〈答戰公問先釋後道〉，《重陽全真集》卷一，《王重陽集》，白如祥輯校，齊魯書社，2005，頁4。

[235] 〈孫公問三教〉，《重陽全真集》卷一，《王重陽集》，白如祥輯校，齊魯書社，2005，頁9。

義理顯時何有異，妙玄通後更無加。[236]

三教者是隨意演化眾生，皆不離於道也。[237]

三教皆本於真道，似一根樹所生之三枝也，隨方立教，度化眾生。王重陽不只是主張三教一家之思想，更力行此義。早在終南山南時村掘活死人墓修道時，便於墓旁四隅各植海棠一株，以示「使四海教風為一家」之義。創教之後，王重陽在山東半島所建立的五個教團，其名稱之前皆冠以「三教」二字。[238]此外，他在接引道眾勸人唸誦之經典中，除了道教之《道德經》、《清靜經》外，還包括了儒家的《孝經》與佛教的《心經》。[239]

馬丹陽秉承師教也說：「三教同門異戶。」[240]更表示：「三教門人，盡是予師父。」[241]故對來往僧道，識與不識，必先致拜。丘處機也說：「儒釋道源三教祖，由來千聖古今同。」[242]並告誡徒眾：「見三教門人，須當平待，不得怠慢心。」[243]

[236] 〈示學道人〉，《重陽全真集》卷一，《王重陽集》，白如祥輯校，齊魯書社，2005，頁 16。

[237] 《重陽真人金關玉鎖訣》，同上注書，頁 288。

[238] 王重陽先後於寧海全真庵、崑崳山煙霞洞、文登姜實庵，傳道收徒。之後在七大弟子協助之下，「善化三州，同歸五會。」（《金蓮正宗記》）金大定八年（1168）於寧海州姜實庵成立「三教七寶會」，金大定九年（1169）八月於寧海州又成立「三教金蓮會」，九月於登州福山成立「三教三光會」，又在登州蓬萊成立「三教玉華會」，十月則在萊州成立「三教平等會」。（參見李道謙，《七真年譜》）三州五會之創立，在全真教史上是一重大事件，甚至可將此事件視為全真道創教的真正標誌。（參見牟鍾鑒、白奚、常大群、白如祥、趙衛東、葉桂桐著，《全真七子與齊魯文化》，齊魯書社，2005，頁 17。）

[239] 見〈終南山神仙重陽真人全真教祖碑〉，金源璹撰，《甘水仙源錄》卷一，《道藏》第十九冊，頁 725。

[240] 《丹陽真人語錄》，《馬鈺集》，趙衛東輯校，齊魯書社，2005，頁 240。

[241] 《漸悟集》卷下，《馬鈺集》，趙衛東輯校，齊魯書社，2005，頁 198。

[242] 〈贈劉師魯〉，《磻溪集》卷一，《道藏》第二十五冊，頁 815。

[243] 〈長春真人規榜〉，《丘處機集》，趙衛東輯校，齊魯書社，2005，頁 147。

（二）性命雙修惟貴見性

王重陽在《重陽立教十五論》第十一論〈混性命〉中言：

> 性者神也，命者氣也。性若見命，如禽得風，飄飄輕舉，省
> 力易成。……性命是修行之根本謹緊鍛煉矣。[244]

此為性命雙修之義，《重陽真人金關玉鎖訣》中亦言：「人了達性
命者，便是真修行之法也。」[245]但王重陽又強調：「心中真性修行
主。」[246]故告誡門人：「務要諸公得識真性。不曉真源，盡學旁門
小術，此是作福養身之法，並不干修仙之道、性命之事，稍為失錯，
轉乖人道。」[247]識得真性方是修仙之道。此以性為本之義，丘處機
有進一步之闡述，《丘祖語錄》中言：

> 吾宗惟貴見性，而水火配合其次也。大要以息心凝神為初
> 基，以性明見空為實地，以忘識化障為作用。回視龍虎、鉛
> 汞，皆法相而不可拘執。不如此，便為外道，非吾徒也。[248]

丘處機在此明確表明本門宗旨「惟貴見性」，以見性為實地，以龍
虎、鉛汞、水火配合之養氣功夫為輔。《丘祖語錄》中又言：

---

[244] 《王重陽集》，白如祥輯校，齊魯書社，2005，頁 278。
[245] 《王重陽集》，白如祥輯校，齊魯書社，2005，頁 280。
[246] 《重陽全真集》卷三，《王重陽集》，白如祥輯校，齊魯書社，2005，頁 51。
[247] 〈玉花社疏〉，《重陽全真集》卷之十，《王重陽集》，白如祥輯校，齊魯書社，2005，頁 159。
[248] 《丘祖全書節輯》，收於蕭天石主編，《呂祖心法傳道集・丘祖全書節輯合刊》，台灣自由出版社，1998，頁 263。

> 吾宗前三節皆有為功夫，命功也。後六節乃無為妙道，性學
> 也。三分命功，七分性學。已後只稱性學，不得稱命功。方
> 稱功，有為之事也。功者，工也，有階有級。性何功哉？佛
> 祖也只完得性學而已。[249]

〈長春真人規榜〉中則言：

> 夫住庵者，清虛冷澹，瀟灑寂寥，見性為體，養命為用。[250]

---

[249] 蕭天石主編，《呂祖心法傳道集・丘祖全書節輯合刊》，台灣自由出版社，1998，頁254。《道藏》中收有丘處機《大丹直指》（第四冊，頁391-404），詳釋煉丹功法，有圖示、要訣與修煉節次，有小中大三成法，從延年、長生到超凡入聖，共分九步階序：（一）五行顛倒龍虎交媾，（二）五行顛倒周天火候，（三）三田返復肘後飛金精，（四）三田返復金液還丹，（五）五氣朝元太陽煉形，（六）神氣交合三田既濟，（七）五氣朝元煉神入頂，（八）內觀起火煉神合道，（九）棄殼升仙超凡入聖。前三步為小成法，修之可補虛益氣，活血駐顏；悅其肌膚，壯其筋骨；返老還童，健骨輕身。中間三步為中成法，修之可形神俱妙，與天齊年，自耐寒暑，升騰自在。後三步為大成法，修之可超凡入聖，全真而仙，超越生死。卿希泰主編《中國道教史》修訂本（第三卷）一書中，將此九步功法對比於丘處機此處所言「吾宗前三節皆有為功夫，命功也。後六節乃無為妙道，性學也。」之九節功法。（頁77）然此對比，並不恰當。依丘處機所說之九節功法，前三節為命功，屬有為功夫，後六節是性學乃無為妙道，則無以稱功。然細觀《大丹直指》中所述九步功法，大體皆屬煉氣、煉形、煉神之修命方法，其中圖示、要訣、行功之法、行功應驗等等，論之甚詳，是屬有為功法。然而在煉氣修命的過程中，修心始終是工夫之鑰。某些重要時刻，修心至為關鍵，心不修則通不過。如在〈三田返復金液還丹訣圖〉一節之解說文中提到：「如行火至金木兩停，欲飛不飛之時，欲濟不濟之際，最要正意守持，一念不生。若思念才生，即是塵垢。塵者，陰也。陰者，魔也。被魔所障，三關即閉不通也。須要斬除其意，一正二氣自合，以結大丹。」在〈內觀起火煉神合道訣義〉一節功法中亦強調切防十種心魔（六欲魔、七情魔、富魔、貴魔、恩愛魔、災難魔、刀兵魔、聖賢魔、妓樂魔、女色魔）續來作亂，這些執念，皆有礙通功，不能超凡入聖。在養氣煉形合道的修行中，「無思無想只定靜之」的修心功夫均起到關鍵性的作用。

[250] 陸道和編集，《全真清規》，《丘處機集》，趙衛東輯校，齊魯書社，2005，

修心見性是「性學」，乃無為妙道；水火配合則是煉氣養形之「命功」，屬有為功夫。丘處機〈修道〉詩云：「煉氣清心士，干雲拔俗標。心如山不動，氣似海長潮。」[251]可見性命雙修之修道，既煉氣，亦清心。但丘處機又強調「三分命功，七分性學」，則修道功夫明顯以性學為主，命功為輔。而二者為體用關係，「見性為體，養命為用。」光養命不足以見性，見性則自然養命。丘處機承繼王重陽之思想，很清楚地區分無上修仙大道與區區延年小術。見性方是修仙之無上大道，煉氣養形之命功其要仍在輔以見性之功。丘處機明白指出，若徒以養形長生為念，非但成仙無望，亦難上壽，故有言諄諄告誡門人：「今世人貪生之甚，希慕長生，究無長生者，心不真也。雖極勞形，以養生為形起見，總屬私心，不合天心，何能上壽。學人宜體吾旨，誓發無上心，即為無上之身。」[252]依丘處機之見，性順情欲而動為有妄心，此乃影響先天后天二氣之相互交融，造成形不康，神不寧，而生命不安，何能長壽。有妄心即心不真，心不真則性不見，性不見則壽難長，故要學人發無上心，誓修無上成仙妙道，非徒求延年小術。

　　養氣修命雖是修道之輔助功夫，但仍不可忽視而有所偏廢。基於大道氣化萬物之宇宙生命觀，人因父母陰陽二氣交感而生，內藏一點元陽真氣。未生之前，在母腹中，九竅未通，受母氣滋養，混混沌沌，純一不雜，是為先天之氣。一出母腹，氣散往九竅，呼吸從口鼻出入，是為後天。原先一點元陽真氣便集中於臍內一吋三分處，乃為人所不知，因而無以煉養，隨著歲月流逝而不斷耗散，以致病夭、憂愁、思慮、喜怒、哀樂。[253]凡此種種皆對修道見性產生

頁 147。

[251] 《磻溪集》卷四，《道藏》第二十五冊，頁 831。

[252] 《丘祖全書節輯‧丘祖語錄》，收於蕭天石主編，《呂祖心法傳道集‧丘祖全書節輯合刊》，台灣自由出版社，1998，頁 254-255。

[253] 以上所論請參見丘處機，《大丹直指》卷上，《道藏》第四冊，頁 391-392。

不利影響，亦不可輕忽略過。僅僅養氣修命雖不足以見性，但不養氣修命卻可以讓見性難克其功。是故命功縱非至要，仍不可免、不可棄，否則可能因輔失主而道本無歸。

（三）修心見性見性成仙

　　全真教修道的究極目的在於證真成仙，這是生命安頓的根本之道，但它不同於丹鼎派所追求的肉體長生白日飛昇。王重陽在《立教十五論》第十五論〈論離凡世〉中即清楚地指出此點：

> 離凡世者，非身離也，言心地也。身如藕根，心似蓮花，根在泥而花在虛空矣。得道之人，身在凡而心在聖境矣。今之人欲永不死而離凡世者，大愚不達道理也。[254]

王重陽文中強調：「得道之人，身在凡而心在聖境矣。」並嚴厲批判：「欲永不死而離凡世者，大愚不達道理也。」可見其長生不死成仙之說非指肉體永生不死，著實別有義涵。王重陽在回應馬丹陽「何者名為長生不死？」之問時，答曰：「是這真性不亂，萬緣不掛，無去無來，此是長生不死也。」[255]後來馬丹陽亦說：「但能澄心遣欲，便是神仙。」[256]王重陽又明白指出：「務要諸公得識真性。不曉真源，盡學旁門小術，此是作福養身之法，並不干修仙之道、性命之事，稍為失錯，轉乖人道。」[257]又有詩云：「修行須借色身

---

[254] 《王重陽集》，白如祥輯校，齊魯書社，2005，頁 279。

[255] 《重陽真人授丹陽二十四訣》，《王重陽集》，白如祥輯校，齊魯書社，2005，頁 295。

[256] 《丹陽真人語錄》，《馬鈺集》，趙衛東輯校，齊魯書社，2005，頁 251。

[257] 〈玉花社疏〉，《重陽全真集》卷之十，《王重陽集》，白如祥輯校，齊魯書社，2005，頁 159。

修，莫殢凡軀做本求。假合四般終是壞，真靈一性要開收。」[258]由此可明鑑其義旨，全真教之修道目的並非延年長生之養形小術，而是超生死的修仙大道，此即丘處機之所言：「吾宗所以不言長生者，非不長生，超之也。此無上大道，非區區延年小術耳。」[259]此無上修仙大道乃是「性到虛空，豁達靈明。」[260]王重陽即有詩云：「本來真性喚金丹，四假為爐煉做團；不染不思除妄想，自然滾出入仙壇。」[261]

　　想證真成仙，就要修心見性。依道化萬物之宇宙生命觀，道生萬物，萬物秉道而生，生而有性。人為萬物之一亦然，只因受愛欲憎恨等等七情六欲所牽染，迷忘本來真性，樸散遠道，憂煩勞苦，輪迴不已，故須修道煉性，使其返本復初，與道合真，逍遙自在。

　　既要修道見性，那麼，何謂性？王重陽說：「性者是元神。」[262]又說：「元神者，乃不生不滅、無朽無壞之真靈，非思慮妄想之心。」[263]《丘祖語錄》中載，長春祖師在燕京天長觀說法時言：

> 道涵天地，神統百形。生滅者，形也；無生滅者，神也，性也。有形皆壞，天地亦屬幻軀，元會盡而示終。只有一點陽光，超乎劫數之外，在人身中為性海，即元神也。[264]

---

[258] 〈諸散人求問〉，《重陽全真集》卷之十，《王重陽集》，白如祥輯校，齊魯書社，2005，頁143。

[259] 《丘祖全書節輯·丘祖語錄》，收於蕭天石主編，《呂祖心法傳道集·丘祖全書節輯合刊》，台灣自由出版社，1998，頁251。

[260] 〈長春丘真人寄西州道友書〉中言：「有一等道人，丹田搬運，亦是下等門戶爾，乃教初根小器人。若性到虛空，豁達靈明，乃是大道，此處好下手，決要端的功夫。」，《真仙直指語錄》卷上，《道藏》第三十二冊，頁437。

[261] 〈金丹〉，《重陽全真集》卷之二，《王重陽集》，白如祥輯校，齊魯書社，2005，頁30。

[262] 《重陽真人授丹陽二十四訣》，《王重陽集》，白如祥輯校，齊魯書社，2005，頁294。

[263] 《五篇靈文注》，《王重陽集》，白如祥輯校，齊魯書社，2005，頁303。

性是人身中一點陽光靈明，即元神，「不生不滅、無朽無壞之真靈」，乃出於道，是吾身之真己。丘處機與成吉思汗講道時曾言：「人認身為己，此乃假物，從父母而得之者；神為真己，從道中而得之者，能思慮寐寐者是也。」[265]「神為真己」中的神指元神，乃從道中秉賦而得來之本性，是為真我，此不同於色身之假我。修道的目的在見性，見性就是體道，也就是找到真正的自己。然而，性如何見？

「如何見性」此一問題實即「如何體道」的問題。然大道無形，性本虛靜，如何體？如何見？答案是：由心體道，由心見性。道在人身謂之性，性之動謂之心。[266]性之動有二，故心亦有二。性依天道而動，謂之真心，即是道心、天心；性順情欲而動，則為妄心，此乃塵心、人心。修道之鑰，在乎去妄心存真心，除塵心人心，顯道心天心。去妄心存真心，就是保持一顆無情欲染雜的清靜之心，此為修道見性、體道成仙的起始條件。王重陽主張「明心見性」，《重陽真人授丹陽二十四訣》中言：「心生則性滅，心滅則性現也。心滅者是寶。」[267]此處所言之心是指妄心。「明心見性」者，明心即清淨其妄心，心清淨則真心顯，即見本來真性。故王重陽說：「清淨便是神仙路」[268]、「常清淨是大道之苗」[269]，更強調心常清常淨才是真修行，〈玉花社疏〉中言：

[264] 《丘祖全書節輯》，收於蕭天石主編，《呂祖心法傳道集·丘祖全書節輯合刊》，台灣自由出版社，1998，頁250。

[265] 耶律楚材，《玄風慶會錄》，收於《長春真人西遊記》，黨寶海譯注，河北人民出版社，2001，頁156。

[266] 《文始真經》云：「性者，心未萌也。」（〈四符〉，《道藏》第十一冊，頁518。）又言：「心既未萌，道亦假之。」（〈一宇〉，《道藏》第十一冊，頁514。）心既未萌，即指性虛空靈明的狀態，在此狀態下，道自來居，此即莊子所謂：「惟道集虛。虛者，心齋也。」（〈人間世〉，郭象注、成玄英疏，《南華真經注疏》，中華書局，1998，頁82。）丘處機亦言：「若性到虛空，豁達靈明，乃是大道。」（〈長春丘真人寄西州道友書〉，《真仙直指語錄》卷上，《道藏》第三十二冊，頁437。）

[267] 《王重陽集》，白如祥輯校，齊魯書社，2005，頁297。

[268] 《重陽全真集》，《王重陽集》，白如祥輯校，齊魯書社，2005，頁151。

> 諸公若要真修行，饑來吃飯，睡來合眼，也莫打坐，也莫學
> 道，只要塵冗事屏除，只要心中「清淨」兩個字，其餘都不
> 是修行。[270]

王重陽進一步將「清淨」區分為「內清淨」與「外清淨」，曰：「內
清淨者，心不起雜念；外清淨者，諸塵不染著為清淨也。」[271]馬丹
陽甚至說：「道家留丹經子書，千經萬論，可一言以蔽之，曰『清
淨』。」[272]《丹陽真人語錄》中言：

> 凡學道之人，切須法天之道，斡旋己身中造化，十二時中，
> 常清常淨，不起纖毫塵念，則方是修行。日就月將，無有間
> 斷，決做神仙。[273]

此乃呼應其師「心清淨為真修行」之義，故其教化力倡清淨之功，
其文集中隨處可見類似的話：「靜清便是長生訣」[274]、「清淨心中達
玄妙」[275]、「清淨堪為仙活計」[276]、「做徹清淨功，神仙自來度。」[277]、
「人能常清淨，決證神仙位。」[278]、「清淨家風，便是大乘妙法。」[279]、
「心清淨，通妙通玄，得永成仙契。」[280]、「清淨神仙法則，得住

---

[269] 《重陽真人金關玉鎖訣》，同上注書，頁 298。

[270] 《重陽全真集》，《王重陽集》，白如祥輯校，齊魯書社，2005，頁 159。

[271] 《重陽真人授丹陽二十四訣》，《王重陽集》，白如祥輯校，齊魯書社，2005，
頁 295。

[272] 《丹陽真人語錄》，《馬鈺集》，趙衛東輯校，齊魯書社，2005，頁 244。

[273] 同上，頁 248-249。

[274] 《洞玄金玉集》，《馬鈺集》，趙衛東輯校，齊魯書社，2005，頁 15。

[275] 《馬鈺集》，趙衛東輯校，齊魯書社，2005，頁 66。

[276] 《馬鈺集》，趙衛東輯校，齊魯書社，2005，頁 67。

[277] 《馬鈺集》，趙衛東輯校，齊魯書社，2005，頁 76。

[278] 《馬鈺集》，趙衛東輯校，齊魯書社，2005，頁 86。

[279] 《馬鈺集》，趙衛東輯校，齊魯書社，2005，頁 116。

[280] 《馬鈺集》，趙衛東輯校，齊魯書社，2005，頁 126。

蓬萊宅。」[281]、「處身心清淨，便是仙方。」[282]、「清淨自然明道」[283]、「一個無為清淨，是仙家秘訣，大道機謀。」[284]。丘處機引《清靜經》：「人能常清靜，天地悉皆歸。」之言而釋之曰：

> 蓋清靜則氣和，氣和則神王，神王則是修仙之本，本立而道生矣。[285]

另有詩云：

> 聖賢非道遠，功德在人修。不向此心覓，更於何處求。[286]

修道之切要在修心，盡除眾生妄心，修得一顆清靜之心，即見本來真性，這也就是唐代茅山道士司馬承禎對修道的界定：「盡除心垢，開識神本，是名修道。」[287]《長春真人西遊記》中記載：「一日或有質是非於其前者，師但漠然不應，以道義釋之，復示之以頌曰：『拂，拂，拂，拂盡心頭無一物。無物心頭是好人，好人便是神仙佛。』其人聞之，自愧而退。」[288]丘處機「拂盡心頭無一物」之言，即「盡除心垢」、「去妄心存真心」之義，拂盡心頭無一物便是神仙佛。心不真即不清靜，是情欲所牽染，為有妄心，故修心之關鍵在除情去欲。丘處機〈示眾〉詩云：「眾生心不盡，大道理難明。若要開天眼，須當滅世情。」「不見眼前欲，方知心上虛。有情知道遠，無事覺心寬。」[289]但除情去欲並非是讓人像枯木頑石般無情無

[281] 《馬鈺集》，趙衛東輯校，齊魯書社，2005，頁 142。
[282] 《馬鈺集》，趙衛東輯校，齊魯書社，2005，頁 155。
[283] 《漸悟集》，《馬鈺集》，趙衛東輯校，齊魯書社，2005，頁 206。
[284] 《丹陽神光璨》，《馬鈺集》，趙衛東輯校，齊魯書社，2005，頁 220。
[285] 《真仙直指語錄》卷上，《道藏》第三十二冊，頁 437。
[286] 〈示眾〉，《磻溪集》卷四，《道藏》第二十五冊，頁 831。
[287] 《坐忘論·收心》，《道藏》第二十二冊，頁 893。
[288] 《長春真人西遊記》，黨寶海譯注，河北人民出版社，2001，頁 111。
[289] 《磻溪集》卷四，《道藏》第二十五冊，頁 830-831。

欲，而是要我們擁有一顆應物不著、對境不染的自在無累之心。《丘
祖本傳》中言：

> 本來真性，靜若止水。迨眼悅乎色，耳好乎聲，舌嗜乎味，
> 意著乎事，數者紛來而疊至，若飄風之鼓浪也。道人修煉其
> 心，一物不著，損之又損，以至無為，與太虛止水相似。[290]

《磻溪集》另有詞云：

> 大道無形，方寸何憑。在人人智見高明。能降眾欲，解斷群
> 情。作鬧中閒，忙中靜，濁中清。[291]

大道無形，須降眾欲、斷群情，於心中體得。詞中所言「作鬧中閒，
忙中靜，濁中清」，指的就是對境應物不著的自在心境。馬丹陽亦
依此義以釋「無心」：

> 無心者，非同貓狗蠢然無心也，務存心於清淨之域而無邪心
> 也。故俗人無清之心，道人無塵垢之心，非所謂俱無心而與
> 木石貓狗一般也。[292]

---

[290] 《丘祖全書節輯》，收於蕭天石主編，《呂祖心法傳道集・丘祖全書節輯合
刊》，台灣自由出版社，1998，頁243-244。《玄風慶會錄》中亦載：「道人
修真其心，一物不思量，如太虛止水。水之風忽也，靜而清，萬物照之，
燦然悉見。水之風來也，動而濁，曷能見萬物哉。本來真性，靜若止水。
眼見乎色，耳悅乎聲，舌嗜乎味，意著乎事，此數者續續而疊舉，若飄風
之鼓浪也。」此段文字與《丘祖本傳》中之文字、順序雖有異，然義理卻無
不同，二者皆言修心見性之旨，所差僅在於二者對修心內涵之解說有些分
別，《丘祖本傳》作「不著一物」，《玄風慶會錄》作「一物不思量」。「一物
不思量」，如太虛止水，有寂然不動之義，卻無以彰顯感而遂通、對境應物
不染不著之自在義。本文以「不著一物」其義較「一物不思量」為佳妙，
故引之。

[291] 〈蓺心香〉，《磻溪集》卷六，《道藏》第二十五冊，頁843。

[292] 《丹陽真人語錄》，《馬鈺集》，趙衛東輯校，齊魯書社，2005，頁245。

「無心」並不是指如枯木頑石般沒有心，而是指「無塵垢之心」，即引文中所言「存心於清淨之域而無邪心」，故「無心」實則「清淨心」之謂也。這些論調皆是對其師「身在凡而心在聖境」之義的繼承。

（四）內修性命外積福行

功行雙全而證真成仙，是全真教義的另一大特色，王重陽在早期創立三州五會時，即揭示此義。在《三州五會化緣榜》的榜文中，王重陽引晉真人之語，說明功行的實質內涵：

> 功行乃別有真功真行。晉真人云：「若要真功者，須是澄心定意，打叠神情，無動無作，真清真靜，抱元守一，存神固氣，乃真功也。若要真行者，須是修仁蘊德，濟貧救苦，見人患難，常行拯救之心，或化誘善人，入道修行。所行之事，先人後己，與萬物無私，乃真行也。」[293]

內修性命，一心清靜，外積福德，行道濟事，功行兩全，以證全真。馬丹陽承繼師訓，將真功真行視為每日修行不可忘之日用事，並分別稱之為「外日用」與「內日用」，其言曰：

> 汝等每日不可忘日用事，其日用有二，有外日用，有內日用。外日用者，大忌見他人之過，自誇己德，妒賢嫉能，起無明火、塵俗念，生勝眾之心，人我是非，口辯憎愛。內日用者，休起狐疑心，長莫忘於內，若雲遊住坐，亦澄心遣欲，無罣無礙，不染不著，真清真靜，逍遙自在。如

---

[293] 《王重陽集》，趙衛東輯校，齊魯書社，2005，頁256。

> 同一日存思於道，如飢思飯，如渴思漿，稍覺偏頗，即當改正。[294]

馬丹陽更信誓旦旦地說：「依此修行，決做神仙矣，必不到錯了，如錯了，汝等罰我永墮地獄耳。」[295]可見其信堅志篤。

丘處機根本上也繼承此內外兼修之道，其言：「大抵外修福行，內固精神，內外功深，則仙階可進，洞天可遊也。」[296]《真仙直指語錄》中亦記載丘處機對弟子問內外日用之事所作的回答：

> 又問內外日用？丘曰：「捨己從人，克己復禮，乃外日用。饒人忍辱，絕盡思慮，物物心修，乃內日用。」次日又問內外日用？丘曰：「先人後己，以己方人，乃外日用。清靜做修行，乃日內用。」又曰：「常令一心澄湛，十二時中時時覺悟，性上不昧，心定氣和，乃真內日用。修仁蘊德，苦己利他，乃真外日用。」[297]

丘處機十分強調立志進道、下苦而修，他要門人後學苦志虔心地積行累功，外濟世利人以積行，內澄心遣欲以累功。若不如此，修真慕道難以超凡入聖。〈丘祖訓文〉中言，出家修道，法有三乘：

> 夫上乘者，修真養性，苦志參玄，證虛無之妙道，悟金丹之大理，發天地之正氣，出塵世之冤愆。……中乘者，禮懺誦經，秉燭演教，誦太上之玄科，拜天尊之寶號，志心忘忌於聖前，虔誠齋戒於廊廟，清靜身心，闡揚大道，一念純真。……

---

[294] 〈丹陽真人直言・示門人〉，《馬鈺集》，趙衛東輯校，齊魯書社，2005，頁252。

[295] 《馬鈺集》，趙衛東輯校，齊魯書社，2005，頁252。

[296] 《真仙直指語錄》卷上，《道藏》第三十二冊，頁437。

[297] 《真仙直指語錄》卷上，《道藏》第三十二冊，頁437。

> 下乘者，建宮蓋觀，印經造像，修橋補路，施茶奉湯，戒殺
> 放生，存慈悲之心；捨藥施財，絕慳貪之妄。或尊師敬友，
> 接待往來；或焚香禮聖。[298]

若依內外日用之分，則上、中乘為內日用，下乘則屬外日用，皆為
修道之法，內外日用，互為表裡，二者兼修，相輔相成，自有福果
相證，道業可臻。

（五）離塵絕俗出家修道

王重陽開宗立教之本旨，在於修心見性，功行兩全，證真成仙。
與傳統道教最大不同的是，王重陽將絕俗出家入道作為修行的始初
條件，《重陽立教十五論》之第一論即首揭出家住庵之法。在〈唐
公求修行〉的七言詩中，王重陽闡述了為何要出家住庵修行的理由：

> 修行切忌順人情，順著人情道不成。
> 奉報同流如省悟，心間悟得是前程。
>
> 學道修真非草草，時時只把心田掃。
> 悟超全在絕塵情，天若有情天亦老。[299]

王重陽認為世俗中的名利情欲都是修行的障礙，基於這種天人相
分、道俗相違的理念，他本身就是拋妻棄子離家修道，同樣地也表
現在對馬丹陽夫婦分梨十化的教化上。梨者離也，即暗喻馬丹陽夫
婦要捨斷塵緣，拋家棄子，各自修道。[300]王重陽還告誡說：「凡人

[298] 《丘處機集》，趙衛東輯校，齊魯書社，2005，頁177-178。
[299] 《重陽全真集》，《王重陽集》，白如祥輯校，齊魯書社，2005，頁41。
[300] 關於「分梨十化」的詳細分析，可參見蜂屋邦夫，欽偉剛譯，《金代道教研

修道，先須依此十二字，斷酒色財氣、攀緣愛念、憂愁思慮。」[301]
「斷」之一字下得甚重，顯示修道與塵世俗緣之不可妥協，修道必須絕塵世、斷俗緣，方克其功。

　　馬丹陽承繼了王重陽離俗出家修道的教化，他有詩詞云：「休言在俗做修行，休說家中非火坑。」[302]「欲求家道兩全美，怎悟寂寥一著甘。莫待酆都追帖至，早歸物外住雲庵。」[303]他嚴厲地駁斥在塵俗家中的修行方式，認為「欲求家道兩全美」是根本不可能的事。在馬丹陽的詩詞文集中，到處充滿這種捨家修道的勸誡，並曾做〈養家苦〉之詞十二首，以明「養家苦，修行好」之義。[304]而欲捨家修行，必須看破妻妾兒孫、金玉珍珠、榮華、幻化色身、浮名等「五假」。[305]凡此種種皆是障蔽修行的金枷玉鎖，它雖能為人生帶來某些甜蜜與喜樂，但終究是負擔與桎梏，無法給人帶來逍遙自在的無上喜樂。馬丹陽有詞云：

> 學道休妻別子，氣財酒色捐除。攀緣愛念永教無，絕盡憂愁思慮。不得無明暫起，逍遙物外閑居。常清常淨是工夫，相稱全真門戶。[306]

究——王重陽與馬丹陽》，中國社會科學出版社，2007，頁 166-169。

[301] 《重陽教化集・化丹陽》，《王重陽集》，白如祥輯校，齊魯書社，2005，頁 239。

[302] 〈寄蒲城陸德寧〉，《洞玄金玉集》卷之三，《馬鈺集》，趙衛東輯校，齊魯書社，2005，頁 65。

[303] 〈道友問在家能修行否〉，《洞玄金玉集》卷之三，《馬鈺集》，趙衛東輯校，齊魯書社，2005，頁 98。

[304] 《漸悟集》卷下，《馬鈺集》，趙衛東輯校，齊魯書社，2005，頁 203。

[305] 〈贈京兆權先生〉，《漸悟集》卷下，《馬鈺集》，趙衛東輯校，齊魯書社，2005，頁 187。

[306] 〈西江月〉，《漸悟集》卷上，《馬鈺集》，趙衛東輯校，齊魯書社，2005，頁 173。

捨家離俗修行方得究竟，心清意淨，物外逍遙。

長春真人丘處機於磻溪、龍門出塵離俗隱居苦修十三載，可以說是體現此一理念的修行典範。[307]〈丘祖訓文〉中記載，丘處機勸告後學門人，自當閒處揣心，思考一個根本的問題：「出家者所為何耳？」[308]為何要出家修道？嚴肅地思考並認真地回應此一問題，乃修道大根大本之所在。丘處機言：「修真慕道，須憑積功累行。若不苦志虔心，難以超凡入聖。」[309]修真慕道出家修行，是因為看破塵緣輪迴生死之苦而企盼超凡入聖，獲得生命的真正安頓。此非易事，若不明志，不下苦志虔心，勤而行之，斷難成就。丘處機即言：

> 夫學道修真者，如轉石上乎高山，愈高愈難，跬步顛沛前功俱廢。以其難為也，舉世莫之為也。背道逐欲者，如擲石下乎峻坡，愈卑而愈易，斯須隕墜，一去無回，以其易為也。故舉世從之，莫或悟也。[310]

常人順情隨欲如擲石下坡，故易；修道乃制情逆欲以返道本，故難。修道既為逆俗違欲之難事，故修道須先辨志，明辨道俗順逆之別以立虔心進道之志，否則志一差即墮邪徑，此其所以為首要之務。「欲知萬事空，須作百年觀」[311]，「不窮天外樂，那免世間憂」[312]。吾

[307] 有關丘處機磻溪、龍門十三年隱居苦修之進一步敘述可參看劉見成，〈修心見性‧見性成仙：長春真人丘處機的修道思想〉，收於劉鳳鳴主編《丘處機與全真道——丘處機與全真道國際學術研討會論文集》，中國文史出版社，2008，頁100-113。
[308] 《丘處機集》，趙衛東輯校，齊魯書社，2005，頁177。
[309] 《丘祖全書節輯‧丘祖語錄》，收於蕭天石主編，《呂祖心法傳道集‧丘祖全書節輯合刊》，台灣自由出版社，1998，頁264-265。
[310] 耶律楚材，《玄風慶會錄》，收於《長春真人西遊記》，黨寶海譯注，河北人民出版社，2001，頁155-156。
[311] 〈警世〉，《磻溪集》卷三，《道藏》第二十五冊，頁825。
[312] 〈示眾〉，《磻溪集》卷四，《道藏》第二十五冊，頁830。

人憂苦無常之生命，若欲求得一個安頓，務須明辨道俗之分，「向物外觀照人間」[313]，逆俗返道，苦志虔心，勤行不懈，若修到與道合真之至樂境界，就是憂苦生命徹底安頓之處，此即「為何要出家修道」這一問題的終極答案。

七、急頓法門：天帝教的昊天心法

天帝教於民國六十九年（西元 1980 年）建立於台灣，奉天帝為教主，人間不立教主，以李玉階先生為駐人間首任首席使者。天帝教之修煉法門，其正式名稱為「法華上乘直修昊天虛無大道自然無為心法」，簡稱「昊天心法」，此法直修昊天虛無大道，不同於道門傳統煉精化氣、煉氣化神、煉神還虛依序修煉之法，而近於文始派之功法，亦是「直修煉神還虛」的頓法。

（一）源起與發展

靜坐是修道煉法之根本[314]，天帝教之修持法門亦稱「中國正宗靜坐」，有其源起與發展。

早在天帝教建立之前，李玉階先生即於民國六十七年（西元1978 年）於台北成立「中華民國宗教哲學研究社」。[315]民國六十八年（西元 1979 年）四月先於「中華民國宗教哲學研究社」之宗教學術講座中主講「中國正宗靜坐」兩場，之後於七月份開辦

---

[313] 〈上丹霄〉其三，《磻溪集》卷五，《道藏》第二十五冊，頁 836。
[314] 《宇宙應元妙法至寶》，帝教出版社，1992 新版，頁 82。
[315] 《天帝教復興簡史》，帝教出版社，1997 修訂版，頁 43。

「中國正宗靜坐班」第一期，至天帝教建立（西元 1980 年）前已開辦四期。在早期的靜坐傳授中，既有傳統道家的丹鼎大法，也有一部分是法華上乘昊天心法。[316]在早期靜坐班中，最初亦曾依傳統修法守竅一段時間，以助初入道者去妄想止念。直到七十二年（西元 1983 年）第九期靜坐班起不再守竅，此即是從有為法轉入無為法，是自然無為的一種頓法。[317]次年（西元 1984 年）才正式宣布天帝教之修持法門為：「法華上乘直修昊天虛無大道自然無為心法」。「法華上乘」是指最高的上帝昊天心法；「直修」是直接修煉「煉神還虛」工夫；「昊天虛無大道」即宇宙大道或上帝真道；「自然無為心法」是指在修持時不假絲毫人為的力量與意念，全在修一己真陽之炁，以接天地真陽之炁。此法門簡稱「昊天心法」，又稱「法華上乘昊天心法」，或稱「法華上乘正宗靜坐」。

　　「中國正宗靜坐」可溯源至黃帝[318]，不過「法華上乘昊天心法」直至民國二十六年（西元 1937 年）才正式降到人間。[319]時值李玉階先生華山修煉時代，歷時八年，除了修煉道家傳統丹鼎大法之外，業已進入昊天心法之修煉。至七十七年（西元 1988 年）而有「帝教法華上乘昊天心法與急頓法門靜坐修煉體系總說明」，系統而綱要地表解天帝教修持法門之大義。八十年（西元 1991 年）先生親自闡述「法華上乘昊天心法」，依照「帝教法華上乘直修昊天虛無大道自然無為心法」與「帝教法華上乘昊天心法與急頓法門靜坐修煉體系總說明」逐段詳為講解，經門人紀錄整理成稿，而有「帝

---

[316] 參見《帝教法華上乘昊天心法》，天帝教極院，1998，頁 2。《宇宙應元妙法至寶》，頁 29。

[317] 《宇宙應元妙法至寶》，頁 16。

[318] 《靜坐要義》，帝教出版社，1992 再版，頁 11。

[319] 參見《帝教法華上乘昊天心法》，頁 59。

教昊天心法與急頓法門體系總說明十二講」，這可以說是對天帝教
修持法門最詳盡的解說。[320]

（二）靜坐修道之目的

　　天帝教修行的核心可以概括為兩件事：一是闡揚教義，傳佈宇
宙大道；二是返本還原，直修昊天虛無大道自然無為心法。[321]要言
之，就是研讀教義與老實打坐這兩件事。此外，天帝教精神教育的
主要目的，在追求宇宙人生的究竟。[322]天帝教教義《新境界》就在
於闡明宇宙人生的究竟。闡明宇宙人生的究竟，終極而言，其目的
是要安頓吾人生命之究竟問題，亦即了斷生死。修道的目的就是要
了斷生死。[323]而「法華上乘昊天心法」就是上帝安排了斷生死的捷
徑。[324]研讀教義是理入，老實打坐是行入，理行二入並進，勤持不
懈，終能究竟解決生死問題。李玉階有言：

> 地球上自有人類以來，大家所關心而得不到究竟的問題，是
> 生命的來源、生命的歸屬、生命的究竟為何？歸結起來就是
> 生與死的問題。凡是生物都是必生必滅，這是宇宙造化的原
> 理。有生有死，死而復生，是一個輪迴，一個究竟，所以生
> 死是一件大事。而天帝教就是要告訴同奮，生從哪裡來？死
> 到哪裡去的生命究竟。[325]

[320] 李玉階十分自豪地說：「自有人類以來講靜坐、講打坐、講丹道，沒有一個人
再比我講的清楚，我可以講這種豪語。」（《帝教法華上乘昊天心法》，頁268。）
[321] 《天人學本》，天帝教極院，1999，頁181。
[322] 《師語》，帝教出版社，2005再版，頁227。
[323] 《帝教法華上乘昊天心法》，頁224。或參見《師語》，頁139。
[324] 《宇宙應元妙法至寶》，頁71。
[325] 《涵靜老人言論集》（一），帝教出版社，2005，頁231。

依天帝教教義，人的生命由和子（精神、性靈）與電子（物質、軀體）所構成。死亡就是和子與電子之分離，人死（身體死亡）之後即成和子，隨即進入靈的境界（靈界）。所謂「靈界」，即生物逝世後所進入之無形的境界。[326] 人死之後進入靈界之和子又分兩種，一為自由神，另一為自由和子。自由和子即生前沒有經過修煉之和子，此為一般所稱之「鬼」。因其生前不修，沾染太多陰電子，其體沉重，又不合在靈界生存之條件（無功德、無智能，因其不修之故），而淪為飄蕩無常之悲慘命運。自由神則是生前有修之和子，因其有修而所沾染之陰電子較少，體質清輕活潑，得在靈界之中自由飛旋而無所苦，命運大不相同。修道的目的在了斷生死，也就是要在生前培養死後在靈界生存的條件，修行之基礎即在於「當其生前，即陽電勝於陰電」[327]。生前若不修，死後已無能為力，注定輪迴之命運。生前有修死後成自由神者，死後仍得以繼續修持精進，上達更高之境界。[328]

總而言之，天帝教之終極關懷在於藉由靜坐修道究竟解決生死問題。現實關懷，如化延核戰毀滅劫、保台護國、兩岸和平統一，諸此種種，究其實仍在祈求創造一個足可修道的安定環境，以利靜坐修行，得以究竟解決生死問題。對該教而言，其中化延核戰毀滅劫更是重要而急迫之根本大事，因為在傳統戰爭中死去的人，其性靈（和子）未受傷害，只是肉體上的死亡，並非絕對的滅亡。但在核子戰爭中，性靈則隨同肉體一起毀滅，是絕對的死亡，是真正徹底的毀滅。若是如此，還談什麼靜坐修道、了斷死生。

---

[326] 《新境界》，帝教出版社，2000 三版，頁 69。

[327] 《新境界》，帝教出版社，2000 三版，頁 72。

[328] 和子之存在有其不同等級，從普通和子、自由神、天君、聖、天尊、仙（菩薩）、佛而至 上帝，共有八級。除 上帝至尊之境界外，其餘各級皆可由人類努力奮鬥而修成。參見《新境界》，頁 73-78。

有了可以修道的環境之後，重點就放在老老實實地靜坐修道。「昊天心法須透過行入方能體悟」[329]，修道須理行並入，然只有行才能真正最後達到修道的目的，所以說：「靜坐是修道煉法之根本」，甚至可以說：「靜坐就是道」[330]。

（三）昊天心法

天帝教的靜坐法門就是「昊天心法」，關於靜坐，李玉階言：

> 靜坐不但是「養生之道」，而且是「回天之道」。所謂「回天之道」就是不在五行中，跳出三界外，了斷生死，不再輪迴，回到 上帝身邊的大道。[331]

靜坐是「養生回天之道」，在人道上可以健康長壽、長生不老，在天道上則是返本還原的回天之路，了斷生死。是故，唯有透過靜坐方能真正達到修道的目的。

天帝教之靜坐是「直修昊天虛無大道自然無為心法」，這是依天道自然無為法則而修煉，不守竅，不調息運氣，不聚氣而氣自聚，不勞神而神還虛，進而達超神入化、形神俱妙之境界。「昊天心法」最關鍵的就是「直修」二字。所謂「直修」，倒底是修什麼？就是超越煉精化氣、煉氣化神兩個步驟，逕修煉神還虛，即是以昊天祖炁修煉精氣神。那麼「直修」如何修？直修的總原則是「性命雙修」，具體實踐就是做好五門基本功課。[332]每天在做五門基本功課，就是

---

[329] 民國八十五年四月二十七日台南市初院十週年慶，代理首席使者李維生之致辭。見《天帝教復興簡史》〈附錄二〉，頁 51。

[330] 《靜坐要義》，頁 42。

[331] 《涵靜老人言論集》（二），帝教出版社，2005，頁 195。

[332] 天帝教信徒之五門基本功課為：（一）力行人生守則（廿字真言），（二）反

在修煉性功、命功的功夫，「就是天天在直修」[333]。直修的要訣是自然無為，亦即「修持時不假絲毫人為的力量與意念，全在修一己真陽之炁，以接天地真陽之炁。」[334]直修之所以可能的基礎為何？直修的必要條件在於「點道」（打開無形天門）與「默運祖炁」（接引上帝靈陽真炁），這是天帝教修煉昊天心法的關鍵所在。[335]所謂「點道」與「默運祖炁」，就是接引上帝的靈陽真氣，根據該教的說法，如此才能直修昊天虛無大道自然無為心法。李玉階特別強調，此一動作只有天帝教法華上乘才傳授，世界上任何一個道門、教都沒有，這是昊天心法殊勝之處。[336]昊天心法之大義概如上述，其具體的修持功夫進路，其要旨分述如下：

（1）調身

調身之法，與傳統靜坐法大體相同，但有某些細節上的差異。[337]此一步驟，包括上坐前之準備動作、上坐中的動作與下坐時之動作。[338]

省懺悔，（三）誦唸皇誥、寶誥，（四）填具奮鬥卡，（五）打坐。

[333] 《帝教法華上乘昊天心法》，頁101。

[334] 《宇宙應元妙法至寶》，頁19。

[335] 《宇宙應元妙法至寶》，頁49。

[336] 《帝教法華上乘昊天心法》，頁19。

[337] 參見《宇宙應元妙法至寶》，頁34-37。

[338] 調身之法其細節如下：（一）上坐前準備動作：1.處理大小便。2.在家中打坐須擇空氣流通之靜室。3.不戴眼鏡、手錶及金屬類之手飾物品。4.點香一炷。5.在光殿、家中均需行禮如儀。（二）上坐中之動作：1.雙腿伸直，雙手放膝蓋，用力往後板腳掌。2.雙眼看兩腳大拇指，貫念首任首席使者之形容，默唸廿句真言三、五、七遍。3.挺胸抬頭。4.收腿交叉坐下，調穩坐姿。5.誦唸口訣（昊天護身神咒、靜參訣、化身蓮花偈、金光局、上天梯）各三遍。6.作深呼吸。用鼻吸氣慢慢引入丹田，稍停一會再呼氣，並用意將氣送至兩足心湧泉穴而出，如是三至五次。7.叩手印放在下丹田處。8.

（2）煉心

　　「煉心」，依「帝教法華上乘昊天心法與急頓法門靜坐修煉體系總說明」〈其二〉中之所述，乃屬性功之修煉，其內容為：「立志希聖希賢，做好道德行為上之修養，以教則、教約規戒身心，將此一顆凡心、人心煉得不動，煉得一無所有。」[339]此看似一般修心養性之功夫，然天帝教之煉心並不僅止於此，還要滌除玄鑒，盡除心垢，使心鏡一塵不染，一心不亂，達到定靜忘我之境界。當此之時，心靜到極點，吾人身中陰濁之氣得以排出，氣機發動，自身真陽之氣就會提昇。排除一分陰濁之氣，即可培養一分一己真陽之氣，同時即可吸收一分上帝的靈陽真炁，在體內調和運化，自然竅開關通。這才是煉心的終極目的，也就是直修的根本所在——全在修一己之真陽之氣，以接引上帝的靈陽真炁。如此方可直修昊天虛無大道，超越煉精化氣、煉氣化神而直接修煉煉神還虛。煉心完完全全是在配合修煉昊天心法最關鍵之默運祖炁，否則若不是無法接引上帝的靈陽真炁，就是接引下來的靈陽真炁無法發揮調和運化之作用，若真如此，則是功盡唐捐，白費工夫了。

　　煉心確是昊天心法之基本功夫，其下手處必須把握「心無所住，一切放下，放下一切；心無所注，一切不想，不想一切」之原則。天帝教要求其信眾平時做的四門基本功課，事實上都是煉

舌尖微舐上顎，不用力。9.眼睛半開半閉，或隨個人習慣全開或全閉。10.默運祖炁。（三）下坐之動作：1.張開雙眼，解開手印。2.雙手放膝蓋上靜默兩三分鐘，使氣回流各歸其位。3.雙手摩擦十五遍以上，依序按摩眼角、太陽穴、玉枕骨、前胸、督脈、命門、腰部、肩膀、兩腿膝蓋。4.雙腳伸直用力扳腳掌。5.唸廿字真言三遍。6.整裝下坐。7.行禮。
[339]《宇宙應元妙法至寶》，頁23。

心的功夫，而在靜坐時則要經常保持將睡未睡、似覺不覺身心放鬆的狀態。

（3）煉元神與修封靈

昊天心法，依天帝教之說法，乃是上帝針對三期末劫的時代所特別傳授之急頓法門，他並不是修煉肉體成丹至而陽神冲舉，而是修煉封靈的法門。[340]修煉封靈成功，便是成就身外之身，即可了斷生死，永生共存，才算真正完成修道的終極目的。修封靈以煉元神為基礎，元神不同於後天之識神，它是從母體先天帶來的。[341]煉元神的操作方式，最重要的是必須得助於先天之炁（祖炁）加以溫養，還有原靈之相助，以促成元靈之修煉。因此也需要其他輔助條件之配合[342]：

---

[340] 《天人學本》，頁 272。所謂「三期末劫」，是道家（教）有關於宇宙生成變化的歷史觀。「三期」者，乃指宇宙循環運行會運之劫。宇宙由始至終為一元。一元有十二會，分子、丑、寅、卯、辰、巳、午、未、申、酉、戌、亥十二會。一會又分三十運。一運又分十二世。一世三十年。如此宇宙歷經十二會，共十二萬九千六百年，為宇宙之終始。自鴻蒙開闢，天地分成，至午會陽極而陰生，天地萬物又漸漸關闔而毀滅成混沌。到下元子會又生陽，再創下元之世。然每會之間因氣運之變化，而有數期之劫運。此三期劫運者，即青陽、紅陽、白陽也。劫者災也，指天地萬物所受之災難。所謂「三期末劫」，是指人類目前所處的時代是屬於三期中最後一個劫運，即白陽劫。三期末劫又分行、清、平、春、康、同六個階段，每個階段所經歷的時間長短不定。

[341] 煉元神所做功夫之步驟如下：1.靜坐時，默唸口訣後，叩手印前，用鼻吸氣送入丹田，吸氣要慢、勻、深。2.氣在丹田溫養一會。3.用鼻吐氣，並意念在丹田之氣，慢慢從丹田而下，分別貫穿雙膝從腳底湧泉穴而出。4.如是做法，連續三、五、七、九遍，少則三遍。（《宇宙應元妙法至寶》，頁 68。）

[342] 《宇宙應元妙法至寶》，頁 69-71。

1. 發大願力，引來先天一炁，配合自然無為心法，勤參法華靜坐。

2. 信心不惑，奉行四門功課。

3. 正心誠意，持之有恆，不畏艱難，奮鬥不懈。

以上三點之目的都在於提昇奮鬥的熱準，與無形有更好的親和感應，以裨益上接先天之炁與原靈合體，而有助於元神之修煉。

昊天心法是修煉封靈的法門，煉元神是修封靈的基礎，主要在加強命功之鍛煉，促進煉精化氣、煉氣化神二關之超越，以助直修煉神還虛之功。修煉元神有成，昊天就有一股正氣加持於吾人元神之中，此加持於吾人元神中之昊天正氣就是封靈原種（或稱無形金丹）。元神中有此封靈原種，是為修封靈之基礎，進一步方得以修煉封靈，否則就如空鍋煮水，白費工夫。修煉封靈之道，亦不外勤修法華上乘正宗靜坐，持續不斷犧牲奉獻，培功立德，最後終將成就身外之身，了斷生死，永生共存，徹底解決生命之究竟問題。

（四）救劫急頓法門

昊天心法是「頓法」中的「急頓法門」。「頓法」是指直修煉神還虛之功夫，「急頓」之「急」是時間上的急，直指人類當前危急之處境，也就是說，人類毀滅浩劫之危機迫在眉睫，是非常緊急的時刻。「急頓法門」者，即化解此毀滅浩劫危機之應急法門，這是因應非常時代的特殊修行法門。急頓法門應世之時代因緣，李玉階先生言：

> 過去道家在肉體上用功夫，從陰神修至陽神，不知要下多少時間苦功，其中困難重重，所以說「修道者車載斗量，成道

者鳳毛麟角」。現因氣運到了三期末劫開始，地球上人類的
命運危在旦夕，時間、環境根本不許可人類在在肉體上用功
夫，同時天上為了搶救三期末劫，還需要培養更多的仙佛參
與救劫的行列，為了壯大靈界救劫力量，　天帝頒下昊天救
劫急頓法門，修煉封靈，成就立地仙佛，希望來應付未來的
局面發展，所以我今特別強調：急頓法們是只有三期末劫出
現才有的救劫特殊法門。[343]

急頓法門乃因應三期末劫之救劫法門，故又稱為「應元救劫急頓法
門」。這倒不是說傳統之修持法門無效，而是在時間上來不及了。因
為人類命運危在旦夕，時間上十分危急，已不允許以傳統方式修煉。
救劫急頓法門則不在肉體上用功夫，直接修煉封靈，希望能夠在更
短時間內立地成就封靈。這一方面是上帝在非常時代中所特別安排
之了斷生死的捷徑，另一方面則是為了應世救劫所需，封靈成就之
後即能參與救劫行列，以補仙佛不敷分配之需，壯大救劫力量。是
故，依天帝教教義，急頓法門之必要性實有其重大的時代意義。

（五）與文始派頓法之比較

一般人修習靜坐，依南懷瑾先生之見，其動機不外三類：十分
之七為了健康長壽；十分之二為了好奇而求玄妙，或者想得到神
通；十分之一的人為了求道，而真正了解道是什麼，修道的正法又
是什麼，則幾乎是萬難得一。[344]依天帝教之法門，靜坐乃「養生回

---

[343] 《宇宙應元妙法至寶》，頁 78。
[344] 參見南懷瑾，《靜坐修道與長生不老》，老古文化事業公司，1982 九版，
頁 47。

天之道」，在人道上可以去病延年、健康長壽，在天道上則是了斷生死的回天之路。了斷生死是修道的終極目的，靜坐係修道的方法之一，修習靜坐即是步入修道之途的起手功夫。

修道之方則不外漸法與頓法。漸法是依煉精化氣、煉氣化神、煉神還虛三關一關一關循序而修，頓法之修持則超越煉精化氣、煉氣化神二關，直修上關煉神還虛，不在肉體上用功夫，故依頓法而言，修道即修心。頓法直修還虛之功，以求虛心契道之境。虛心之功有賴於清心寡慾之日損功夫，於此可稱其為漸修，然契道之際則是豁然貫通之立頓。究其實，「頓」有二義，其一，直修上關以兼下二關謂之頓；其二，契道是指當下體悟道的渾淪一體亦謂之頓。就前一義言，在修煉中，亦需歷經煉精化氣、煉氣化神竅開關通之過程，這根本上亦屬漸修，此頓只是指其直接修煉最上一關，然亦有漸進之歷程。依關尹子所言，道在言前意外渾淪一體，契道只能頓入不能漸修。然而頓契大道亦無法憑空而降，漸修即是為頓契大道而做的準備功夫，勤行不懈，一旦豁然貫通，自然水到渠成，頓契大道。所以必要的功夫還是要做的，尤其是煉心，因頓法直修煉神還虛，已不在肉體上用功夫之故。煉心功夫可溯源老子滌除玄鑒、見素抱樸、少私寡欲、致虛守靜的虛心之教。文始派講去識無執、虛心若鏡，天帝教要人清心寡慾、一切放下、一切不想，二者實皆可以老子為共同法源。

依蕭天石先生之評述，因其法理曲高和寡，歷代修習文始派者寥若辰星，故此法門沉寂不興。另一因素是修文始派之虛無大道，全在修一己真陽之炁，以接天地真陽之炁，盜天地虛無之真機，以補我神炁之真機，故下手最難。[345]「修一己真陽之炁以接天地真陽之炁」此為頓法修煉之要訣，天帝教亦然，不過文始派僅留下了要

---

[345] 參見蕭天石，《道家養生學概要》，自由出版社，2000 八版，頁 102-103。

訣，高則高矣，然虛無飄渺，確實令人茫然，不知何從起手。天帝
教之昊天心法急頓法門則明確地指出四點下手方法[346]：

（1）不守竅。

（2）不調息運氣。

（3）舌尖輕舔上顎。

（4）不執著於某一處，心無所住，一切放下，心無所注，一
切不想。

李玉階更是信心堅定地說：

> 天帝教的靜坐功夫很容易，簡單易行，只要照上述方法坐下
> 去，什麼都不用管，最後一定會豁然貫通。各位靜坐現在不
> 必管它通了什麼脈、什麼經，這都是著相，心理一想就著相，
> 所以什麼都不要想，自然就會貫通。[347]

　　文始派之修持法門為頓法，天帝教之昊天心法則是頓法中的急
頓法門。二者皆是直修煉神還虛之功夫，但天帝教特別強調急頓之
義，在於彰顯其對當前人類之時代困境的一種深層關懷。其中尤以
核子毀滅戰爭的威脅，這一危機最為急迫，此為關尹子時代不必面
對的困境，在此特別突顯天帝教急頓法門的時代意義。

　　天帝教急頓法門與文始派頓法之殊異處，在於天帝教特有的
「點道」與「默運祖炁」。文始派之頓法雖也是直修煉神還虛，全
在修一己真陽之炁以接天地真陽之炁。但如何能接？必須達到煉氣
化神自行衝破天門，方能接引天地真陽之炁，而要修至衝破天門，
可能是終其一生路途漫漫之事。而天帝教之修持則是先打開天門
（點道），以接引上帝之靈陽真炁（默運祖炁），配合勤修靜坐、時
時煉心，排除身中陰濁之氣提昇一己之陽炁，同時吸收上帝之靈陽

---

[346] 《宇宙應元妙法至寶》，頁 16-18。
[347] 《靜坐要義》，頁 39。

真炁，即可與之自然運化。這是直修之所以可能之基礎，也是天帝教急頓法門的關鍵所在。

八、結語：觀天之道・執天之行

哲學家威廉詹姆斯（W. James，1842-1910）將宗教界定為：「一種對於不可見的秩序（unseen order），以及人的至善（supreme good）就在於將自身與此秩序調整至和諧狀態的信仰。」[348]宗教是對一種神聖不可見秩序之信仰，而個體將自身與此秩序調整至和諧狀態就是「至善」，這是人生最終的目的，也就是生命意義之所在。我們現在生活的真正意義正在於我們與這個看不見秩序的關係，此乃生命意義之真正所在，它還是人生幸福之根源，威廉詹姆斯說：

> 任何強烈擁有這種感受的人，自然而然地認為，就算是世界上最微不足道的細節，也因為與那不可見的神聖秩序之關係而獲得無限的意義。此一神聖秩序的思想給予他一種更高的快樂，以及一種無可比擬之靈魂穩定感。[349]

威廉詹姆斯的宗教觀竟如此契合道教之修道觀。[350]修道之終極意義即在於與道合真，長生久視，徹底了斷生死問題，使生命獲得真正的安頓——和諧至樂。

道經《陰符經》開經首句，開宗明義地指出修道之要訣：

---

[348] James, W.，*The Varieties of Religious Experiences：A Study in Human Nature*，Routledge，Centenary Edition，2000，頁 46。

[349] James, W.，*The Varieties of Religious Experiences：A Study in Human Nature*，Routledge，Centenary Edition，2000，頁 287。

[350] 關於威廉詹姆斯宗教觀的詳細討論可參見劉見成，〈尋找上帝：人性中的宗教關懷——威廉詹姆斯的宗教哲學〉，《宗教哲學》第 35 期，2007，頁 30-54。

　　　　觀天之道，執天之行，盡矣。[351]

修道須知道，「觀天之道」即在知道，觀而能知天道之奧妙，此夏元鼎謂之：「陰符聖經皆黃帝闡道秘言。」[352]「執天之行」即修道，依天道以行人道，率人道以合天道，即李涵虛所謂：「陰符以三才之理，萬化之基，定修煉之術。」[353]合而言之，即經文所云：「立天之道，以定人也。」能依此而知之修煉者，就是聖人。若能真正做到「觀天之道，執天之行」，就能了知天道之奧秘，掌握變化之機，竊陰陽五行之氣，奪造化之權，最後達到「宇宙在乎手，萬化生乎身」天人合一之境界。這其中最主要的關鍵就在於能觀能執。然何謂觀？何謂執？劉一明釋之云：「何謂觀？格物致知之為觀，極深研幾之為觀，心知神會之為觀，回光反照之為觀，不隱不瞞之為觀。何謂執？專心致志之為執，身體力行之為執，愈久愈力之為執，無過不及之為執，始終如一之為執。」[354]是故，觀天道就是要對天道運化之理能夠心領神會，於其幾深能徹底如實地掌握，此「理入」也；進而就是執天行，一依天道運化之理，乘機順時而為，慎始慎終，勤行不懈，此「行入」也。理行並入，方能窮盡修道之奧妙，跳出三界外，不在五行中，得以長生久視，故曰「盡矣」。

　　「觀天之道，執天之行」此二句即道盡修道思想之義蘊，無怪乎劉一明總結而言：「只此二句，即是成仙成佛之天梯，為聖為賢之大道。外此者皆是旁門曲徑，邪說淫辭，故曰盡矣。」[355]其說確

---

[351] 《黃帝陰符經》，《道藏》第一冊，頁 821。以下所引經文皆同引至《道藏》，不另作註。

[352] 夏元鼎，《黃帝陰符經講義》，《道藏》第二冊，頁 730。

[353] 李涵虛，〈陰符經纇解〉，收於徐兆仁主編《涵虛秘旨》，中國人民大學出版社，1993，頁 203。

[354] 清劉一明，〈陰符經注〉，收於《道書十二種》，北京圖書館出版社，2006 二刷，頁 478。

[355] 《道書十二種》，北京圖書館出版社，2006 二刷，頁 478。

為諦當。老子《道德經》中即直指「天道」、「人道」之分，「天道」所指為「本體義的道」，即以道為天地萬物之本根，此道化生萬物，乃萬物之宗。「人道」，是人所行之道。人所行之道，有合於天道者，亦有不合於天道者。合於天道之人道，稱為「聖人之道」；不合於天道之人道，則為一般之人道，就稱之為「常人之道」。依天道以行人道，率人道以合天道，此乃老子修道之義涵。《陰符經》「觀天之道，執天之行」之中心意旨實同於老子之論。無怪乎南宗祖師宋紫陽真人張伯端對此經推崇備至，將其與《道德經》並列為修道寶典，其詩云：「陰符寶字逾三百，道德靈文滿五千。今古上仙無限數，盡從此處達真詮。」（《悟真篇・其五十八》）[356]清悟元老人劉一明則譽之為「古今來修道第一部真經」[357]，自非虛言。

　　《陰符經》云：「聖人知自然之道不可違，因而制之。」聖人與天地合其德，不違自然之道，觀天道執天行，因而制定之，遵循天道即是安心立命之道，故依天道以立人道，而修道就是率人心以合天道。人心若合天道，人自身即安定，故經云：「立天之道以定人。」此即《周易・繫辭》推天道以明人事之義，文曰：「天地變化，聖人效之。天垂象，見吉凶，聖人象之。」[358]修道就是率人心以合天道，其功夫之要有二：一是盜天機，二為去人心。

　　盜天機者，天道運化有其定數機理，人若能於行之微處、動之兆時即把握天道變化之機微，順機得時而動，所謂時機成熟，自然無往不利，故經中云：「合其時，百骸理。動其機，萬化安。」故修道之鑰在於能盜天道之機，若能盜之（即人心能暗合默契天機而行，因其暗默而謂之盜），則能長生久視（固躬），得其機也；否則

---

[356] 王沐，《悟真篇淺解》（外三種），中華書局，1997 二刷，頁 123。

[357] 清劉一明，〈陰符經注〉，收於《道書十二種》，北京圖書館出版社，2006
　　　二刷，頁 477。

[358] 余敦康，《周易現代解讀》，華夏出版社，2006，頁 346。

（即違逆天機）就如沉水自溺、投火自焚般，自取滅亡（輕命），失其機也。故知機並順機得時而動，「合時動機」，攸關至要。何謂「機」？寋昌辰《黃帝陰符經解》釋之曰：「機者，天時地利也。」[359]又言：「機者，得失之變。」[360]「機」乃是天道自然對於人吉凶利害得失之變化，若無吉凶利害得失之評估，則天道自然之變化只是與人無關之事變，而不能稱之為機。[361]此義亦即《周易·繫辭》中所謂：「機者，動之微，吉之先見者也。」[362]盜天機者，即不以一己偏私之見，自做主意，奉天順時應機而行，隨任大道自然之運化。由此而言，盜天機者亦與去人心息息相關。

去人心者，天道運化，自然無為，無親至公。修道者體天奉行，故須盡去一己偏私之人心造作，不使有一毫私慾夾雜於方寸之中，人心死道心生，修道之功方得其全。經云：「九竅之邪，在乎三要，可以動靜。火生於木，禍發必克。奸生於國，時動必潰。知之修煉，謂之聖人。」李涵虛釋此經文，其義甚佳，其言曰：

> 九竅之邪，又以耳、目、口為三要。此三者，可以動，可以靜。靜則含眼光、凝耳韵、緘舍氣，三要反為三寶。動則色令人盲、音令人聾、味令人爽，三要適成三害。不見夫火乎？火生於木而反剋木，猶之視生於目，而反傷目。聽生於耳，而反傷耳。味生於口，而反爽口。又知奸生於國，靜則邪伏，動則邪潰也。若之動靜之機，主靜修煉，則可謂之聖人。[363]

---

[359] 《道藏》第二冊，頁762。

[360] 《道藏》第二冊，頁762。

[361] 參見丁培仁，〈天人之道遠而應近——寋昌辰《黃帝陰符經解》哲學淺析〉，收於其著書求實集》，四川巴蜀書社，2006，頁176。

[362] 余敦康，《周易現代解讀》，華夏出版社，2006，頁360。

[363] 徐兆仁主編，〈陰符經顯解〉，《涵虛秘旨》，中國人民大學出版社，1993，頁208-209。

心為性之發用，如火生於木。心之發用若依順天性則生全，此「心為道宗」也；若違逆天理則害命，此「心為禍本」也。故應知之修煉，禍發必剋，去人心存道心，則能長生久視。

　　經中又云：「心生於物，死於物，機在目。」目之所在，心亦從之，逐生愛惡，隨物生死。劉一明曰：「目之所見，心即受之，是心生死之機實在目也。」[364]故修煉之要在治目收心。初始功夫如老子所言：「不見可欲，使民心不亂。」（三章）南宗祖師張伯端言：「心求靜，必先制眼，眼為神遊之宅，神遊於眼，而役於心。故抑之於眼，而使歸於心，則心靜而神亦靜矣。目不亂視，神返於心。神返於心，乃靜之本。」[365]進而要能夠「見可欲而心不亂」，最終要達到莊子所謂的「至人境界」：「用心若鏡，不將不迎，應而不藏，故能勝物而不傷。」（〈應帝王〉）心如明鏡，寂然不動，感而遂通，事至則應，事過則休，喜怒哀樂過即不留。張伯端曰：「鏡能察形，不差毫髮，形去而鏡自鏡。蓋事至而應之，事去而心自心也。」[366]

　　總結而言，「觀天之道，執天之行」，則修道之事盡在其中矣！

---

[364] 〈陰符經注〉，收於《道書十二種》，北京圖書館出版社，2006 二刷，頁 484。
[365] 張伯端，〈玉清金笥青華秘文金寶內煉丹訣〉，收於王沐，《悟真篇淺解》（外三種），中華書局，1997 二刷，頁 230。
[366] 同上。

第三章

入世與出世：道教的修道人生

一、引言

　　當吾人呱呱墜地之後，就是一「在世存有」（being-in-the-world）。「在世存有」，這是對存在於此世界的人類生命的一個客觀陳述，它所彰顯的是人類生命存在的一個最根本的事實，而為一切思考、論述的基礎、起點。無論是解釋此一「在世存有」如何而有，還是指出此一「在世存有」何去何從，均奠基於此根本事實。

　　人生苦短，幾十寒暑如白駒過隙，與憂俱生，隨死而息，大限難逃，不可預期。如此在世存有，如何安身立命？無論「如何」，都是一種面對在世存有的人生態度，那是對此在世存有的一種自覺反思之後所做的的價值選擇，因此所形成的人生信念，在此人生價值信念主導之下的實踐行動，也就是對此在世存有的生命安頓之道。不同的價值選擇即呈顯對在世存有的不同看待方式，因而形成不同的生命態度，引發不同的行動策略，進而乃構成不同的生活方式。

　　一般以為儒家是積極入世的，他們關切現實人生，提出修齊治平之道，樹立立德、立言、立功所謂「三不朽」之人間事業。儒者以天下興亡為己任，殺身成仁捨生取義，疾沒世而名不稱焉。宋大

儒張載傳誦千古之「橫渠四句」：「為天地立心，為生民立命，為往聖繼絕學，為萬世開太平」，正彰顯了儒家關懷人間、積極入世的偉大志向。佛教以人生為一大苦海，欲離諸苦，證入涅槃而永脫輪迴，故主張離塵出世而歸淨土。道教則要人培功立德，修性煉命，得道成仙。既要上與造物者游，獨與天地精神相往來，亦要和光同塵，不遣是非與世俗處，換言之，「既出世又入世」，或說「半出世半入世」[1]，或言「即世而不入世，避世又不出世」[2]。

以上那些對儒釋道三家之大體而言的概括性論述，均有其立論依據，基本上並非妄言。雖非妄言，然而細究之下卻顯得不夠精確，因為它們忽略了諸多有意義的重要環節。例如，儒家雖說積極入世，然孔子亦有「天有道則見，無道則隱」（〈泰伯〉）之言；佛教雖說消極出世，但它也有地藏王菩薩「地獄不空，誓不成佛」濟度眾生的大乘精神；道教雖說是要超凡成仙，不受世間憂苦而得長生不死逍遙自在，但也主張「仙道貴生，無量度人」[3]，呂純陽祖師即有「度盡眾生方才升天」之悲願。[4]長春真人丘處機更以七旬高齡，萬里跋涉遠赴雪山成吉思汗營帳，進言「敬天愛民」之旨，「一言止殺」，拯萬民於戰火塗炭之中，實乃道教大乘精神慈善德行之典範。凡此種種皆須做詳細之梳理剖析，不可一概而論，以免義理不彰。

---

[1] 參見呂鵬志，《道教哲學》，文津出版社，2000，頁171。

[2] 參見任繼愈主編，《中國道教史》（上卷），中國社會科學出版社，2001，頁205。

[3] 《太上洞玄靈寶元始無量度人上品妙經》（敦煌本），張繼禹主編，《中華道藏》（第三冊），華夏出版社，2004，頁328。

[4] 《呂祖本傳》記載：「上帝詔鍾離權為九天金闕選仙使，拜命訖，謂呂曰：『吾即昇天，汝好住世間，修功立行，他日亦當如我。』呂再拜曰：『嵒志異於先生，必須度盡眾生，方肯上升也。』」見蕭天石主編，《呂祖心法傳道集‧邱祖全書節輯》（合刊），自由出版社，1998，頁102。

二、入世與出世：兩種人生態度

在嚴格的意義上說，人的在世存有即是「入世」──進入這個世界而活在世上（出生），當人結束存在而不再活於世上時，就是真正的「出世」──離開這個世界而不再是一在世存有（入死）。要言之，出生即入世，入死即出世。然而，當吾人仍是一「在世存有」而又言「入世／出世」之時，則另有其特殊意義。此時所謂「入世／出世」之實質內涵，乃指一種面對在世存有的人生態度，如引言中所述：儒家入世、佛教出世、道教半入世半出世，即是就此義涵而論說。

吾人生命的存在，亦即在世活著，乃是當下的事實。而人作為亞里斯多德（Aristotle，384-322 B.C.）所說的「理性的動物」，生而自然求知，活著自然會思考生命，追問人生，存在要如何活，此乃人的自然本性。正如古希臘哲學家蘇格拉底（Socrates，ca.470-399 B.C.）的諄諄較誨：「未經考察的生活是沒有價值的」[5]。活著而有值不值得的價值衡量，這是對存在的哲學反思，其目的在於確立自己值得活的生命（a life worth living）──「真正重要的事情不是活著，而是活得好」[6]。從「活著」到「活得好」，這就是對在世存有之存在反思的價值選擇之後，所建立起來的人生信念。不同的價值選擇也就形成了不同的人生信念，亦即彰顯了對在世存有的不同看待方式、應對之道，從而形成不同的人生態度，而不同的人生態度亦將構成不同的生活方式。「入世」與「出世」，基本上，也就是

[5]　柏拉圖，〈申辯篇〉，王曉朝譯，《柏拉圖全集》（第一卷），人民出版社，2002，頁27。
[6]　柏拉圖，〈克里托篇〉，同上書，頁41。

一種對在世存有的價值判斷與選擇所形成的不同人生態度，因而也是不同生活方式的選擇。

「世」即「世界」之義，其指有二，其一指宇宙。《淮南子·齊俗》：「往古今來謂之宙，四方上下謂之宇。」世指時間，界指空間，世界即宇宙之義。如《楞嚴經》所言：「何名為眾生世界？世為遷流，界為方位。汝今當知，東、西、南、北、東南、西南、東北、西北、上、下為界，過去、未來、現在為世。」其二則泛指人所存在的空間為世界，謂人的「在世存有」，即是就此義上說，一般又稱為「世間」或「人間」。而此「世間」或「人間」，又大都特別是指人存在於其中的社會文化空間。依此而言，「入世／出世」即指面對人類社會文化的兩種不同的人生態度，「入世」是指積極參與社會事務，追求在社會中的功成名就；「出世」的態度則是對社會事務消極、不熱衷，甚至遠離社會，歸隱山林，過一種閒雲野鶴般，不問世事的生活。這是一般大眾對其所處社會文化所採取的兩種不同態度，它們凸顯了不同的生命價值取向。然而，「入世／出世」這一對概念若是應用於宗教信徒身上，則另有一番重要的意涵。但在進一步談論宗教信徒「入世／出世」的人生態度之前，有必要先行闡述宗教信徒的「兩重世界觀」，此大大不同於一般社會大眾的「一重世界觀」。而此不同的世界觀於談論宗教信徒的「入世／出世」時深具意義且至為關鍵。

三、神聖與凡俗：宗教徒的兩重世界觀

依法國社會學家涂爾幹（Emile Durkheim，1858-1917）的說法，所有已知的宗教信仰，都表現出一個共同的特徵，即把整個世界劃分為神聖的與凡俗的兩大領域。[7]因而，涂爾幹將宗教定義為：

> 宗教是一種與既與眾不同又不可冒犯的神聖事物有關的信仰與儀軌所組成的統一體系。[8]

但神聖與凡俗並非是一種純粹高低的等級差異，它們卻是截然不同而又勢不兩立的「異質性」事物，而這種「異質性」，涂爾幹則特別強調是「絕對的」。[9]神聖與凡俗的這種絕對異質性與一般所言善與惡、疾病與健康的對立，性質完全不同。善與惡只是同屬一類，即道德領域中兩個彼此對立的事物；而疾病與健康也是同屬一類，即吾人生命的兩種不同狀態。神聖與凡俗的這種絕對異質性極為徹底，二者因而形成一種名副其實的對立、互斥，就像迥然不同而無法同時共存的兩個世界。也就是說，只有徹底離開此一世界，才能完全進入另一個世界。因此，宗教要求其信徒們徹底鄙棄凡俗的世界，以便能夠進入宗教生活的神聖世界。[10]

---

[7] 涂爾幹，渠東、汲喆譯，《宗教生活的基本形式》，上海人民出版社，1999，頁 42-43。

[8] 涂爾幹，渠東、汲喆譯，《宗教生活的基本形式》，上海人民出版社，1999，頁 54。涂爾幹認為，構成宗教有兩個不可或缺的要素，其一是神聖事物，其二是教會。那些與神聖事物有關的信仰與儀軌，將所有信奉它們的人結合匯集在一個被稱之為「教會」的道德共同體之內，因而宗教明顯是集體的事物，這是其宗教社會學的基本立場：宗教是社會的產物。

[9] 涂爾幹，渠東、汲喆譯，《宗教生活的基本形式》，上海人民出版社，1999，頁 44-45。

[10] 涂爾幹，渠東、汲喆譯，《宗教生活的基本形式》，上海人民出版社，1999，

另一方面，涂爾幹也反對將神聖事物簡單地理解為那些被稱為神或精靈的人格性存在，他主張：

> 一塊岩石，一棵樹，一泓泉水，一枚卵石，一段木頭，一座房子，簡言之，任何事物都可以成為神聖的事物。[11]

為何說「任何事物都可以成為神聖的事物」？涂爾幹認為，神聖與凡俗雖然是絕對異質性的兩種截然不同的事物，但兩者之間可以互相轉換。這種轉換是一種質的轉化過程，涂爾幹說：

> 當實現這種轉換的方式一經產生，就會從本質上將兩個領域的雙重特性顯露出來。事實上，這是一種真正的變態過程。[12]

涂爾幹進一步以許多民族都存在的成年禮儀式來說明這種從凡俗到神聖的轉換過程，他說：

> 人最初在純粹的凡俗世界裡度過了自己的孩童時代以後，開始脫離這個世界，邁入神聖事物的世界。[13]

在此一轉換過程之中，發生了「連續性的斷裂」，一個人從凡俗的存在狀態轉變成一個神聖的存在狀態，從凡人成為宗教人。

當代著名的宗教思想史家伊利亞德（Mircea Eliade，1907-1986）亦將神聖與凡俗視為這個世界上的兩種存在模式，而這是在歷史進

頁46。

[11] 涂爾幹，渠東、汲喆譯，《宗教生活的基本形式》，上海人民出版社，1999，頁43。

[12] 涂爾幹，渠東、汲喆譯，《宗教生活的基本形式》，上海人民出版社，1999，頁45。這裡所謂的「變態」，當然不是指一般所謂心理不正常的邪惡狀態，而是指一種異質性的根本變化或說存在樣態的質變。

[13] 涂爾幹，渠東、汲喆譯，《宗教生活的基本形式》，上海人民出版社，1999，頁45。

程中被人類所接受的兩種存在狀況。[14]一個宗教徒的生命便是生活在一個神聖與凡俗的雙重世界中，伊利亞德說：

> 他自然地作為人類的存在；同時他又分享著一種超越人類的生命，即宇宙的或者是諸神的生命。[15]

也就是說，人類的生命具有神聖與凡俗的雙重存在模式。不過，伊利亞德強調：「神聖是世俗的反面」[16]，而且「宗教徒只能生活在一個神聖的世界之中，因為只有在這樣的世界中他們才能參與存在，才能享有一個真正的存在。」[17]在宗教中，這種從凡俗到神聖的存在轉化，是對作為生物人的自然生命狀態的超越，其重大意義在表達了一種關於人類存在的特殊理念，伊利亞德說：

> 當人類被出生時，他並不是完整的，他必須被第二次出生，這種出生是精神性的。他必須經歷一個從不完美的、未成熟的狀態轉變到一個完美的、成熟狀態的過程才能成為一個完整的人。[18]

這種存在的轉化是在本體論地位上的一種質的徹底改變，伊利亞德特別強調，只有經歷這種本體論上的轉化才能成就一個真正完整的人，他說：

> 要想成為一個真正意義上的人，他必須終止他的第一個（自然）的生命，然後再次出生為一個更為高級的生命。[19]

---

[14] 伊利亞德，王建光譯，《神聖與世俗》，〈序言〉，華夏出版社，2003，頁5。

[15] 伊利亞德，王建光譯，《神聖與世俗》，華夏出版社，2003，頁95。

[16] 伊利亞德，王建光譯，《神聖與世俗》，〈序言〉，華夏出版社，2003，頁2。

[17] 伊利亞德，王建光譯，《神聖與世俗》，華夏出版社，2003，頁30。

[18] 伊利亞德，王建光譯，《神聖與世俗》，華夏出版社，2003，頁104。

[19] 伊利亞德，王建光譯，《神聖與世俗》，華夏出版社，2003，頁108。

這也就是說：

> 一個人直到他超越了，在某種意義上講摒棄了他的「自然」
> 的人性之後，他才能成為一個完整的人。[20]

因為神聖是凡俗的反面，所以「對精神生命的進入總是需要對世俗狀態的中止，這樣一個新的生命才會緊隨其後而生。」[21]因此，在從凡俗到神聖的轉換過程中，必然發生涂爾幹所說的「連續性的斷裂」，只有經歷此一「本體的轉化」（ontological transformation）[22]，一個凡俗的自然生物人才有可能成為一個神聖的宗教人（homo religiosus），這可以說是每一個宗教信徒（religious believer）的終極生命理想。

在上述理念背景的理解基礎上，我們依此進一步論述宗教信徒「入世／出世」的人生態度。就一個宗教徒的信仰終極關懷而言，宗教的理想生活必然是「出世」的，也就是說，要出離凡俗的世界而亟求入住神聖的世界。但任何宗教徒畢竟還是一個身處凡俗世界中的在世存有，既然仍活在此世間，即有不可廢棄之諸多世俗繁雜事務的應對進退，以及在超凡入聖的過程中之種種分辨取捨所應遵循的言行規範，那是生命存在自身本有自然的內在需求，以及回應其身處一特定社會文化之不得不然，也是捨凡入聖之必經途徑。因此，在追求從凡俗到神聖的生命轉化過程中，雖說其最終取向必然

---

[20] 伊利亞德，王建光譯，《神聖與世俗》，華夏出版社，2003，頁 108。

[21] 伊利亞德，王建光譯，《神聖與世俗》，華夏出版社，2003，頁 117。

[22] 「本體的轉化」是相對於「現象的變化」（phenomenological change）而說。現象的變化只是一種外在形式上的具體改變，並無相應的內在變化。就像隨著歲月的推移，人皆有身體上的成長，但這並不隨之而自然帶來心理的成熟以及靈性的圓滿。人們也會因為生下小孩而成為父母，但並不會隨此角色的改變就自然成為一個稱職的父母。相對而言，本體的轉化是指生命在本體論地位上的一種徹底的改變，或者說從一種存在方式到另一種存在方式根本上的質的轉換，而不只是外在現象上的改變。

是直面神聖的出世心志，但也同時必須要有關注凡俗的入世情懷。正如涂爾幹、伊利亞德一再強調的觀點：神聖與凡俗是絕對異質性的對立事物，如此，一方面，在世的凡俗生活與神聖的追求相對反；另一方面，作為在世存有的凡俗生活又不可避免。因而在捨凡入聖的轉換過程中，就必然要面臨聖凡衝突的種種問題，這點在宗教徒的終極關懷中，是既根本又關鍵的一大挑戰，一切的功夫修持、戒律儀軌均環繞此核心要務而開展，並由此而形成宗教信徒特殊的「入世／出世」觀。

四、「入世／出世」之義涵：道教修道的觀點

「得道成仙」是道教的核心信仰，成仙是一個道教信徒所追求的宗教理想，而得道則是成仙之所以可能的大前提，是故仙以道為基礎，欲成仙必先修道，修而得道方能成仙。一個道的信仰與奉行者，就稱之為「道士」。《道典論》卷二引《太上太霄琅書經》之言曰：

> 人行大道，號曰道士。士者何？理也，事也。身心順理，唯道是從，從道為士，故稱道士。[23]

《太上洞玄靈寶出家因緣經》言：

> 道士者，謂行住坐臥，舉心運意，唯道為務，持齋禮拜，奉戒誦經，燒香散花，燃燈懺悔，佈施願念，講說大乘，教導眾生，發大道心，造詣功德，普為一切，後己先人，不雜塵勞，唯行道業。[24]

---

[23] 張繼禹主編，《中華道藏》（第二十八冊），華夏出版社，2004，頁353。
[24] 張繼禹主編，《中華道藏》（第四冊），華夏出版社，2004，頁265。

道士「唯道是從」、「唯道為務」、「唯行道業」，然而「道」之實質所指為何？所謂「道」，有「天道」，有「人道」，這是道教的雙重世界觀，天道是神聖的世界，人道則指凡俗的世界。道士的唯「道」是從，此「道」所指就是神聖的天道。《黃帝內傳》：「凡奉天道者曰道士」[25]，這是對道士比較精確的定義。一個道士「唯道是從」、「唯行道業」，也就是一般所稱的在世修道，其實質內涵說的是「奉神聖的天道以行凡俗之人事」。由人而修煉得道成仙，即是一個捨凡入聖的轉換過程，依天道以行人事，治人道以入天道。在此由人而仙的轉換過程中，產生一種存在連續性的斷裂，「失人之本」[26]，「變質同神」[27]，生命此時有了質的轉化，境界的提升，「超凡入聖，脫質為仙」。

　　一個道教信徒追求「得道成仙」，這是一個捨凡入聖的轉化過程，就此宗教理想而言，它必然是出世的──「出」凡俗的世界。但在達到此終極目標之前，他則是在世修道以求成仙。作為一個在世修道者，也就是一個道士，一方面它必須回應世俗的人道要求，一方面又必須依天道而修行，由此乃形成不同的修道態度與方式。《太上洞玄靈寶出家因緣經》即言：「士者，事也，事有多少，學致差殊，凡有七階，俱稱道士。」[28]七階道士及其特質分別為：

　　　一者天真，謂體合自然，內外淳淨。
　　　二者神仙，謂變化不測，超離凡界。

---

[25] 轉引自《中國道教大辭典》，台灣東九企業（出版）有限公司，1999，頁1178。

[26] 《抱朴子內篇・對俗》，王明撰，《抱朴子內篇校釋》，中華書局，2002 五刷，頁52。

[27] 司馬承禎，《坐忘論》，《道藏》（第二十二冊），文物出版社，上海書店，天津古籍出版社，1988，頁897。

[28] 張繼禹主編，《中華道藏》（第四冊），華夏出版社，2004，頁265。

三者幽逸，謂含光藏輝，不拘事累。

四者山居，謂幽潛默遁，仁者自安。

五者出家，謂捨諸有愛，脫落囂塵。

六者在家，謂和光同塵，抱道懷德。

七者祭酒，謂屈己下凡，救度厄苦。[29]

《一切道經因義妙門由起·妙門由起序》在此基礎上將道士區分為「出世型」與「入世型」兩大類：

> 道士立名凡有七等：一者天真、二者神仙、三者幽逸、四者山居、五者出家、六者在家、七者祭酒。其天真、神仙、幽逸、山居、出家等，去塵離俗，守道全真，跡寄圜中，不拘世務；其在家、祭酒等類，願辭聲利，希入妙門，但在人間，救療為事。……所以稱之為道士者，以其務營常道故也。[30]

天真、神仙、幽逸、山居、出家等屬於「出世型道士」，他們「去塵離俗，守道全真，跡寄圜中，不拘世務」；在家、祭酒則屬「入世型道士」，他們「願辭聲利，希入妙門，但在人間，救療為事」。但不論「出世型」還是「入世型」，道士之所以稱之為道士，乃因其「務營常道」之故，亦即依天道之常而行事。雖然兩種類型的道士對待人間事務的態度是不同的，但二者均是「唯道是從」。「出世型道士」雖然去塵離俗，但卻是「守道全真」；「入世型道士」雖在人間，卻是「希入妙門」。無論出世還是入世，重點在於修道——依「天道」而修，「出世」與「入世」乃是修道的兩種態度或方式。長春真人丘處機嘗言：

---

[29] 張繼禹主編，《中華道藏》（第四冊），華夏出版社，2004，頁265。

[30] 張繼禹主編，《中華道藏》（第五冊），華夏出版社，2004，頁603。

> 修真慕道，須憑積功累行。若不苦志虔心，難以超凡入聖。
> 或於教門用力，大起塵勞，或於心地下功，全拋世事，但克
> 己存心於道，皆為致福之基。[31]

丘祖所謂「教門用力，大起塵勞」，指的就是入世修煉、在塵積功；
而「心地下功，全拋世事」，則是離塵修心，心地下功；只要能夠
「克己存心於道」──即「唯道是從」，則二者都是修道致福的可
行方式。《洞玄靈寶道學科儀》中言：

> 凡是道學，當知有所修行，或行之在心，或行之在事，莫不
> 以齋靜為先，立德之本，求道之基。[32]

道士修行，或「行之在心」，或「行之在事」。

《唱道真言》中言：「上士學道，體之於身；中士學道，索之
於言；下士學道，求之於術。」[33]學道多方，或體之於身，或索之
於言，或求之於術，然殊途同歸，以隨緣應機為要，修道亦然。由
於修道之人根器悟性各有不同，修道之方自然不可定於一尊，拘於
一途，而應隨機取道分徑，使人人皆能同歸仙果。《太玄真一本際
妙經》即言：

> 下士小心，常畏諸塵之所染污，故入巖阜林藪之間，避諸穢
> 惡，靜然端拱，修寂滅行。上士在世，不畏塵勞，雖居世間，
> 無所染污，猶如珠如玉，體性明淨，處智慧山，依無相野，
> 是名善解山栖之相。[34]

---

[31] 《真仙直指語錄》〈長春丘真人寄西州道友書〉，張繼禹主編，《中華道藏》
　　（第二十七冊），華夏出版社，2004，頁82。

[32] 張繼禹主編，《中華道藏》（第四十二冊），華夏出版社，2004，頁48。

[33] 丁福保編，《道藏精華錄》（第三卷），北京圖書館出版社，2005，頁379。

[34] 張繼禹主編，《中華道藏》（第五冊），華夏出版社，2004，頁212。

金王志謹則謂：

> 修行之人，性有利鈍。性鈍者不可堅執，宜住叢林，低下存
> 心，與達理明心底人結緣，緣熟自然引領入道，漸次開悟。
> 若自性鈍滯，又無見趣，每日常與同類相從，交結塵俗，塵
> 境緣熟，久必退道。[35]

清和尹真人則說：

> 直指人心地下功夫，全拋世事，此最上根人行的。[36]

修道之人應充分瞭解自己的根器利鈍，選擇相應而有利於自己的
修道方式，以免事倍功半或勞而無功虛度光陰，修道不成，反誤
了今生。

　　修道人一旦功行圓滿，就能得道成仙，出世解脫。但一個得道
者並不會停留在個人出世解脫的自了上，面對尚未了生脫死的芸芸
苦難眾生，他必然而有重返凡間再入世濟世人的慈悲情懷，此正
如張三豐所言：「神仙有度人之願！愛人之量！救人之心！」[37]人
依道以修煉成仙而得以出世解脫，仙亦因道而返俗入世無量度人，
這才真正是道的信仰與奉行。

　　總結而言，道教信徒以修道成仙為宗教理想：想得道成仙是追
求出世解脫；成仙前則必須在世修道，而修道之方則有出世、入世
之別；得道成仙後則有入世度人之志。依此，「入世／出世」之義，
就道教修道的觀點而言，其義有二，其一指修道的兩種不同態度或

---

[35] 《盤山棲雲王真人語錄》，張繼禹主編，《中華道藏》（第二十六冊），華夏
　　出版社，2004，頁792。

[36] 《真仙直指語錄》〈清和尹真人語錄〉，張繼禹主編，《中華道藏》（第二十
　　七冊），華夏出版社，2004，頁91。

[37] 《水石閒談》，《張三豐太極煉丹秘訣》（卷六），新文豐出版公司，1993一
　　版二刷，頁268。

方式，其二則指得道成仙的應世態度或心境與化世度人的情懷。[38]
以下依次分述其義。

五、「出世修行」：修道的出世態度

　　修道之所以要採取出世的態度，其中最主要的原因在於「道與
俗的絕對異質性」。道與俗異的觀點，早在老子《道德經》中便有
類似的看法，經文中對「為道日損」與「為學日益」做出了明確的
分判。他認為，修道的原則是「為道日損」，它與世俗人間學問技
藝「為學日益」的方法正相反。老子更指出一個修道之士與世俗之
人的心態相去甚遠，他說：

> 眾人熙熙，如享太牢，如春登臺。我獨泊兮，其未兆；沌沌
> 兮，如嬰兒之未孩；儽儽兮，若無所歸。眾人皆有餘，而我
> 獨若遺。我愚人之心也哉！俗人昭昭，我獨昏昏。俗人察察，
> 我獨悶悶。眾人皆有以，而我獨頑似鄙。我獨異於人，而貴
> 食母。（二十章）[39]

---

[38] 有學者指出：「道教成仙信仰的內容，大體包含不出世與出世兩個層次。二
者表現出兩種大相逕庭的人生價值觀。不出世的成仙信仰，謂肉體長生乃
至不死，永享人間幸福。……出世的成仙信仰，指肉體或陽神離開人世，
永遠存於天上或世外的仙山仙島。」（卿希泰主編，《道教與中國傳統文化》，
第二章〈道教的基本信仰與教義〉，福建人民出版社，1990，頁 29-30。）此
說僅從成仙之道果上立論，「不出世的成仙信仰」留在人間繼續享福，「出
世的成仙信仰」則企求上升天界或方外逍遙。二者所表現出的是兩種大相
逕庭的人生價值觀，但都是對憂苦世間的一種出世解脫，只是取向與方式
不同。另外，如此論述基本上雖說沒錯，但似乎忽略了一個要點，亦即一
個得道成仙者再入世濟度眾生的大乘精神，卻把仙說成了像似自私自利只
圖一己享福、自在逍遙的自了漢。而且，此說也忽略了「出世」、「入世」
作為修道不同工夫進路的重要意涵。

[39] 引自陳鼓應，《老子今注今譯》，北京商務印書館，2006，頁 140。「俗人察

在這段自白中，老子以「我」與眾人（俗人）對舉，眾人「熙熙」
（縱情奔欲、興高采烈）、「有餘」（財奢智詐）、「昭昭」（光耀自炫）、
「察察」（嚴厲苛刻）、「有以」（刻意有為）；而老子作為一個修道
之人則是「泊兮」（淡泊不顯耀）、「沌沌兮」（淳樸渾全）、「儽儽兮」
（漫不經心）、「若遺」（若有不足）、「昏昏」（養晦不爭）、「悶悶」
（淳樸敦厚）、「頑似鄙」（天真頑皮若愚）、「貴食母」（重本逐末）。
眾人熙熙攘攘，皆為口腹、聲色之欲（如享太牢、如春登臺），故
而背道離真，而「為道者」則是淡泊而不炫耀，保持如嬰兒未笑之
時純樸渾全之本真狀態（沌沌兮如嬰兒之未孩）。「儽儽兮，若無所
歸。」，「儽儽」正相對於「熙熙」之汲汲營營，意指漫不經心之狀。
此皆異於俗人之處，十分明顯。司馬遷評述老子之學曰：「老子修
道德，其學以自隱無名為務。」[40]「自隱無名」即相對於「顯名於
世」的態度，遠離世俗，韜光養晦，從事修道。

　　老子道俗相異的思想，在其後繼者莊子身上有進一步的開展，
且更為鮮明。在莊子眼中，現實之中存在兩個世界，即大知與小知
的世界、真知與俗見的世界、真人與俗人的世界，要言之，即神聖
的天道世界與凡俗的人道世界。在有關渾沌的寓言中[41]，莊子暗示
了此小知俗見的俗人世界是一個「開了竅的世界」，這個為視聽食
息而「開了竅的世界」卻破壞了生命本真的「渾沌世界」，進而加
速了本真生命的敗亡。此一「開了竅的世界」，依莊子看來，充其

察，我獨悶悶。」句後有「澹兮其若海，飂兮若無止。」文句，依陳鼓應先
生之意，移至第十五章。

[40] 《史記・老子韓非列傳》，大申書局，1982，頁 2141。

[41] 「南海之帝為儵，北海之帝為忽，中央之帝為渾沌。儵與忽時相與遇於渾
沌之地，渾沌待之甚善。」儵與忽謀報渾沌之德，曰：『人皆有七竅以視聽
食息。此獨無有，嘗試鑿之。』日鑿一竅，七日而渾沌死。」（〈應帝王〉），
郭象注、成玄英疏，《南華真經注疏》，中華書局，1998。以下莊子引文皆
用此書，只列篇名，不另作注。

量不過是「泉涸，魚相與處於陸，相呴以濕，相濡以沫」般處境堪憐的世界，去「相忘於江湖」的自在世界甚遠。這兩個世界之分，就是莊子「天道」與「人道」之別。莊子以天道無為而尊，人道則是有為而累，故以天道為主，以人道為臣，莊子基本上是以一種「麗姬悔泣」的心情看待此人道世界。[42] 以如是的方式觀照此世界，則此世界是個應該被超越的對象，故能超越那以諸多行為規範「相呴以濕，相濡以沫」的世俗情境，而能達至「魚相忘於江湖」般自在逍遙的境界。這是莊子「天人之分」的最終結論──捨人就天。捨人就天，不以人滅天，莊子稱之為「反其真」（〈秋水〉）。反其真者，即是「真人」。反之，一個人若是「喪己於物，失性於俗者，謂之倒置之民」[43]。（〈繕性〉）真人「以天待之，不以人入天」（〈徐無鬼〉），莊子謂此為「法天貴真」：

> 禮者，世俗之所為也；真者所以受於天也，自然不可易也。
> 故聖人法天貴真，不拘於俗。愚者反此。不能法天而恤於人，
> 不知貴真，祿祿而受變於俗，故不足。（〈漁父〉）

禮是「世俗之所為」，所代表的就是俗世中的種種外在行為規範，「真者，精誠之至也」（〈漁父〉），乃秉受於天之自然法則，「真者，所以受之於天也，自然不可易也。」（〈漁父〉）此處所稱「聖人」，即反其真之「真人」。真人不為俗所拘，法天貴真而反其真也。一般愚俗之人不識小大之辨、不明天人之分，只能受變於俗，無以超脫。受變於俗的「倒置之民」，追求俗世之所尊、所樂者，如：富貴、壽善、身安、厚味、美服、好色、音聲等；逃避俗世之所下、所苦

---

[42] 「麗姬悔泣」之事見於〈齊物論〉：「麗之姬，艾封人之子也。晉國之始得之也，涕泣沾襟，及其至於王所，與王同匡牀，食芻豢，而後悔其泣也。」

[43] 「倒置之民」又稱「蔽蒙之民」：「繕性於俗學以求復其初，滑欲於俗思以求致其明，謂之蔽蒙之民。」（〈繕性〉）

者，如：貧賤、夭惡、身不得安逸、口不得厚味、形不得美服、
目不得好色、耳不得音聲等。然所尊所樂者總有所不得，而所下
所苦者亦總無所逃，樂之不得，苦之不去，總是個憂苦的人生。(〈至
樂〉) 此一世俗世界，雖有所尊所樂者，然根本上仍是個「與憂俱
生」(〈至樂〉) 的世界，「終身役役而不見其成功，苶然疲役而不
知其所歸，可不哀邪！」(〈齊物論〉)。莊子慨嘆人生在世是活受
罪，猶如受刑，有外刑——外在的磨難，也有內刑——內在的煎
熬，而只有真人才能免乎外內之刑。(〈列御寇〉) 此憂苦之生命，
吾人若欲求得一個安頓，依莊子之見，其要即在於深明「天人之
分」，不以人滅天，捨人就天，由人道復反其天道自然之真，「與
天和者也」(〈天道〉)。此實則莊子修道思想之理據與工夫之所在。
與天和者，莊子謂之「天樂」(〈天道〉)，相對於伴有憂苦的「人
樂」(俗樂)，天樂乃無苦之至樂。能遊乎至樂者，謂之至人。(〈田
子方〉) 莊子謂：「得道者，窮亦樂，通亦樂，所樂非窮通也。」
(〈讓王〉) 得道者窮通皆樂，無所不樂，此為「天樂」，可名之「道
樂」，乃無待逍遙之樂。是故，吾人若能修至與道合真之至樂境界，
就是生命徹底安頓之處，此即修道之終極目的，這是捨凡入聖的
生命轉化過程。

　　道的理想與世俗的追求是相背反的，道既與俗異，故要修道也
就必須離俗，甚至歸隱山林，避開凡俗世界種種不利於修道的干
擾。「仙」古字亦作「仚」或「僊」。「仚」是入山、人在山中之貌；
「僊」是遷入山中之意。二者皆有遷入山中，歸隱修道之意。但為
何一定要入山才能修道呢？魏晉南北朝時神仙道教的倡導者葛洪
曾自述說：

　　　　余所以絕慶弔於鄉黨，棄當世之榮華者，必欲遠登名山，成
　　　　所著子書，次則和神藥，規長生故也。俗人莫不怪予之委桑

梓，背清塗，而躬耕林藪，手足胼胝，謂予有狂惑之疾也。
然道與世事不並興，若不廢人間之務，何得修如此之志乎？[44]

「道與世事不並興，若不廢人間之務，何得修如此之志」，「道與俗反」這就是最大的原由。成仙的追求與世俗的價值取向相背反，「殊趣異路」，故須反其道而行，其又言曰：

> 仙人殊趣異路，以富貴為不幸，以榮華為穢污，以厚玩為塵壤，以聲譽為朝露。[45]

> 夫有道者，視爵位如湯鑊，見印綬如縗絰，視金玉如土糞，睹華堂如牢獄。[46]

是故，要修道就必須背棄礙道之種種俗事塵勞之累，亦即「棄交遊，委妻子，謝榮名，損利祿，割燦爛於其目，抑鏗鏘於其耳，恬愉靜退，獨善守己，謗來不戚，譽至不喜，賭貴不欲，居賤不恥」[47]，故葛洪總結此義說：

> 山林之中非有道也。而為道者必入山林，誠欲遠彼腥羶，而即此清靜也。[48]

---

[44] 《抱朴子內篇・金丹》，王明撰，《抱朴子內篇校釋》，中華書局，2002 五刷，頁 86。

[45] 《抱朴子內篇・論仙》，王明撰，《抱朴子內篇校釋》，中華書局，2002 五刷，頁 15。

[46] 王明撰，《抱朴子內篇校釋》，中華書局，2002 五刷，頁 19。

[47] 《抱朴子內篇・塞難》，王明撰，《抱朴子內篇校釋》，中華書局，2002 五刷，頁 139。

[48] 《抱朴子內篇・明本》，王明撰，《抱朴子內篇校釋》，中華書局，2002 五刷，頁 187。

道既與俗反，修道者之所以必入山林，就在於遠離世俗紛雜的煩擾，
「遠彼腥羶，而即此清靜」，如此乃有利於修道之進程與功行的提升。

　　這種修道的出世態度到了王重陽創立全真道之時，乃發展為一
種特殊的方式，並形成一種制度──「出家修道」。王重陽開宗立
教之本旨，在於修心見性，功行兩全，證真成仙。與傳統道教最大
不同的是，王重陽將絕俗出家入道作為修行的始初條件，《重陽立
教十五論》之第一論即首揭出家住庵之法。[49]在〈唐公求修行〉的
七言詩中，王重陽闡述了為何要出家住庵修行的理由：

> 修行切忌順人情，順著人情道不成。
>
> 奉報同流如省悟，心間悟得是前程。
>
> 道修真非草草，時時只把心田掃。
>
> 悟超全在絕塵情，天若有情天亦老。[50]

王重陽認為世俗中的名利情欲都是修行的障礙，基於這種天人相
分、道俗相違的理念，他本身就是拋妻棄子、離家修道，這種作法
同樣地也表現在對馬丹陽夫婦分梨十化的教化上。梨者離也，他用
「分梨」暗喻馬丹陽夫婦要捨斷塵緣，拋家棄子，彼此分離，各自
修道。[51]王重陽還告誡說：「凡人修道，先須依此十二字，斷酒色
財氣、攀緣愛念、憂愁思慮。」[52]修道之人必須與世俗生活中的愛
戀、習氣等一刀兩斷，徹底隔絕。其中，「斷」之一字下得甚重，
顯示修道與塵世俗緣之不可妥協性，故修道必須絕塵世斷俗緣，方

---

[49]　《王重陽集》，白如祥輯校，齊魯書社，2005，頁275。

[50]　《重陽全真集》，《王重陽集》，白如祥輯校，齊魯書社，2005，頁41。

[51]　關於「分梨十化」的詳細分析，可參見蜂屋邦夫，欽偉剛譯，《金代道教研
究──王重陽與馬丹陽》，中國社會科學出版社，2007，頁166-169。

[52]　《重陽教化集·化丹陽》，《王重陽集》，白如祥輯校，齊魯書社，2005，頁
239。

能克盡其功。馬丹陽承繼了其師王重陽離俗出家修道的教化，有詩詞云：

> 休言在俗做修行，休說家中非火坑。[53]
>
> 欲求家道兩全美，怎悟寂寥一著甘。
>
> 莫待酆都追帖至，早歸物外住雲庵。[54]

他嚴厲地駁斥在塵俗家中的修行方式，「欲求家道兩全美」是根本不可能的事。長生子劉處玄亦言：「真崇至道，與世顛倒。」[55]〈丘祖訓文〉中記載，丘處機勸告後學門人，自當閒處揣心，思考一個根本的問題——「出家者所為何耳？」[56]為何要出家修道？嚴肅地思考並認真地回應此一問題，乃修道大根大本之所在。丘處機言：「修真慕道，須憑積功累行。若不苦志虔心，難以超凡入聖。」[57]修真慕道出家修行，是因為看破塵緣及輪迴生死之苦而企盼超凡入聖，獲得生命的真正安頓。此非易事，若不明志，不下苦志虔心，勤而行之，斷難成就。丘處機即言：

> 夫學道修真者，如轉石上乎高山，愈高愈難，跬步顛沛前功俱廢。以其難為也，舉世莫之為也。背道逐欲者，如擲石下乎峻坡，愈卑而愈易，斯須隕墜，一去無回，以其易為也。故舉世從之，莫或悟也。[58]

---

[53] 〈寄蒲城陸德寧〉，《洞玄金玉集》卷之三，《馬鈺集》，趙衛東輯校，齊魯書社，2005，頁65。

[54] 〈道友問在家能修行否〉，《洞玄金玉集》卷之三，《馬鈺集》，趙衛東輯校，齊魯書社，2005，頁98。

[55] 《仙樂集》〈述懷〉，《譚楚端・劉處玄・王楚一・郝大通・孫不二集》，白如祥輯校，齊魯書社，2005，頁109。

[56] 《丘處機集》，趙衛東輯校，齊魯書社，2005，頁177。

[57] 《丘祖全書節輯・丘祖語錄》，收於蕭天石主編，《呂祖心法傳道集・丘祖全書節輯合刊》，台灣自由出版社，1998，頁264-265。

[58] 耶律楚材，《玄風慶會錄》，收於《長春真人西遊記》，黨寶海譯注，河北人

常人順情隨欲，如擲石下坡，故易；修道乃制情逆欲以返道本，如轉大石上高山，故難。修道既為逆俗違欲之難事，故修道須先辨志，明辨道俗順逆之別，以立虔心進道之志，否則志一差即墮邪徑，此其所以為首要之務。「離塵脫俗出家修行」於是就形成了爾後全真教派的修道文化傳統。

在道教發展史上與全真道分庭抗禮的正一道，雖並不嚴格要求其教眾出家修行，但仍相當明確地抱持修道的出世態度。明代天師張宇初在《道門十規》中即明白表示，出家仍是修道深根徹底的方式，其言曰：

> 凡出家之人，上離父母之親，下棄祖宗之嗣，志在出世離塵，必當以超脫幻化了悟生死為心。苟若仍前汩迷塵網，晝夜奔波，無有出期，與俗何異？經曰：學道之士，以清靜為本，睹諸邪道，如睹仇讎；遠諸愛欲，如避臭穢。除苦惱根，斷親愛緣，是故出家之後，離情割愛，捨妄歸真。必當以究明心地，修養性天為務。……務居山林岩洞，人跡稀絕之地。草衣木食以養生，巢居穴處以守道。[59]

在世俗中存在太多對修道不利的干擾，「家」似乎是一種根本的深層障礙。出家「居山林岩洞，人跡稀絕之地」，意在「離情割愛」、「斷親愛緣」，以求「究明心地，修養性天」，其終旨則是「除苦惱根」、「捨妄歸真」。《雲笈七籤》〈卷九十一，七部名數要記部〉稱此為「寡」——「去妻離子，獨與道游」[60]。出家之旨即在出世離塵而「獨與道游」。

民出版社，2001，頁 155-156。

[59] 《道藏》（第三十二冊），文物出版社，上海書店，天津古籍出版社，1988，頁 150-151。

[60] 〔宋〕張君房纂輯，蔣力生等校注，《雲笈七籤》，華夏出版社，1996，頁 557。

「出家」之「家」，一般皆是指以婚姻血緣為主的家庭關係。《道門十規》云：「凡出家之人，上離父母之親，下棄祖宗之嗣。」《洞真太上太霄琅書》云：「出家者，辭親遣愛，孤影獨棲，或在山林，或住里巷。」[61] 所指皆是此義之家──「恩愛之家」。然「出家」之義，並不僅指出離此「恩愛之家」。宋賈善翔編集《太上出家傳度儀》引《真一本際經》言曰：

> 夫出家者，義趣甚深，利益洪遠。出家有二種：一者恩愛，二者諸有。始學之人，既值明師，志能勤苦，執事奉承，餐受妙訓。若在居家，父母妻子愛累相纏，如處囹圄，不得自在，適意從容，遠近隨師，詢請玄業。故告父母，請別妻子，捨離居室，遠遊山林，依憑道舍，棄俗服玩，黃褐玄巾，捨世榮華，隨緣告乞，廣建福田，惟道是務，是名初出恩愛之家。既出家已勤行齋戒，免離三途，信根已立，學靜入世，離三界愛，登入九清，是名出諸有之家也。[62]

此言出家有兩個階段，先出「恩愛之家」，捨棄世事塵緣，惟道是務；再出「諸有之家」，勤行齋戒，離三界愛，登入仙境。

「出家」之深義，《太上洞玄靈寶出家因緣經》析之甚詳。其論，出家有三義：一曰出家，二曰入道，三曰捨凡。所謂出家，家有二義：一者恩愛之家，二者諸有之家。何謂入道？道有二種：一者道境，二者道體。何謂捨凡？凡有兩種：一者凡境，二者凡身。凡總此三者，名為道士。其詳細內容引述如下：

> 所謂出家，**家有二義：一者恩愛之家**，謂父母恩愛、眷屬恩愛、兄弟恩愛、姐妹恩愛、男女恩愛，共相纏縛，繫戀在心，

造諸惡業，種種貪著，令生煩惱，不得自在，修正真道，今出此家，永斷恩愛，常得自在，念道無為。**二者諸有之家**，謂我此身，五陰四大，聚集相成，處在世間，妄生染著，六根三業，廣構諸塵，世境攀緣，造眾惡業，色聲香味，煩惱淨心，弊穢既生，輪迴生死，不能解脫。永劫沉淪，世世生生，受非人類，今知身非身，不淨臭穢，膿血聚合……今出此家，永斷煩惱，觀身空假，諸境洞然，運想舉心，皆歸至道，體神入妙，煉質歸無，不死不生，永證常樂，故曰出家。

何謂入道？**道有二種：一者道境**，謂玄壇靈觀，山林靖治，樹下花園，清靜無為，不交凡世，身登此地，面對真容，口誦靈文，無諸囂雜，燒香禮拜，行道誦經，講說大乘，專精守一，棄彼俗境，入此道場，陶煉心形，必至常樂，克成真聖，證果玉清，湛然常住。**二者道體**，謂端身靜慮，觀想內身，省察己形，達觀諸物，同為有待，俱是空無……熟看世界，念念無常，好體我身，誰為真者，當知假合。既備因緣，聚散須臾，豈能常住，當須存三守一，煉質成真，常與道同，免其生死，常樂我淨，證果道場，轉此漏身，名為入道。

何謂捨凡？**凡有兩種：一者凡境**，謂天地日月，山河石壁，草木蟲魚，一切眾生，皆是有物，暫生暫滅，即破即壞，消散少時，不可耽著，染穢我身，當知三界，悉為空假，並能捨棄，永絕貪求。**二者凡身**，謂我此身，眼、耳、鼻、口、身、肉、皮膚、手足、毛髮、百骸、九竅，總相聚合，名之為人。究竟尋求，人無有處，生老病死，念念無常，不淨臭穢，暫時依倚，何須執著，而有是非。彼我殺生，偷盜邪淫，放蕩嫉妒……種種攀緣，流浪色身，貪著香味，常聚金寶……一旦形化灰塵。今捨我身，息諸貪著，眼斷諸色，耳斷諸聲，

鼻斷諸香，口斷諸味，意斷諸法，身斷諸欲，乃至六根、六
識、六欲、六賊、六入、六染、六塵，更相因起，三十六緣，
諸惡根本，並皆捨棄，澄清一心，永斷煩惱，故曰捨凡。[63]

《太上洞玄靈寶出家因緣經》所言出家之義實可歸結為二：一是出
離身外之家，包括經中所言之恩愛之家、凡境；二是出離作為一個
生物人自然本性之一身之家，包含經中所言之諸有之家與凡身。出
家之旨在入道，入道之義亦有二：一是入道境，棄彼污濁俗境，入
此清靜道場；二是入道體，端身靜慮，觀想內身，煉質成真，常與
道同。經云出家有三義，其理則歸一，出家即捨凡入道也。

世俗的酒色財氣、攀緣愛念、憂愁思慮，加上人性的種種無明
偏頗，這一切都會導致惑心害性，違道背真，因而造成修道的牽累
與障礙。道俗不同的絕對異質性，造成二者之間不可避免的衝突對
立，取此則失彼，無以兩全。元終南山道士王元暉引前真言而提問：

人身賤羅綺，口飫珍饌，目惑邪色，耳亂鄭聲，所慕者榮華
富貴，日就沈溺，焉知天地間有玄妙乎？[64]

陶弘景更指出世情之羈絆，非但有礙道業，且必禍殃其身，其言曰：

夫人繫於妻子寶宅之患，甚於牢獄桎梏。牢獄桎梏會有原
赦，而妻子情慾，雖有虎口之禍，己猶甘心投焉，其罪無赦。
情累於人也，猶執炬火逆風行也，愚者不釋炬火必燒手。貪
慾、恚怒、愚癡之毒處人身中，不早以道除斯禍者，必有危
殆，愚癡者火燒手之謂也。[65]

---

[63] 張繼禹主編，《中華道藏》（第四冊），華夏出版社，2004，頁 264-265。

[64] 《太上老君說常清靜經註》，張繼禹主編，《中華道藏》（第六冊），華夏出
版社，2004，頁 62。

[65] 吉川忠夫、麥谷邦夫編，朱越利譯，《真誥校註》，中國社會科學出版社，

世俗之情累與人性之無明偏頗（貪慾、恚怒、愚癡），需以修道之方式予以轉化，「以道除斯禍」，避禍致福，生命方得安頓。道門常言：「人心死，道心生。」此說正是修道之出世態度的最佳寫照。

六、「入世修行」：修道的入世態度

依修道的觀點，「入世」可以是修道者不同於「出世」的修行方式，也可以是得道者的處世態度、應事心境，或一種悲天憫人之濟世度人的慈善情懷。

道與俗二者具有絕對的異質性，基於此特質，世俗事務就成了修道的根本障礙，要入道就需捨凡。是故，出世理應是修道唯一可行的必然方式。若是如此，那麼入世的修道方式，其可能性的基礎何在？其性質又如何？此中道理自有闡明之必要。

作為一個修行的道士，最重要的行動規範當然就是「唯道是從」，一切依天道而行。但道士仍是一個在世存有，必須回應無法迴避的生命基本需求與在修仙過程中所面臨的種種人道問題，諸如天人衝突、道俗相違以及財侶法地與修道息息相關的實質問題。在衣、食、行、住、坐、臥、人際應對、事物處理等等這些不可廢棄之俗務上，必須採取某種恰當的態度，以利修道的進行，而不致成為修道的障礙，這也就是「入世修行」所關切的基點。既在世存有，就有存在的內在基本需求，一種活下去的生命責任，而活著才能修道。在修道從人而仙的生命超越上，應將之轉化為向上提升的堅實基礎，而不要變成向下拉扯的干擾或阻撓的因素。在此只要滿足生活上基本的存在需求即可，切不可因過度的貪求而造成生命不必要的額外負擔，從而構成修道上更大的阻擾。人生在世一日，人道即

2006，頁 207-208。

不可免，既不可免，即應使之轉化為修天道的助力而非阻力。全真七子之玉陽子王處一有詩云：「興修須假眾因緣，故向人間立福田。」[66]此即「入世修道」的核心精神所在，其實踐主要表現在兩個要點上：少私寡欲的心性轉化與行善積德的人格提升。

老子提出了「為道日損」的修道原則，修之所損，乃日損其一己情欲妄念之造作，損之又損，以至於反璞歸真的合道自然，亦即老子所謂的「復歸於嬰兒，復歸於無極，復歸於樸」（二十八章）的生命狀態。致虛守靜則可視為「為道日損」的具體功夫，依此用功，勤行不斷，自然能復歸於嬰兒、復歸於無極、復歸於樸，「嬰兒」、「無極」、「樸」都是老子用來形容返本復初、與道渾一之虛靜境界。這是老子的「虛心之教」，透過「滌除玄鑒」（十章）的功夫，盡除心中情欲妄念等心垢，達到虛靜清明的境界，即能觀復知常，體道合真而沒身不殆。修道功夫的此一過程，恰與一般人之心馳向外相逆反，因為「五色令人目盲；五音令人耳聾；五味令人口爽；馳騁畋獵，令人心發狂；難得之貨，令人行妨」（十二章），所以日損情欲之虛心功夫，就是要掃盡心中不知足之貪欲，最後達到合道自然之恬淡素樸的生命狀態，如此方是長生久視之道。一味向外追求物欲之滿足，則使人心神外馳，精力耗散，長此以往，「物壯則老，是謂不道，不道早已」（三十章）。

老子又言：「天之道損有餘而補不足。」（七十七章）聖人體道而行，亦應維持生命之和諧平衡，方能像天長地久般長生久視。這是老子「虛心實腹、儉嗇知足」之教，也就是除了滿足生命中的基本需求之外，盡除心中不知足之貪欲，以一種知足儉嗇的方式生活。老子強烈地告誡人們：「禍莫大於不知足，咎莫大於欲得。」（四十六章）不知足而欲得的心，必定會為生命帶來禍患。吾人於

---

[66] 《雲光集》〈本觀三清暖帳化緣〉，《譚楚端‧劉處玄‧王楚一‧郝大通‧孫不二集》，白如祥輯校，齊魯書社，2005，頁300。

生活中，追求五色、五音、五味、馳騁畋獵，尚賢（名），貴難得之貨（利），最後導致老子所說的：目盲、耳聾、口爽、心狂、爭名、盜利等，凡此種種皆是害生之舉。因此老子要人們「見素抱樸，少私寡欲。」（十九章）「去甚、去奢、去泰」（二十九章），最後達到合道自然之恬淡素樸的和諧生命狀態。這樣的生命狀態與一般人是相當不同的，凡夫俗子的生命狀態猶如老子所言：「眾人熙熙，如享太牢，如春登台。」而盛人和道自然得生命狀態則是「泊兮其未兆，如嬰兒之未孩」（二十章），達到這樣的生命狀態，也就是老子所謂的「深根固柢，長生久視之道」（五十九章）。

　　修道之最終理想是得道成仙，仙是人所修成的，故要成仙就應學會做人，也就是說，「成仙」之前要先「成人」。李玉階先生指出：

> 道家數千年來重要的修持功夫，可分「超凡」、「入聖」、「登真」幾個階段。即是說：凡人要以學做聖人為起步功夫，先完成聖賢修養，達成聖賢境界，再談修真修道，而進入最後真人境界，以完成人生最高境界之目地。[67]

《雲笈七籤》也有「從凡入聖登真」之說。[68]從「超凡」到「入聖」是「成人」的過程，而從「入聖」到「登真」則是「成仙」的過程。何謂「成人」？子曰：「見利思義，見危授命，久要不忘其生平之言，亦可以為成人矣！」[69]由此可見「成人」是一個德行、品格有很好修養的人，這就是元朝時淨明忠孝道的玉真先生劉玉所稱的「世間上品好人」[70]。超凡入聖就是要做一個世間上品好人。道書

---

[67] 李玉階，《靜坐要義》，帝教出版社，1992 再版，頁 58。

[68] 《雲笈七籤》卷四十五〈祕要訣法〉：「戒錄情性，止塞愆非，制斷惡根，發生道業，從凡入聖，自始及終，先從戒錄，然後登真。」〔宋〕張君房纂輯，蔣力生等校，《雲笈七籤》，華夏出版社，1996，頁 261。

[69] 《論語・憲問》，楊伯峻譯注，《論語譯注》，中華書局，2000 十五刷，頁 149。

[70] 《淨明忠孝全書》（卷之三）〈玉真先生語錄內集〉張繼禹主編，《中華道藏》

《唱道真言》也說：「不是聖賢豪傑，切勿指望成仙。不是一代儒宗，莫作玄門弟子。」[71]依此，道士欲成仙必須先修德，也就是須在人道世事中積善立功，「先完成聖賢修養，達成聖賢境界，再談修真修道，而進入最後真人境界」。葛洪即十分強調此點，他說：

> 欲求仙者，要當以忠孝和順仁信為本。若德行不修，而但務方術，皆不得長生也。……人欲地仙，當立三萬善；欲天仙，立千二百善。……積善事未滿，雖服仙藥，亦無益也。[72]

宋謝守灝所撰《混元聖記》中記載，天師張道陵率弟子入蜀，隱居鶴鳴山修煉，三年丹成，未敢服餌，謂弟子曰：「神丹已成，若服之，當沖天為真人，然未有大功於世，須為國家除害興利，以濟民庶，然後服丹輕舉，臣事三境，庶無媿焉。」[73]此事即彰顯「積善事未滿，雖服仙藥，亦無益」之義。葛洪進一步又指出積善立功修德的具體作法說：

> 覽諸道戒，無不云欲求長生者，必欲積善立功，慈心於物，恕己及人，仁逮昆蟲，樂人之吉，愍人之苦，賙人之急，救人之窮，手不傷生，口不勸禍，見人之得如己之得，見人之失如己之失，不自貴，不自譽，不嫉妒勝己，不佞諂陰賊，如此乃為有德，受福於天，所作必成，求仙可冀也。[74]

（第三十一冊），華夏出版社，2004，頁585。

[71] 丁福保編，《道藏精華錄》（第三卷），北京圖書館出版社，2005，頁400。

[72] 《抱朴子內篇‧對俗》，王明撰，《抱朴子內篇校釋》，中華書局，2002 五刷，頁53。

[73] 《混元聖記》（卷之七），張繼禹主編，《中華道藏》（第四十六冊），華夏出版社，2004，頁83。

[74] 《抱朴子內篇‧微旨》，王明撰，《抱朴子內篇校釋》，中華書局，2002 五刷，頁126。

清元悟老人劉一明將「積德修行」視為修真九要中的第二要[75]，更
說離積德而言修道，便是邪說異端、旁門左道。故有志修道者，須
當以德行為重。何為德？「恤老憐貧，扶危救困，輕財重義，廣行
方便者是也。」[76]何為行？「苦己利人，勤打塵勞，施德不望報，
有怨不結仇，有功而不伐，有難而不懼，見義必為者是也。」[77]能
積德立行，愈久愈力，則大道有望。劉一明即諄諄教誨：

> 德者自己人世之事，道者師傳成仙之事，不積德而欲修道，
> 人事且不能，仙道怎得成？可不三思乎！[78]

故修道者必須先做好自己人世之事，再進行成仙之事。約出於南北
朝時期的道經《洞真太上太霄琅書》稱此為「學上道大乘之人」，
他們「修己化世，勿逃山林」，即不出家隱遁山林而是入世修德立
功，經云：

> 凡學上道大乘之人，修己化世，勿逃山林。山林絕人，中小
> 避欲，合藥試術，研習奇方，是建德之細，非立功之大基。
> 山中立功無所，所以出世市朝，起創治館，繕寫經書，宣行妙
> 法，助國濟時，慈心精懇，抑惡揚善，孜孜匪懈，執正治邪，
> 賞罰以中。……急須功德，卻諸邪醜，眾難悉度，乃獲成真，
> 無功求真，是虛妄之學，如斷足希行，無成步之日矣。[79]

---

[75] 劉一明，《修真九要》，收於《道書十二種》，北京圖書館出版社，2006 二
刷，頁 438。修真九要分別為：勘破世事第一要、積德修行第二要、盡心
窮理第三要、訪求真師第四要、煉己築基第五要、和合陰陽第六要、審明
火候第七要、外藥了命第八要、內藥了性第九要。

[76] 《道書十二種》，北京圖書館出版社，2006 二刷，頁 439。

[77] 《道書十二種》，北京圖書館出版社，2006 二刷，頁 439。

[78] 《道書十二種》，北京圖書館出版社，2006 二刷，頁 439。

[79] 張繼禹主編，《中華道藏》（第一冊），華夏出版社，2004，頁 696。

「無功求真，是虛妄之學，如斷足希行，無成步之日」是其諦義。
宋張伯端亦有詞云：

> 德行修逾八百，陰功積滿三千。均齊物我與親冤，始合神仙
> 本願。[80]

在世立功修德以求真，如此方合神仙本願。此一觀念可以歸結為《呂
祖全書》中的說法：「欲學仙道長生，先修人道為務。」[81]或者《淨
明忠孝全書》中所說的：「欲修仙道，先修人道。」[82]人道是仙道
之基礎，仙道是人道的極致，先作好人，進而才能成仙。先修人道
而超凡入聖，再修天道而超聖登真。修道的最終理想境界是：依天
道而行人道，則所行人道盡皆天道之彰顯。達到這樣的境界，王重
陽就稱之為「天仙」：

> 孝養師長父母，六度萬行方便，救一切眾生，斷除十惡，不
> 殺生，不食酒肉，協非偷盜，出意同天心，正直無私曲，名
> 曰天仙。[83]

當所行人道諸事皆「出意同天心」時，即是「天仙」。其弟子譚處
端亦有詩以表此義：

---

[80] 〈西江月〉其十一，《悟真篇淺解》（卷下），王沐，《悟真篇淺解》，中華書
局，1997 二刷，頁 155。

[81] 《呂祖全書》（卷九），《藏外道書》（第七冊），巴蜀書社，1992，頁 211。

[82] 《淨明忠孝全書》（卷之三）〈玉真先生語錄內集〉，張繼禹主編，《中華道
藏》（第三十一冊），華夏出版社，2004，頁 584。

[83] 《重陽真人金關玉鎖訣》，《王重陽集》，白如祥輯校，齊魯書社，2005，頁
287。王重陽分仙為五等：（一）鬼仙：不持戒、不斷酒肉、不殺生、不思
善者；（二）地仙：養真氣長命者；（三）劍仙：好戰者；（四）神仙：打坐
修行者；（五）天仙：出意同天心者。

為官清政同修道，忠孝仁慈勝出家。

行盡這般功德路，定將歸去步雲霞。[84]

這種在人道中行天道的入世修道方式，影響深遠，歷來論道者所述甚豐，茲再引數則，以證其事。

《淨明忠孝全書》：

淨明之道不廢人事，但當正心處事，常應常靜也。[85]

入此教者，或仕宦或隱游，無往不可。所貴忠君孝親，奉先淑後，至於夏葛冬裘，渴飲飢食，與世人略無少異。只就方寸用些工夫，非比世俗所謂修行，殊形異服，廢絕人事，沒溺空無。[86]

淨明教中所謂真人者，非謂吐納按摩休糧辟谷而成真也，只是懲忿窒欲，改過遷善，明理復性，配天地而為三級，無愧人道，謂之真人。[87]

元陳致虛《金丹大要》：

夫金丹之道，先明三綱五常，次則因定生慧。綱常既明，則道自綱常而出，非出綱常之外，而別求道也，是謂有為。故云和其光、同其塵也。乃至定慧圓明，是謂無為。故云知其雄、守其雌也。道至無為，則神仙之事備矣。[88]

---

[84] 《水雲集》〈游懷川〉，《譚楚端‧劉處玄‧王楚一‧郝大通‧孫不二集》，白如祥輯校，齊魯書社，2005，頁 17。

[85] 《淨明忠孝全書》（卷之三）〈玉真先生語錄內集〉張繼禹主編，《中華道藏》（第三十一冊），華夏出版社，2004，頁 585。

[86] 張繼禹主編，《中華道藏》（第三十一冊），華夏出版社，2004，頁 585。

[87] 《淨明忠孝全書》（卷之六）〈中黃先生問答〉張繼禹主編，《中華道藏》（第三十一冊），華夏出版社，2004，頁 598。

[88] 張繼禹主編，《中華道藏》（第二十七冊），華夏出版社，2004，頁 530。

明張三豐〈大道論〉：

> 仙道者，長生之道也，而世人多以異端目之。夫黃老所傳，
> 亦正心、修身、治國、平天下之理也，而何詫為異端哉？人
> 能修正身心，則真精真神聚其中，大才大德出其中。[89]

> 修身之事，不拘男女。此金丹大藥，雖愚昧野人得之，立登
> 仙位。不拘貴賤、賢愚、老衰少壯，只要素行陰德，仁慈悲
> 憫，忠孝信誠。全於人道，仙道自然不遠也。[90]

這種入世的修行方式，就是以入世的態度作出世的工夫，要在人道
上體現、彰顯天道，一方面既肩負人間事務的職責，一方面又要做
出世的打算，由此乃發展為在塵上修功，在事上煉心的修行方式，
稱之為「修道即修心」的觀點——注重心之本體論轉化的修煉功
夫，所謂「道在方寸，何必山林」[91]。這在約出於東晉時的道經《太
極真人敷靈寶齋戒威儀諸經要訣》中就提到說：

> 學仙要在方寸盡，方寸不盡，是以學而不獲矣。[92]

又說：

---

[89] 《張三豐太極煉丹秘訣》（卷二），新文豐出版公司，1993 一版二刷，頁 98-99。
[90] 《張三豐太極煉丹秘訣》（卷二），新文豐出版公司，1993 一版二刷，頁 102。
[91] 「修道即修心」此一觀點的提法，最早可見於大約出於南北朝末或隋唐
  之際的道經《太上老君內觀靜》：「道者，有而無形，無而有情，變化不
  測，通神群生，在人之身則為神明，所謂心也。所以教人修道，則修心
  也，教人修心，則修道也。」（張繼禹主編，《中華道藏》（第六冊），華夏
  出版社，2004，頁 80。）唐茅山道士司馬承禎則提出了此一觀點的經典定
  義：「淨除心垢，開識神本，是名修道。」（《坐忘論‧收心》，《道藏》22
  冊，頁 893。）
[92] 張繼禹主編，《中華道藏》（第四冊），華夏出版社，2004，頁 107。

> 上士得道於室內矣。雖處巖穴，而外想一毫不絕，亦徒勞損
> 力爾。學道唯心盡，心盡，仙人當下觀試之也。[93]

這種「學道唯心盡，心盡則成仙」的煉心觀點，在道書《唱道真言》中更被強調為「千聖總途，萬真要路」[94]，是「成仙一貫之學」[95]，乃「仙家徹始徹終之要道也」[96]。煉心的這一觀點乃通向另一含意的「出家」。「修道即修心」的入世修行方式，究其實可以說是一種很特殊的「出家」形式，相對於離家住庵、歸隱山林的「身出家」，可稱之為「心出家」。《太極真人敷靈寶齋戒威儀諸經要訣》所言：「雖處巖穴，而外想一毫不絕，亦徒勞損力爾」，指的就是「身出家卻未修心」的情況，於修道是沒有什麼效果的。這種出家不過是「形式上出家」或「假出家」——身已出家而心未出家，此於仙道無任何助益。須知「身出家」之旨亦在遠離塵勞俗務對修道的干擾，其究竟仍在求心性之鍛鍊，即「心出家」。「心出家」之深義，王重陽論之甚切，其言曰：

> 離凡世者，非身離也，言心地也。身如藕根，心似蓮花，根
> 在泥而花在虛空矣。得道之人，**身在凡而心在聖境矣**。[97]

「心出家」就是「身在凡而心在聖境」。依此言，修道似乎也不是非要離塵出家不可，身在紅塵一樣可以修行，就像蓮花之根在泥中而其花則出污泥不染而綻放，只要在塵而不染塵、處事應物而心無累著即可。事實上，王重陽確持此義，觀其回應馬丹陽所問：「何者名為出家？」之言，即為明證：

93　張繼禹主編，《中華道藏》（第四冊），華夏出版社，2004，頁 109。

94　丁福保編，《道藏精華錄》（第三卷），北京圖書館出版社，2005，頁 325。

95　丁福保編，《道藏精華錄》（第三卷），北京圖書館出版社，2005，頁 332。

96　丁福保編，《道藏精華錄》（第三卷），北京圖書館出版社，2005，頁 331。

97　《重陽立教十五論》，《王重陽集》，白如祥輯校，齊魯書社，2005，頁 279。

> 出家者，萬緣不罣，自己靈明，乃是出家。[98]

> 有功行修真之德為出家。[99]

可見出家是一種心境，「萬緣不罣，自己靈明」，身在塵而心不染塵，應物無著而心常清靜，「常應常靜，身在事中，心在事外」[100]。此為「有功行修真之德」，名為「出家」——「身且寄在人間，神已遊於天上」[101]，「身居一室之中，性滿乾坤」[102]，「形且寄於塵中，心已明於物外矣」[103]，凡此諸說，皆「身在凡而心在聖境」之註解，明「出家」之真義——「心出家」。故王重陽說：「清淨便是神仙路」[104]、「常清淨是大道之苗」[105]，更強調心常清常淨才是真修行，〈玉花社疏〉中言：

> 諸公若要真修行，饑來吃飯，睡來合眼，也莫打坐，也莫學道，只要塵冗事屏除，只要心中「清淨」兩個字，其餘都不是修行。[106]

王重陽進一步將「清淨」區分為「內清淨」與「外清淨」，他說：

> 內清淨者，心不起雜念；外清淨者，諸塵不染著為清淨也。[107]

---

[98] 《重陽真人授丹陽二十四訣》，《王重陽集》，白如祥輯校，齊魯書社，2005，頁295。

[99] 《王重陽集》，白如祥輯校，齊魯書社，2005，頁297。

[100] 劉一明，《神室八法》，收於《道書十二種》，北京圖書館出版社，2006 二刷，頁433。

[101] 《重陽立教十五論》，《王重陽集》，白如祥輯校，齊魯書社，2005，頁278。

[102] 《重陽立教十五論》，《王重陽集》，白如祥輯校，齊魯書社，2005，頁278。

[103] 《重陽立教十五論》，《王重陽集》，白如祥輯校，齊魯書社，2005，頁278。

[104] 《重陽全真集》，《王重陽集》，白如祥輯校，齊魯書社，2005，頁151。

[105] 《重陽真人金關玉鎖訣》，《王重陽集》，白如祥輯校，齊魯書社，2005，頁298。

[106] 《重陽全真集》，《王重陽集》，白如祥輯校，齊魯書社，2005，頁159。

可見，一心清靜在塵不染便是真修行，王重陽此教義為其弟子所奉行不違。馬丹陽甚至說：「道家留丹經子書，千經萬論，可一言以蔽之，曰『清淨』」[108]，《丹陽真人語錄》中言：

> 凡學道之人，切須法天之道，斡旋己身中造化，十二時中，常清常淨，不起纖毫塵念，則方是修行。日就月將，無有間斷，決做神仙。[109]

此乃呼應其師「心清淨為真修行」之義。丘處機亦有詞云：

> 大道無形，方寸何憑。在人人智見高明。能降眾欲，解斷群情。作鬧中閒，忙中靜，濁中清。[110]

大道無形，須降眾欲、斷群情，於心致虛守靜中體得。詞中所言「作鬧中閒，忙中靜，濁中清」，指的就是對境應物不著的清淨自在心境。劉處玄也有詩曰：

> 混塵真世外，蛻殼到仙鄉。[111]

這些論調皆是對其師「身在凡而心在聖境」之義的繼承。

　　「出家」之真正內涵應在於「心捨俗緣而就道緣」的「心出家」，而不在形式上的出離塵世隱居山林──「身已出家，而心未出家。」[112]根本而言，身出家之真正目的，究其實質還在於心出家。清黃元吉《樂育堂語錄》中再三提醒告示其門人言：

---

[107] 《重陽真人授丹陽二十四訣》，《王重陽集》，白如祥輯校，齊魯書社，2005，頁 295。

[108] 《丹陽真人語錄》，《馬鈺集》，趙衛東輯校，齊魯書社，2005，頁 244。

[109] 《馬鈺集》，趙衛東輯校，齊魯書社，2005，頁 248-249。

[110] 〈蘇心香〉，《磻溪集》卷六，《道藏》第二十五冊，頁 843。

[111] 《仙樂集》〈五言絕句頌〉，《譚楚端‧劉處玄‧王楚一‧郝大通‧孫不二集》，白如祥輯校，齊魯書社，2005，頁 98。

[112] 劉一明，《修真九要》，收於《道書十二種》，北京圖書館出版社，2006 二

> 修真養性，孰不知去欲存誠？無奈身家念切，妻子情長，終
> 日言道言德，說修說煉，而塵心未斷，塵根未除，終不得其
> 道之真諦。……吾非教諸子拋妻棄子，入山林而學道也，只
> **要在欲無欲，居塵出塵足矣**。古云：「煉己於塵俗」，原不可
> 絕人而逃世，須於人世中修之，方能淡得塵情，掃得垢穢。
> 否則，未見性明心，即使深居崖谷，鮮不煉一腔躁氣也。[113]

修道旨在見性明心，若只是身出家心卻未出家而誇言修道，不過是
自欺欺人。清劉一明《修真九要》〈勘破世事第一要〉中也說：

> 出家修行，原係勘破世事。而然若未勘破，而強出家，有名
> 無實。本欲登天而反墜地，是以取敗，豈不枉費心機耶。[114]

張三豐有一段文字可以作為「心出家」之義的很好歸結，其言曰：

> 人要在家出家，在塵出塵，在事不留事，在物不戀物，方是
> 道家種子。不必拘於無事，亦不泥於想事也。[115]

此正顯出家與在家之不同：「出家之人，所見者仙典，所居者山房，
縱使日動，亦是日靜。在家之人，非勞苦以營生，即奔波而應事，
縱是日靜，亦是日動。」[116]其關鍵即在一心是否離塵斷俗隨緣應事
而無累著。

刷，頁 437。

[113] 黃元吉，《道德經講義‧樂育堂語錄》，蔣門馬校注，宗教文化出版社，
2003，頁 286。

[114] 黃元吉，《道德經講義‧樂育堂語錄》，蔣門馬校注，宗教文化出版社，
2003，頁 286。

[115] 《水石閒談》，《張三豐太極煉丹秘訣》（卷六），新文豐出版公司，1993 一
版二刷，頁 253。

[116] 《唱道真言》（卷之四），丁福保編，《道藏精華錄》（第三卷），北京圖書館
出版社，2005，頁 375。

「心出家」既是修道的功夫又是得道的境界——修道時，它是入世在事上煉心、人間積德的修行功夫；得道時，則是所上達的生命境界。以下進而論述此得道成仙的境界。

七、超世與化世：得道成仙的應世心境與濟世情懷

得道成仙是道教修行的終極目標，是其所追求的生命最高境界，這也是道教所期盼的出世解脫理想。得道成仙者自然可以上昇天界，或永居世外之仙山、仙島，逍遙自在，不過問人間，不涉及世事。但一個得道者並不會停留在出世解脫的自了上，面對尚未了生脫死的芸芸苦難眾生，他必然而有重入凡間濟世度人的慈悲情懷，此正如張三豐所言：「神仙有度人之願！愛人之量！救人之心！」人依道以修煉而出世成仙，仙亦因道而入世無量度人，這才真正是道的信仰與奉行。《唱道真言》中言：

> 人當登仙入聖之候，便把乾坤大大一個擔子挑上肩頭。直至大地眾生各得解脫，然後那個擔子可以安放得下。[117]

而這也就是呂純陽得道成仙之後而不願升天，卻抱持「度盡眾生，方才升天」之濟世度人的慈悲情懷。王處一亦有詩表此悲願：「了真決作大羅仙，卻向人間普化緣」[118]、「普願愚迷歸至道，助修真福滿無邊」[119]。相應於佛教普渡眾生的大乘精神，這可以說是道教

---

[117] 丁福保編，《道藏精華錄》（第三卷），北京圖書館出版社，2005，頁398。
[118] 《雲光集》〈了真〉，《譚楚端・劉處玄・王楚一・郝大通・孫不二集》，白如祥輯校，齊魯書社，2005，頁301。
[119] 《雲光集》〈傳善〉，同上書，頁273。

的大乘精神，稱之為「大乘道教」亦甚貼切，這大大不同於自度自了的「小乘道教」。得道後既又入世，成仙者自然展現出與世俗中人完全不一樣的應世心境與濟世情懷——既超世又化世的人生態度。

得道成仙者之看待與對待人間事務的方式與世俗中人不同，他已上達道的高度，「以道觀之」，齊物我均親冤，體現道化天人不仁之大仁，「齊同慈愛，異骨成親」[120]，自然展現出一種民胞物與之悲憫胸懷。葛洪所謂欲成仙必須先積善立功修德的種種作法：「慈心於物，恕己及人，仁逮昆蟲，樂人之吉，愍人之苦，賙人之急，救人之窮，手不傷生，口不勸禍，見人之得如己之得，見人之失如己之失，不自貴，不自譽，不嫉妒勝己，不佞諂陰賊」，凡此種種，亦皆是得道成仙者悲憫之濟世情懷的展現，故應成為一個奉道修行者的拳膺遵循的行為典範，在世間修德積善，即是仿效仙人之行，由此善行而顯修道之真心，於修仙之道果著實大有裨益。此《唱道真言》所以說：「真心學道之士，以濟世度人為本分內事」[121]，經云：

> 不為自己一個長生不死，不為自己一個文章事業，分明要做三途、八難、六道、四生、無盡含靈一大父母。見他受苦如己親嚐，見他痴迷如己陷溺。千方百計，要他聽我化誨，與我同到清淨無為大羅仙境，方完我向來發下大願。[122]

此願實與神仙慈悲救苦之本願相契合，見賢思齊，志同願同，心嚮往之，行以效之，終必道同，齊登仙域。

---

[120] 《太上洞玄靈寶原始無量度人上品妙經》，張繼禹主編，《中華道藏》（第三冊），華夏出版社，2004，頁 326。

[121] 丁福保編，《道藏精華錄》（第三卷），北京圖書館出版社，2005，頁 398。

[122] 丁福保編，《道藏精華錄》（第三卷），北京圖書館出版社，2005，頁 398。

　　修道者之立德積善乃有為之舉，企以助成道業。得道成仙者濟世度人之善行，則屬自然無為，純為道心大仁之彰顯，順緣應化，隨方設教，依病施藥，普度眾生。清龍門派律師王常月謂此行止曰：

> 慈能愛物，不以愛物為慈。善能濟人，不以濟人為善。妙法能度眾生，不以度眾生為妙法。至道能出世，不以出世為至道。既能出世，又能入世。既能出苦，又能受苦。上可超出天堂，不以天堂為快樂之場。下可普救地獄，不以地獄為苦惱之處。遇苦則救人出苦，遇樂則同眾共樂。樂中能指出眾生之苦，苦困中能指明眾生之樂。[123]

此仙人之境界與情懷也──超世而化世：「灑灑落落不被法纏，赤條條不為物累，圓陀陀隨方設教，光灼灼歷劫度人，入眾妙之門，為眾生之母。」[124]

八、結語：出入如如

　　陶弘景《真誥》中言及：「人為道亦苦，不為道亦苦。」[125]不為道之苦在於人與憂俱生，大限難逃又人生苦短且無常：「人自生至老，自老至病，護身至死，其苦無量。心惱積罪，生死不絕，其苦難說，況多不終其天年之老哉。」[126]「為道亦苦者，清靜存其真，

---

[123] 王常月，《碧苑壇經》〈濟度眾生〉，《藏外道書》第十冊，巴蜀書社，1992，頁 204。

[124] 王常月，《碧苑壇經》〈濟度眾生〉，《藏外道書》第十冊，巴蜀書社，1992，頁 204。

[125] 〈甄命授第二〉，吉川忠夫、麥谷邦夫編，朱越利譯，《真誥校註》，中國社會科學出版社，2006，頁 205。

[126] 吉川忠夫、麥谷邦夫編，朱越利譯，《真誥校註》，中國社會科學出版社，

守玄思其靈，尋師轍軻，履試數百，勤心不墮，用志堅審，亦苦之至也。視諸侯之位如過客，視金玉之寶如磚石，視紈綺如弊帛者，始可謂能問道者耳。」[127]為道亦苦在於修道之難，修道之難難在不只須因應人道，還要修行天道，既有人道之憂苦又有修天道的艱辛，加上道與俗違而經常出現的天人交戰，或是人性的偏差所導致的退志、入歧途，修道之人確較世俗之人為苦、為難。葛洪極言此難而謂「為者如牛毛，獲者如麟角」，其言曰：

> 彼莫不負笈隨師，積其功勤，蒙霜冒險，櫛風沐雨，而躬親灑掃，契闊勞藝，始見之以信行，終被試以危困，性篤行貞，心無怨貳，乃得升堂以入於室。或有怠厭而中止，或有怨恚而遂退，或有誘於榮利，而還修流俗之事，或有敗於邪說，而失其淡泊之志，或朝為而夕欲其成，或坐修而立望其效。若夫賭財色而心不戰，聞俗言而志不沮者，萬夫之中，有一人為多矣。故為者如牛毛，獲者如麟角也。[128]

清劉一明對此亦深表同感，其言曰：

> 修真之道，乃天下第一件大事，亦天下第一件難事。以其至大至難，古人皆謂之天下希有之事。是事也，非深明造化、洞曉陰陽、存經久不易之志、循序漸進者不能行之。後世學人不究此事為何事，未曾學道，即欲成道，未曾學人，即欲作仙，無怪乎修道者如牛毛，成道者如麟角也。[129]

2006，頁 205。

[127] 吉川忠夫、麥谷邦夫編，朱越利譯，《真誥校註》，中國社會科學出版社，2006，頁 205-206。

[128] 《抱朴子內篇‧極言》，王明撰，《抱朴子內篇校釋》，中華書局，2002 五刷，頁 239。

[129] 《修真九要‧序》，《道書十二種》，北京圖書館出版社，2006 二刷，頁 436。

《鍾呂傳道集》則明言修道有九大難事：衣食逼迫、尊長邀攔、恩愛牽纏、名利縈絆、殃禍橫生、盲師約束、議論差別、志意懈怠、歲月磋跎。[130]須免此九難，方可奉道。《雲笈七籤》亦有學道八難之說：「不廢道心，一難；不就明師，二難；不托閑居，三難；不捨世務，四難；不割恩愛，五難；不棄利欲，六難；不除喜怒，七難；不斷色欲，八難。」[131]這些難事乃因修道而起，活著本身即有其難處、苦處，修道其實是難上加難的難事，是一大苦差事。

　　修道需苦志虔心地積行累功，甚難，無論出家、在家皆難，在家修道者尤難，因世俗中有太多的障道因緣。《盤山棲雲王真人語錄》中言此情境曰：

> 出家人久居叢林，朝夕訓誨，朝夕磨煉，尚且乖疏，因循不
> 進，道心漸減，塵事日增，放蕩猖狂，不能虛靜。況在俗中
> 孤行獨立，塵情荏苒，愛境牽纏，障道因緣，頭頭皆是，不
> 自知覺。[132]

葛洪評斷秦始皇、漢武帝二人「徒有好仙之名，而無修道之實」[133]，故不得長生成仙。試問誰不想長生不死快活似神仙？但又有幾人能夠深研玄理並苦志虔心地實在修道？修道乃極其艱辛之事，故修行之要在志。要下抱道不退之志，須有堅定篤實之信心。信之為要，《華嚴經》云：「信為道源功德母，長養一切諸善根。」清龍門派第十一代宗師元悟老人劉一明則以之為「修道者第一至寶」，其言曰：

---

[130] 〈論魔難第十七〉，丁福保編，《道藏精華錄》（第三卷），北京圖書館出版社，2005，頁 317-318。

[131] 《雲笈七籤》卷三十五〈雜修攝部〉，〔宋〕張君房纂輯，蔣力生等校，《雲笈七籤》，華夏出版社，1996，頁 196。

[132] 張繼禹主編，《中華道藏》（第二十六冊），華夏出版社，2004，頁 796。

[133] 《抱朴子內篇・論仙》，王明撰，《抱朴子內篇校釋》，中華書局，2002 五刷，頁 18。

夫信者，非言語之信，非信息之信，乃真心實意之信。信之
一字，其理最真，其力最大，能以感天地，通神明，轉生殺，
扭生死，為聖為賢，作佛作仙，為修道者第一至寶。學者認
定此一字，緊抱心胸，須臾不離，則大本以立，不動不搖，
不更不變，從此進步，可以聞道，可以行道，可以了性，可
以了命。古來仙真，哪個不從信中著腳？哪個不從信中成
道？[134]

古來仙真，皆從信中著腳，從信中成道，此信是「真心實意之信」，
乃誠一不二，是一心在道，別無二意。一心在道，即能辨是非、分
邪正。如此真信，即能實履篤行。老子言：「上士聞道，勤而行之；
中士聞道，若存若亡；下士聞道，大笑之。不笑不足以為道。」（四
十一章）一般人信心不堅，常生疑情，唯恐修道不成誤了今生。要
拋開此得失心，信心不惑，一門深入，甚難！故《鍾呂傳道集》中
有言：

奉道之士，始立信心，恩愛名利，一切塵勞之事，不可變其
大志。次發苦志，勤勞寂寞，一切清虛之境，不可改其初心。
苦志必欲了於大成，不欲了於中成，止於小成而已。[135]

真信，方能聞道勤而行之。苦志行之積深，方能證真。

在家、出家都是修道的可行方式，重點在修道不在出家在家，
正如《淨明忠孝全書》中之所言：

道由心悟，玄由密證，得其傳者，初不拘在家出家。[136]

---

[134] 《通關文・不信關》，《道書十二種》，北京圖書館出版社，2006 二刷，頁
266。

[135] 〈論魔難第十七〉，丁福保編，《道藏精華錄》（第三卷），北京圖書館出版
社，2005，頁 317。

修道之要在於捨塵緣就道緣，人心死道心生，端在一心之本體的轉化，只要有助於此，則在家出家皆宜；若不利於此，則二者皆是障道因緣。

　　就修道的觀點而言，無論是入世（在家）還是出世（出家），二者都是對「在世存有」之現實人生的終極關懷。道教的神仙世界與塵俗世界並不是完全懸隔的此岸與彼岸的兩個世界。修道成仙的生命境界，並非是一個與塵俗割裂的另一個世界，而是一種對待「在世存有」的超世態度，應物無累的化世心境。以道觀之，兩個世界實質上是道通為一的，只因俗人德薄智淺，未臻道境，妄為分別，故作二觀。

---

[136] 《淨明忠孝全書》（卷之六）〈中黃先生問答〉張繼禹主編，《中華道藏》（第三十一冊），華夏出版社，2004，頁 601。

第四章

超凡、入聖與登真：道教的生命超越哲學

一、引言

　　生命存在必有其困境，既有來自生命存在本身的基本困境，也有起因於現實社會文化的時代困境，因此生命必須超越，否則我們有所困必有其苦。

　　當吾人呱呱墜地之後，就是——「在世存有」（being-in-the-world），這是對在此世界中人類生命存在的一個客觀陳述，它所彰顯的是人類生命存在的一個最根本的事實，而為一切思考、論述的基礎、起點。無論是解釋此一「在世存有」如何而有，還是指出此一「在世存有」何所歸驅，均奠基於此根本事實。作為「在世存有」的生命有來自其內在的基本需求，諸如飢、渴、睡、性等，雖各有其限度，但永遠必須得到滿足，否則將無法忍受。此外，「在世存有」也必須回應他在此世中的外在需求，比如與他人的互動、與自然的調適、遵守社會的規範或奉行上帝的律令。對此需求若不予回應或回應不好，將造成生命的不安，甚至災難。

二、存在的反思與超越

　　當我們出生之後，就是一個「在世存有」，也就是存在主義哲學家海德格（M. Heidegger，1889-1976）所說的「此在」（Dasein），就是在此世界中的存在。「在世存有」是我們生命存在狀況的基本陳述，這個基本陳述是我們一切思考和論述的起點。就此而言，並非理性主義哲學家笛卡兒（R. Descartes，1596-1650）所謂的「我思故我在」，而是「我在故我思」，不過「我思故我在」基本上還是對的，另有其深刻的哲學意含。這是兩個不同的境界，首先我們是我在故我思，但是，我思了之後那個存在就不一樣了，這個翻轉的過程是一種理性的覺醒。這就有點像禪宗所說的修道開悟的不同境界：見山是山，見山不是山，見山還是山。最後那個境界還是見山是山，前後結果是相同的，但是中間的過程已經有實質不同的轉化。

　　吾人生命的存在，亦即在世活著，乃是當下的事實。而人作為亞里斯多德（Aristotle，384-322 B.C.）所說「理性的動物」，生而自然求知，活著自然會思考生命，追問人生，思索存在要如何活，此乃人的自然本性。而這絕非小事，而是我們應該如何生活的大事。對「在世存有」的理性反思，就是在解釋我們如何存在於這個世界上，或者你要說明我們這個在世存有應該何去何從，我們的在世存有應該建立什麼基礎上。正如古希臘哲學家蘇格拉底（Socrates，ca.470-399B.C.）的諄諄忠告：「未經考察的生活是沒有價值的。」[1] 活著而有值不值得的價值衡量，這是對存在的哲學

---

[1] 柏拉圖，〈申辯篇〉，王曉朝譯，《柏拉圖全集》（第一卷），人民出版社，2002，頁 27。

反思，其目的在於確立自己值得活的生命（a life worth living）：「真正重要的事情不是活著，而是活得好。」[2]從「活著」到「活得好」，這就是對在世存有之存在反思的價值選擇之後所建立起來的生命信念，這是人生根本而重要的大事。

存在主義文學家加繆（A. Camus，1913-1960）在《西西弗的神話》之中首篇一開頭更是尖銳而露骨地宣示：真正嚴肅的哲學問題只有一個，就是自殺。[3]也就是說，判斷生活是否值得經歷，這就是在回答哲學的根本問題。自殺不過是承認活著根本不值得。而他所說的話跟蘇格拉底是古今前後相呼應的。二十世紀偉大的哲學家維根斯坦（L. Wittgenstein，1889-1951）則大聲疾呼：「如果不能安頓好首要的、最重要的事情：如何過一種好的和幸福的生活，解決哲學問題又有何益？『好好活著！』這是哲學的最高命令。」[4]

就字面的意義而言，哲學就是對智慧的愛（philo-sophia），不僅追求生活的智慧，更渴望過一種智慧的生活。哲學這種對智慧的愛，在本質上，界定了我們在宇宙中的存在地位，並賦予我們生命的意義。所以，活著而且有一個存在的反思，而且要好好的活著，這就是一個生命超越的精神。吾人生命的存在，就是生命活著當下的事實，而存在的反思就是安立值得活著的生命價值。人生在世要如何安身立命呢？從古至今的先聖先哲都在問這個問題，思考其終極的答案，以求得到生命的安頓。但是，無論如何，無論這個「如何」是什麼，那都是一種對在世存有的反思的價值選擇之後，所建立的一種生命信念。在此價值信念主導的人生實踐行動，也就是對

---

[2] 柏拉圖，〈克里托篇〉，王曉朝譯，《柏拉圖全集》（第一卷），人民出版社，2002，頁41。

[3] 加繆，《西西弗的神話》，杜小真譯，廣西師範大學出版社，2002，頁3。

[4] 轉引自 R. Shusterman: *Practicing Philosophy: Pragmatism and Philosophical Life*，彭鋒等譯，《哲學實踐——實用主義和哲學生活》，北京大學出版社，2002，頁23。

在此在世存有的生命超越之道。此生命的超越之道正突顯了哲學的古典精神所在，一是更富批判性的思考（good thinking），再則過一更美好的人生（good life）。

三、生命的超越與境界

吾人在世存有的活著乃當下的事實，追問為何存在又如何而活，則是存在的反思。反思之後希望活得好，那是存在反思之後生命價值的選擇確立。此價值引導人生的行動，它同時是實踐的目的。從「活著」到「活得好」的實踐行動，就是生命的超越，此生命超越之道乃指向生命價值止於至善的歷程。

生命之所以需要價值的反思、安立與超越，在於人性發展的可變性。一個人既可以向上提升變好，也可能向下沉淪變壞。存在價值的反思與安立乃生命的燈塔，引領導向正確的人生方向。

人的生命存在主要涵蓋四個面向。首先，我們生活在一個自然環境當中，也生活在一個自然環境的社會文化之中，但是人也有感官經驗所無法接觸到的面向，就是超越界，而生命則是自我的生命。自我、社會界、自然界與超越界，這是我們生命必須面對的四個大面向。自然界和社會界是自我生命展現的場域，在這個場域當中，我們會經歷生老病死，也會遭遇悲歡離合的酸甜苦辣，但這是比較平面地去看待我們的生命現象。但是，在這個生命的展現當中，人性有向善的提升，也就是從小我到大我的超越，或者是說，超凡入聖，人性向神性的上揚，但是也會有向下的沉淪，也就是人性向動物性的偏向。人是道欲並存的生命體，而我們是以道做主還是以欲做主，就造成了我們人性的升降，人就在神性與動物性之間游移。而人的可貴處就在於人可以向上提升，超越動物性成就一種

更善的存在。這種人性的超越涵蓋二面向：一指止於至善的向上提昇，此為實踐的功夫；二則指向超越的領域上達神聖世界，這是實踐所達到的生命境界。

　　既有存在之提昇超越，在此超越的歷程中，生命即展現為不同的境界。依哲學家馮友蘭的說法，人生中的境界可分為四種，依序為：（一）自然境界，（二）功利境界，（三）道德境界，（四）天地境界。

　　馮友蘭先生是以人對於宇宙人生覺解的不同程度而定出此四種不同的生命境界，他說：

> 人對於宇宙人生底覺解程度，可有不同。因此，宇宙人生，對於人底意義，亦有不同。人對於宇宙人生在某種程度上所有底覺解，因此，宇宙人生對於人所有底某種不同底意義，即構成人所有底某種境界。[5]

何謂「覺解」？馮先生解釋說：

> 解是了解。……覺是自覺。人做某事，了解某事是怎麼一回事，此是了解，此是解；他於做某事時，自覺其是做某事，此是自覺，此是覺。[6]

人透過此一覺解，即建立了自己的意義世界或價值世界，這一特徵將人與動物做了本質上的區分：人的活動、文化是有覺解的，而動物的活動、文化則是無覺解的。「有覺解是人生的最特出顯著的特質。」[7]此外，人除了有覺解之外，尚有「高一層之覺解」，即覺解

---

[5]　馮友蘭，《新原人》，《三松堂全集》（第四卷），河南人民出版社，2001 二版，頁 496。

[6]　《三松堂全集》（第四卷），河南人民出版社，2001 二版，頁 471-472。

[7]　《三松堂全集》（第四卷），河南人民出版社，2001 二版，頁 473。

其覺解。此高一層之覺解並非人人皆有，人於社會文化日常活動有
所覺解，但未必覺解其覺解。吾人即依此對宇宙人生覺解之不同程
度，從而體現出由低而高不同層次的生命境界，依次為：自然境界，
功利境界，道德境界與天地境界。[8]

自然境界是人生的最低境界，其特徵是：在此境界中的人，對
其所從事之活動尚無清楚的了解，其行為經常只是「順才」或者「順
習」的「照例行事」。所謂才是指人在生物上的自然之性，習可以
是個人習而不察的習慣，也可以是視為理所當然日用而不知的社會
習俗。馮先生區分了「人之性」與「人所有之性」。前者是指人之
所以為人的本質規定，後者除了包括「人之性」之外，尚包括人的
生物性。自然境界中的人，總是順著自然的生物性或習慣而行，對
於「人之性」之自覺是很低的。

功利境界則比自然境界更高一層。在此境界中的人，雖然對其
所從事之活動有比較清楚的了解，因此高於自然境界，但他的行為
是「為利」的，都是「為我」的、「自私」的。功利境界中的人比
自然境界中的人有更高的覺解，但其目的都是為了個人的私利，而
未能自覺自己也是一社會性存有。

高於功利境界的是道德境界。道德境界的特徵是：在此境界中
的人是「**行義**」的。功利境界的特徵是「為利」，二者之差別即在

8　馮友蘭先生言：「境界有高低。此所謂高低的分別，是以到某種境界所需要
　　底人的覺解的多少為標準。其需要覺解多者，其境界高；其需要覺解少者，
　　其境界低。自然境界，需要最少底覺解，所以自然境界是最低的境界。功
　　利境界高於自然境界，而低於道德境界。道德境界高於功利境界，而低於
　　天地境界。天地境界，需要最多底覺解，所以天地境界，是最高的境界。
　　至此種境界，人的覺解已發展至最高底程度。」（同註 8，頁 501。）馮先生
　　以覺解之「多少」而定出生命境界之「高低」，但覺解似乎是難以用多少來
　　量化，事實上以覺解不同程度之質，而非多少之量，來定境界之高低，應
　　該是比較恰當的。馮先生自己也提到，在天地境界，「人的覺解已發展至最
　　高底程度」，是「最高底程度」，而不是「最多的量」。

義利之對立。與義相對的利，是指個人之私利，而義則表現為社會之公利。「求自己的利底行為，是為利底行為；求社會的利底行為，是行義的行為。」[9]功利境界與道德境界中的人，他們對於人之性均有覺解，二者之差別僅僅在於為公還是為私。行義者並非不為利，只不過其所謂之利是公利而不是私利。「一個人應該犧牲他自己，以求社會的利。」[10]這是道德境界中的行義表現，那不是以佔有，而是以貢獻為目的。

　　高於道德境界的是天地境界。在此境界中的人有了更高一層的覺解，他知道人不僅僅是社會的一部分，而且是宇宙的一部分。因此對於社會，人應該有所貢獻，對於宇宙也應該有所貢獻，這就是馮先生所謂的「事天」。天地境界是吾人生命所能達到的最高成就，馮先生說：

> 有各種底人。對於每一種人，都有那一種人所可能有底最高底成就。例如從事於政治工作底人，所可能有底最高底成就是成為大政治家。從事於藝術底人，所可能有底最高底成就是成為大藝術家。人雖有各種，但各種底人都是人。專就一個人是人說，他的最高底成就，是成為聖人。這就是說，他的最高底成就，是得到我們所謂天地境界。[11]

而此一天地境界高於道德境界，它是「從一個比社會更高的觀點看人生」[12]，它並且也是「人的最高的安身立命之地」[13]。天地境界是四種境界中最高的境界，只有達到天地境界，人才算是真正實現

9　馮友蘭，《新原人》，《三松堂全集》（第四卷），河南人民出版社，2001 二版，頁 499。

10　《三松堂全集》（第四卷），河南人民出版社，2001 二版，頁 550。

11　馮友蘭，《新原道·緒論》，《三松堂全集》（第五卷），頁 4。

12　馮友蘭，《三松堂自序》，《三松堂全集》（第一卷），頁 227。

13　馮友蘭，《三松堂自序》，《三松堂全集》（第一卷），頁 227，頁 226。

了人之所以為人的最高成就，找到安身立命之地。天地境界是人生的最高境界，也是人生追求的最高目的，馮先生又稱之為「聖人境界」。[14]

人之生命因其對宇宙人生之覺解的不斷提高，而展現出不同的境界，從自然境界，進到功利境界，再進到道德境界，最後達到最高的天地境界，這個過程體現為層層遞進的精神超越。四種境界就其高低的層次看，由低而高，即表示一種超越。而生命境界的高低與一個人的學歷、職業、社會地位、財富等無關。一個在社會上身分地位崇高的醫生，他既可以有為天下蒼生懸壺濟世的道德境界，甚至是完全犧牲奉獻之「天地境界」，當然也可能只是純為一己謀私利之功利境界。同為醫生，生命境界截然有別。

天地境界是人生的最高境界，馮先生又特別地稱之為「哲學境界」。[15]馮先生一再強調，只有通過哲學，獲得對宇宙人生的某種覺解，才能達到天地境界。天地境界是透過哲學的修養，而非宗教的冥想，所得到的境界。[16]那麼，何謂「哲學」？馮先生解釋說：

---

[14] 關於天地境界，馮先生曾於《四十年的回顧》（1959）一書中做了自我的思想批判，明確地指明：「天地境界是虛構的。」（《三松堂全集》（第十四卷），頁 1051。）但馮先生在否定《新原人》所說的天地境界之同時，卻又肯定一種由於科學技術的進步，帶領人們超越地球的限制進入宇宙空間，以遊無窮的天地境界。馮先生更說，這種經由科學技術所達到的天地境界不是虛構的。（《三松堂全集》（第十四卷），頁 1071。）不過在馮先生一生的最後著作《中國哲學史新編》的最後一冊（第七冊）最後一章（第八十一章）的〈總結〉中又重新肯定了《新原人》一書中所說的四種境界，而依然以天地境界為最高境界。不過馮先生這時卻強調，要達到此天地境界，非經過哲學這條路不可。（《三松堂全集》（第十卷），頁 648。）

[15] 馮友蘭，《中國哲學簡史》，《三松堂全集》（第六卷），頁 286。

[16] 馮友蘭，《三松堂自序》，《三松堂全集》（第一卷），頁 228-229。

哲學是人類精神的反思。所謂的反思就是人類的精神反過來以自己為對象而思之。[17]

馮先生強調，學哲學並非記教條、背格言，它要求學者對於人的精神活動有所反思。由反思中得到一些體會，增加一些理解，懂得一些道理。如此就能使他的精神境界有所豐富，有所提高。總結而言，哲學之作用有二：一是鍛鍊人的理論思維的能力，二是提高人的精神境界。[18]而提高人的精神境界才是哲學最重要的任務與最大的責任，其終極目的則在於給人安身立命之地。馮先生如是說：

> 哲學可以給人一個「安身立命之地」。就是說，哲學可以給人一種精神境界，人可以在其中「心安理得」地生活下去。他的生活可以是按部就班的和平，也可以是槍林彈雨的戰鬥。無論是在和風細雨之下，或是在驚濤駭浪之中，他都可以安然自若地生活下去。這就是他的「安身立命之地」。這個「地」就是人的精神境界。[19]

哲學可以給人一個「安身立命之地」，而天地境界是人的最高的安身立命之地，因此，天地境界也就是哲學所追求的最終、最高目的。在馮先生看來，哲學是人類精神的反思。以人生為對象而思之，就是對人生有覺解。透過哲學提高對人生覺解之程度，自然可以層層提昇吾人之精神境界。馮先生念茲在茲地再三叮嚀，哲學家不要忘記哲學的任務並承擔起哲學的責任，不要把本來是哲學應該解決的問題都推給宗教了。[20]

---

[17] 馮友蘭，《中國哲學史新編・緒論》（第一冊），《三松堂全集》（第八卷），頁15。

[18] 《三松堂全集》（第八卷），頁31。

[19] 《三松堂全集》（第八卷），頁32。

[20] 馮友蘭，《三松堂自序》，《三松堂全集》（第一卷），頁222。

　　馮友蘭先生贊成哲學而反對宗教，他十分明白地主張「以哲學代宗教」。[21]哲學與宗教之不同，馮先生以為有四：第一，宗教是根據迷信或者是同迷信分不開的。哲學則是尊重理性，反對迷信的。第二，宗教用的是形象思維，哲學則是理論思維。第三，宗教所幻想的世界模式是社會組織的反映，哲學所思考的世界模式則是人類精神的創造。第四，信仰宗教的人的精神境界不高，他可能是功利境界，因為他往往是希望憑藉對於上帝或諸神的信仰，以求得他們的保佑。有些人可能只是隨著大家做一些宗教的儀式，而莫知其所以然，這些人的境界就是自然境界。而由哲學所達到的境界可以是天地境界，那是人生最高的精神境界。[22]馮先生的宗教觀念明顯帶有一種理性的傲慢，並充滿某種基於理性主義對於宗教的偏見。宗教確有其迷信之成份，也有精神境界低下的信仰者，但宗教亦有其神聖的內涵，亦充滿令人感動而崇敬的高尚人格。此外，哲學是理性的事業，而宗教似乎是超理性之事務，等而視之，其論實有所不當。然其生命的四境界說，確有其深義，對於當今人們面對存在困境的超越之道，具有燈塔般光照引導之意義。

四、宗教的兩重世界觀與兩種超越

　　依法國社會學家涂爾幹（Emile Durkheim，1858-1917）的說法，所有已知的宗教信仰，都表現出一個共同的特徵，即把整個世界劃分為神聖的與凡俗的兩大領域。[23]因而，「宗教是一種與既與眾不同

21　馮友蘭，《中國哲學簡史》，《三松堂全集》（第六卷），頁9。
22　馮友蘭，《三松堂自序》，《三松堂全集》（第一卷），頁228-229。
23　涂爾幹，渠東、汲喆譯，《宗教生活的基本形式》，上海人民出版社，1999，頁42-43。

又不可冒犯的神聖事物有關的信仰與儀軌所組成的統一體系。」[24]但神聖與凡俗並非是一種純粹高低的等級差異，它們卻是截然不同而又勢不兩立的「異質性」事物，而這種「異質性」，涂爾幹則特別強調是「絕對的」。[25]神聖與凡俗的這種絕對異質性與一般所言善與惡、疾病與健康的對立，性質完全不同。善與惡只是同一類別，即道德領域中兩個彼此對立的事物；而疾病與健康也是同一類別，即吾人生命的兩種不同狀態。神聖與凡俗的這種絕對異質性極為徹底，因而二者形成一種名副其實的對立、互斥，就像迥然不同而無法同時共存的兩個世界。也就是說，只有徹底離開此一世界，才能完全進入另一個世界。因此，宗教要求其信徒們徹底鄙棄凡俗的世界，以便能夠進入宗教生活的神聖世界。[26]

另一方面，涂爾幹也反對將神聖事物簡單地理解為那些被稱為神或精靈的人格性存在，而主張：「一塊岩石，一棵樹，一泓泉水，一枚卵石，一段木頭，一座房子，簡言之，任何事物都可以成為神聖的事物。」[27]為何說「任何事物都可以成為神聖的事物」？涂爾幹認為，神聖與凡俗雖然是絕對異質性的兩種截然不同的事物，但兩者之間可以互相轉換。這種轉換是一種質的轉化過程，涂爾幹說：「當實現這種轉換的方式一經產生，就會從本質上將兩個領域的雙重特性顯露出來。事實上，這是一種真正的變態過程。」[28]涂

---

[24] 渠東、汲喆譯，《宗教生活的基本形式》，上海人民出版社，1999，頁54。
涂爾幹認為，構成宗教有兩個不可或缺的要素，其一是神聖事物，其二是教會。那些與神聖事物有關的信仰與儀軌，將所有信奉它們的人結合匯集在一個被稱之為「教會」的道德共同體之內，因而宗教明顯是集體的事物，這是其宗教社會學的基本立場：宗教是社會的產物。

[25] 渠東、汲喆譯，《宗教生活的基本形式》，上海人民出版社，1999，頁44-45。

[26] 渠東、汲喆譯，《宗教生活的基本形式》，上海人民出版社，1999，頁46。

[27] 渠東、汲喆譯，《宗教生活的基本形式》，上海人民出版社，1999，頁43。

[28] 渠東、汲喆譯，《宗教生活的基本形式》，上海人民出版社，1999，頁45。
這裡所謂的「變態」，當然不是指一般所謂心理不正常的邪惡狀態，而是指

爾幹進一步以許多民族都存在的成年禮儀式來說明這種從凡俗到神聖的轉換過程：「人最初在純粹的凡俗世界裡度過了自己的孩童時代以後，開始脫離這個世界，邁入神聖事物的世界。」[29]在此一轉換過程之中，發生了「連續性的斷裂」，一個人從凡俗的存在狀態轉變成一個神聖的存在狀態，從凡人成為宗教人。

當代著名的宗教思想史家伊利亞德（Mircea Eliade，1907-1986）亦將神聖與凡俗視為這個世界上的兩種存在模式，而這是在歷史進程中被人類所接受的兩種存在狀況。[30]一個宗教徒的生命便是生活在一個神聖與凡俗的雙重世界中，「他自然地作為人類的存在；同時他又分享著一種超越人類的生命，即宇宙的或者是諸神的生命。」[31]也就是說，人類的生命具有神聖與凡俗的雙重存在模式。不過，伊利亞德強調：「神聖是世俗的反面」[32]，而且「宗教徒只能生活在一個神聖的世界之中，因為只有在這樣的世界中他們才能參與存在，才能享有一個真正的存在。」[33]在宗教中，這種從凡俗到神聖的存在轉化，是對作為生物人的自然生命狀態的超越，其重大意義在表達了一種關於人類存在的特殊理念：「當人類被出生時，他並不是完整的，他必須被第二次出生，這種出生是精神性的。他必須經歷一個從不完美的、未成熟的狀態轉變到一個完美的、成熟狀態的過程才能成為一個完整的人。」[34]這種存在的轉化是在本體論地位上的一種質的徹底改變，伊利亞德如此陳述：「要想成為一個真

一種異質性的根本變化或說存在樣態的質變。

[29] 渠東、汲喆譯，《宗教生活的基本形式》，上海人民出版社，1999，頁45。
[30] 伊利亞德，王建光譯，《神聖與世俗》，〈序言〉，華夏出版社，2003，頁5。
[31] 渠東、汲喆譯，《宗教生活的基本形式》，上海人民出版社，1999，頁95。
[32] 〈序言〉，渠東、汲喆譯，《宗教生活的基本形式》，上海人民出版社，1999，頁2。
[33] 渠東、汲喆譯，《宗教生活的基本形式》，上海人民出版社，1999，頁30。
[34] 渠東、汲喆譯，《宗教生活的基本形式》，上海人民出版社，1999，頁104。

正意義上的人，他必須終止他的第一個（自然）的生命，然後再次出生為一個更為高級的生命。」[35] 也就是說，「一個人直到他超越了，在某種意義上講摒棄了他的『自然』的人性之後，他才能成為一個完整的人。」[36] 因為神聖是凡俗的反面，所以「對精神生命的進入總是需要對世俗狀態的中止，這樣一個新的生命才會緊隨其後而生。」[37] 因此，在從凡俗到神聖的轉換過程中，必然發生涂爾幹所說的「連續性的斷裂」，只有經歷此一「本體的轉化」（ontological transformation），一個凡俗的自然生物人才有可能成為一個神聖的宗教人（homo religiosus），這可以說是每一個宗教信徒（religious believer）的終極生命理想。

　　基於宗教的兩重世界觀，我們可以區分兩種不同的超越：形式上的超越與實質上的超越。宗教所追求的是實質上的超越，那是一種本體的轉化。「本體的轉化」是相對於「現象的變化」（phenomenological change）而說。現象的變化只是一種外在形式上的具體改變，並無相應的內在變化。就像隨著歲月的推移，人皆有身體上的成長，這並不隨之而自然帶來心理的成熟以及靈性的圓滿。人們也會因為生下小孩而成為父母，但並不會隨此角色的改變就自然成為一個稱職的父母。相對而言，本體的轉化是指生命在本體論地位上的一種徹底的改變，或者說，那是從一種存在方式到另一種存在方式的本體論的轉換。一個人若要想成為一個真正意義上的人，他必須終止他的第一個（自然）的生命，然後再次出生為一個更高級的生命。

---

[35] 渠東、汲喆譯，《宗教生活的基本形式》，上海人民出版社，1999，頁108。

[36] 渠東、汲喆譯，《宗教生活的基本形式》，上海人民出版社，1999，頁108。

[37] 渠東、汲喆譯，《宗教生活的基本形式》，上海人民出版社，1999，頁117。

五、道教對人生的洞察及其人文關懷

　　宗教總出現於人們生命不安之時，值此生命不安之際，宗教提供了某種生命安頓之道，讓人有回家的歸宿感。這個家不是世俗的家，它可以是精神的家，可以是靈魂的家或是上帝的家。

　　依哲學家威廉詹姆士（W. James，1842-1910）之見，任何宗教信仰的核心均包含兩部分：（一）某種生命的不安；（二）對此生命不安的解決。這種不安是一種當我們處在自然狀態下，感受到自身某種不對勁的狀態。它的解決就是經由與更高力量的適當聯繫，而從這種不對勁之中得到解救。[38]宗教無論是什麼，它都是個人對其人生處境的整體回應。一個有宗教信仰的人與一個普通人的回應是大不相同的。在現實世界中，無論我們多博學，總有我們所不知的事；無論我們能力多強，總有我們做不到的事；無論我們如何深思熟慮，總有意外發生；無論我們多麼善良，總有層出不窮化解不盡的邪惡；無論我們如何樂善好施，人生總還有諸多不幸；無論我們多長壽，總有一天會死。而站在我們生命的終點站——死亡面前，我們畢竟會成為無助的失敗者。然而對一個有宗教信仰的人來說，正是此時刻，宗教成為我們的救星，當我們的命運交付上帝[39]

---

[38] W. James，*The Varieties of Religious Experiences：A Study in Human Nature*，Routledge，2002，Centenary Edition，頁 392。詹姆斯強調這就是宗教問題真正的核心：「在極需救助的情況下，我們平常優雅的樂觀和理智與道德上的慰藉顯得多麼遙遠、多麼不相干啊！這就是宗教問題的真正核心：救命啊！救命啊！（Here is the real core of the religious problem: Help! Help!）」（頁129）

[39] 此處所指的「上帝」並非任何制度性宗教中所稱的至高無上的神，而是指在個人宗教經驗中所信仰的神聖對象，這是詹姆斯一再強調的重點：「如果

的手上，一切的缺憾終將滅絕，它為我們顯露出一線曙光。詹姆斯如此陳述人的這種不安及其解救：

> 有一種心境，只有宗教人士知悉，其他人則不知道。在這種心境中，維護自身與掌握自身的意志已經讓渡給另一種決心，他決定保持緘默，只在上帝的波濤巨浪中做一個無關緊要的人。在這種心境中，原來最懼怕的反倒成了我們的庇護所，而那必來的死亡時刻也成為我們靈性的生日（spiritual birthday）。我們靈魂緊張的時期已經過去，隨之而來的是歡悅的輕鬆、平靜的深呼吸、永恆的現在以及一個無須憂慮的未來。[40]

美國當代學者司特倫（Frederick J. Streng，1933-）在其《宗教生活的理解》（*Understanding Religious Life*）一書中則指出：宗教是實現根本轉變的一種手段。他進一步對此根本轉變做出論述：

> 人們從深陷於一般存在的困擾（罪過、無知等）中，徹底地轉變為能夠在最深層次上，妥善地處理這些困擾的生活境界。這種駕馭生活的能歷史人們體驗到一種最可信的和最深刻的終極實體。[41]

我們把宗教定義為個人與其認定為神聖對象的關係，我們必須將『神聖』一詞解釋得很廣，把它理解為任何似神（god-like）的對象，無論它是不是指向一個具體的神。」（《宗教經驗之種種》，頁 32。）就基督教徒而言，「上帝」是對此神聖對象很自然的稱呼，但我們不能太過隨意地將自己置於某一特定的神學立場，否則太快地將「神聖者」定義為基督教的上帝，或者伊斯蘭教的安拉，這對其他宗教並不公平。

[40] W. James，*The Varieties of Religious Experiences：A Study in Human Nature*，Routledge，2002，Centenary Edition，頁 42。

[41] 司特倫著，金澤、何其敏譯，《人與神——宗教生活的理解》，上海人民出版社，1991，頁 2。

基於宗教的兩重世界觀，此一根本轉變即彰顯為：從凡俗到神聖的存在轉化，從困擾不安到自在無憂的生命超越，這是宗教追求的終極理想。

道教作為一種宗教，有其獨特的宇宙生命觀，依此，對於人生亦自有其特別的洞察。道教把人生困境歸結為幾個重點，就是指人生無常、與憂俱生、大限難逃，或再加一個就是人生苦短。「人生不滿百，常懷千歲憂」，人生苦短，與憂俱生，「今日不知明日事，今年怎敢保來年」，「人生忽如寄，壽無金石固」，終有一死，不可預期。不管我們擁有什麼、過得多好，我們總還想擁有更多的東西，還想過更好的生活。但現實總無法盡如人意，經常是事與願違，終究是一憂苦的人生。人生苦短、無常、必有一死，且無處不憂，杞人憂天是憂，憂貧是憂，孔子「疾沒世而名不稱」是憂，憂道當然也是憂，簡單來講就是：人生在世無處不憂。這是道教對人類存在基本困境的洞察，而道教對此存在困境的解決方案就是在世修道，修道成仙。「得道成仙」是道教的核心信仰，成仙是一個道教信徒所追求的宗教理想，一個道教信徒追求「得道成仙」，這是一個捨凡入聖的轉化過程，也是一個解決存在困境的生命超越之道。人生在世而求修道成仙，此即彰顯道教的生命超越精神，此乃對在世存有之存在反思後的生命價值取向：

（一）超越與憂俱生而得逍遙自在；
（二）超越無常大限而得長生不死。

二者即構成仙的核心內涵，而道教此一生命超越之道正彰顯其人文關懷之向度。

生命之所以需要價值的反思與安立，就在於人性發展的可能性。而首先必須面對的大問題是：人是什麼？人是一種什麼樣的存在？質言之，人基本上是一種動物，但畢竟不同：人可以向上提拔

昇華，超越動物性的存在，成聖成賢成佛成仙；人也可以維持動物性的生命型態；但可怕的，也是我們所最擔憂的是：人也會向下墮落沉淪，連禽獸都不如。如是，很明顯地，某些人性發展的可能性對於幸福人生的追求與美好社會的建立即構成不利的因素。如何避免人性的沉淪，促成人性的提昇，開展人性的光彩耀輝，建立和諧安樂的社會，即是我們必須面對的重大課題，這就是「人文」。

　　「人文」一詞最早出現於《周易·賁卦·彖傳》[42]，其文曰：「綱柔交錯，天文也。文明以止，人文也。觀乎天文以察時變，觀乎人文以化成天下。」賁之義為飾，飾就是文。文與質相對待，質指事物的本質、天性，文則是事物的修整、潤飾。一個社會若質勝於文，無文飾或文飾不足，則無以發展；但若文勝於質，文飾過了頭，徒具形式名實不符，社會也會出問題。《論語》中即言：「質勝文則野，文勝質則史。」[43]明梁寅解釋賁掛曰：「賁者，文飾之道也。有質而加之文，斯可亨矣。……文飾之道，但加之文彩耳，非能變其實也。故文之過剩，非所利也。」[44]因此，社會文明的發展要有節制、限度，此一節制與限度必須透過人建立一套價值規範予以調控，這就是人文，即「文明以止，人文也。」[45]建立價值規範以止文明，在於止文明之過度，止文明之弊，其目的在於教化天下，真正成就文明，即「觀乎人文，以化成天下」達到「文質彬彬，然後君子」[46]的境界。以上所析乃「文明以止」之「止」的一個重要涵義：

---

[42] 見吳正南、王金芳編著，《中華傳統人文精神概論》，武漢：華中師範大學出版社，2001，頁39。

[43] 〈雍也第六〉，引自楊伯峻，《論語譯注》，北京中華書局，2000 十五刷，頁61。

[44] 轉引自李光地，《周易折中》（上冊），九州出版社，2006 三刷，頁137。

[45] 朱熹注《論語·子罕》「文王既沒，文不在茲乎」謂：「道之顯者謂之文，蓋禮樂制度之謂。」（朱熹，《四書集注》，陳戌國標點，岳麓書社，2004，頁125。）

[46] 朱熹，《四書集注》，陳戌國標點，岳麓書社，2004，頁125。

止而不過也，此明何楷所言：「止者限而不過之謂。」[47]除「限而不過」之義外，「止」另有一層重要的義涵，即「止於至善」之義，此義與「文」之引申義相互輝映，而構成「人文」之核心內涵：人性超越提昇的面向。

「文」即「花紋」、「紋路」的「紋」，本義是指相交錯的線條，《說文解字》：「文，錯畫也；象交文。」進一步，文亦指顏色有序的配合，如《周禮‧考工記》：「青與赤，謂之文。」《禮記‧樂記》：「五色成文而不亂。」顏色有秩序的配合即展現美麗的圖樣與光彩，因此之故，文進而引申而指一切事物有條理、有光采之具體呈現，即《釋名》所謂：「文者會集眾彩，以成錦繡。」依此而言，「人文」並舉之大義就是：將動物性存在的人向上提昇，使其生命綻放人性中的條理與光采，成就人性之完滿與社會之美善。

雖然我們身處一個爾虞我詐的社會，但誠信依然是我們肯認的價值。縱使這個社會多麼地貧富不均、資源分配不公，但公平正義還是我們努力的目標。當然這是一個不完美的世界，但是美好理想社會的追求，終究是我們奮鬥的理想。人性之中自有一份基本價值之期許，正如亞里斯多德（Aristotle，84-322 B.C.）所言：「一切技術，一切規劃以及一切實踐與抉擇，都以某種善為目標。」[48]人們總是自然而然地追求某種善。我們在社會所需要的不只是一位醫生、護士、老師、法官、工程師、科學家、公務員和領導人，我們所期待的是一位「好」醫生、「好」護士、「好」老師、「好」法官、「好」工程師、「好」科學家、「好」公務員和「好」領導人，這是人性中的基本價值歸趨，這也就是「人文」的根本內涵。因此，哲學家康德（I. Kant，1724-1804）說：「每個人都必須盡其力所能及

---

[47] 朱熹，《四書集注》，陳戍國標點，岳麓書社，2004，頁381。

[48] Aristotle，苗力田譯，《尼各馬科倫理學》1094a:1-3，收於苗力田主編，《亞里斯多德全集》（第八卷），北京：中國人民大學出版社，1992，頁3。

地去做，以便成為一個更善的人。」[49]這是每個人對其生命的基本責任，它如實回應了人性中的基本價值，乃彰顯人性之光彩，是對在世存有安身立命的人文關懷。

　　道教雖追求修道成仙的終極解脫，亦有關懷現實人生的生命安頓，此即道教人文精神的體現，一種「以道為本，關懷生命」的生命超越之道。

六、道教的生命超越之道

　　道教所追求的最終生命理想是得道成仙，仙是人所修成的，故要成仙就應學會做人，也就是說，要成仙先成人。李玉階先生指出：

> 道家數千年來重要的修持功夫，可分「超凡」、「入聖」、「登真」幾個階段。即是說：凡人要以學做聖人為起步功夫，先完成聖賢修養，達成聖賢境界，再談修真修道，而進入最後真人境界，以完成人生最高境界之目地。[50]

《雲笈七籤》中即有「從凡入聖登真」之說。[51]從「超凡」到「入聖」是「成人」的過程，而從「入聖」到「登真」則是「成仙」的過程。何謂「成人」？子曰：「見利思義，見危授命，久要不忘其生平之言，亦可以為成人矣！」[52]可見「成人」是一個德行、品格

---

[49] I. Kant，李秋零譯，《單純理性限度內之宗教》，台灣商周出版，2005，頁110。

[50] 李玉階，《靜坐要義》，帝教出版社，1992 再版，頁 58。

[51] 《雲笈七籤》卷四十五〈祕要訣法〉：「戒錄情性，止塞愆非，制斷惡根，發生道業，從凡入聖，自始及終，先從戒籙，然後登真。」〔宋〕張君房纂輯，蔣力生等校，《雲笈七籤》，華夏出版社，1996，頁 261。

[52] 《論語‧憲問》，楊伯峻譯注，《論語譯注》，中華書局，2000 十五刷，頁 149。

有很好修養的人，這就是元朝時淨明忠孝道的玉真先生劉玉所稱的「世間上品好人」[53]。超凡入聖就是要做一個世間上品好人。道書《唱道真言》也說：「不是聖賢豪傑，切勿指望成仙。不是一代儒宗，莫作玄門弟子。」[54]依此，修道之士欲成仙必須先修德，也就是須在人道世事中積善立功，「先完成聖賢修養，達成聖賢境界，再談修真修道，而進入最後真人境界」。知名的神仙道教學者葛洪雖力倡修煉金丹為成仙之上乘大道，但仍十分強調修德積善之關鍵性作用，他說：

> 欲求仙者，要當以忠孝和順仁信為本。若德行不修，而但務方術，皆不得長生也。……人欲地仙，當立三萬善；欲天仙，立千二百善。……積善事未滿，雖服仙藥，亦無益也。[55]

宋謝守灝所撰《混元聖記》中記載，天師張道陵率弟子入蜀，隱居鶴鳴山修煉，三年丹成，未敢服餌，謂弟子曰：「神丹已成，若服之，當沖天為真人，然未有大功於世，須為國家除害興利，以濟民庶，然後服丹輕舉，臣事三境，庶無愧焉。」[56]此事即彰顯「積善事未滿，雖服仙藥，亦無益」之義。葛洪進一步又指出積善立功修德的具體作法說：

> 覽諸道戒，無不云欲求長生者，必欲積善立功，慈心於物，恕己及人，仁逮昆蟲，樂人之吉，愍人之苦，賙人之急，救

---

[53] 《淨明忠孝全書》（卷之三）〈玉真先生語錄內集〉，張繼禹主編，《中華道藏》（第三十一冊），華夏出版社，2004，頁 585。

[54] 丁福保編，《道藏精華錄》（第三卷），北京圖書館出版社，2005，頁 400。

[55] 《抱朴子內篇‧對俗》，王明撰，《抱朴子內篇校釋》，中華書局，2002 五刷，頁 53。

[56] 《混元聖記》（卷之七），張繼禹主編，《中華道藏》（第四十六冊），華夏出版社，2004，頁 83。

> 人之窮，手不傷生，口不勸禍，見人之得如己之得，見人之
> 失如己之失，不自貴，不自譽，不嫉妒勝己，不佞諂陰賊，
> 如此乃為有德，受福於天，所作必成，求仙可冀也。[57]

清龍門派一代宗師元悟老人劉一明將「積德修行」視為修真九要中的第二要[58]，更說離積德而言修道，便是邪說異端、旁門左道。故有志修道者，須當以德行為重。何為德？「恤老憐貧，扶危救困，輕財重義，廣行方便者是也。」[59]何為行？「苦己利人，勤打塵勞，施德不望報，有怨不結仇，有功而不伐，有難而不懼，見義必為者是也。」[60]能積德立行，愈久愈力，則大道有望。劉一明即諄諄教誨：

> 德者自己人世之事，道者師傳成仙之事，不積德而欲修道，
> 人事且不能，仙道怎得成？可不三思乎！[61]

故修道者必須先立德做好自己人世之事，再進行修道成仙之事。約出於南北朝時期的道經《洞真太上太霄琅書》稱此為「學上道大乘之人」，他們「修己化世，勿逃山林」，也就是說，修道之要並不在於出家隱遁山林而是入世修德立功，經云：

> 凡學上道大乘之人，修己化世，勿逃山林。山林絕人，中小
> 避欲，合藥試術，研習奇方，是建德之細，非立功之大基。

---

[57] 《抱朴子內篇‧微旨》，王明撰，《抱朴子內篇校釋》，中華書局，2002 五刷，頁 126。

[58] 劉一明，《修真九要》，收於《道書十二種》，北京圖書館出版社，2006 二刷，頁 438。修真九要分別為：勘破世事第一要、積德修行第二要、盡心窮理第三要、訪求真師第四要、煉己築基第五要、和合陰陽第六要、審明火候第七要、外藥了命第八要、內藥了性第九要。

[59] 《道書十二種》，北京圖書館出版社，2006 二刷，頁 439。

[60] 《道書十二種》，北京圖書館出版社，2006 二刷，頁 439。

[61] 《道書十二種》，北京圖書館出版社，2006 二刷，頁 439。

山中立功無所，所以出世市朝，起創治館，繕寫經書，宣行妙
法，助國濟時，慈心精懃，抑惡揚善，孜孜匪懈，執正治邪，
賞罰以中。……急須功德，卻諸邪醜，眾難悉度，乃獲成真，
無功求真，是虛妄之學，如斷足希行，無成步之日矣。[62]

「無功求真，是虛妄之學，如斷足希行，無成步之日」是其諦義。
宋張伯端亦有詞云：

德行修逾八百，陰功積滿三千。均齊物我與親冤，始合神仙
本願。[63]

在世立功修德以求真，如此方合神仙本願。此一觀念可以歸結為《呂
祖全書》中的說法：「欲學仙道長生，先修人道為務。」[64]或者《淨
明忠孝全書》中所說的：「欲修仙道，先修人道。」[65]人道是仙道
之基礎，仙道是人道的極致，先作好人，進而才能成仙。先修人道
而超凡入聖，再修天道而超聖登真。修道的最終理想境界是：依天
道而行人道，則所行人道盡皆天道之彰顯。達到這樣的境界，王重
陽就稱之為「天仙」：

孝養師長父母，六度萬行方便，救一切眾生，斷除十惡，不
殺生，不食酒肉，協非偷盜，出意同天心，正直無私曲，名
曰天仙。[66]

[62] 張繼禹主編，《中華道藏》（第一冊），華夏出版社，2004，頁696。
[63] 〈西江月〉其十一，《悟真篇淺解》（卷下），王沐，《悟真篇淺解》，中華書
局，1997二刷，頁155。
[64] 《呂祖全書》（卷九），《藏外道書》（第七冊），巴蜀書社，1992，頁211。
[65] 《淨明忠孝全書》（卷之三）〈玉真先生語錄內集〉，張繼禹主編，《中華道
藏》（第三十一冊），華夏出版社，2004，頁584。
[66] 《重陽真人金關玉鎖訣》，《王重陽集》，白如祥輯校，齊魯書社，2005，頁
287。王重陽分仙為五等：（一）鬼仙：不持戒、不斷酒肉、不殺生、不思

當所行人道諸事皆「出意同天心」時，即是「天仙」。其弟子譚處端亦有詩以表此義：

> 為官清政同修道，忠孝仁慈勝出家。
> 行盡這般功德路，定將歸去步雲霞。[67]

　　總上所言，道教的生命超越之道：從「自然人」（凡人）先超凡入聖成為一個「道德人」（聖賢），再超聖登真成為「真人」（仙）；先盡人道成聖，再修天道成仙，乃完成生命超越的終極理想。「超凡」→「入聖」→「登真」，既是道教的生命超越之道，也是修道工夫之階序：從「超凡」到「入聖」是「盡人道」，而從「入聖」到「登真」是「修天道」。「先盡人道，把人做好」這是「超凡入聖」的起步功夫，此「先」即指在修道階序中之先於「超聖登真」之修天道。「先」完成聖賢修養，達成聖賢境界，「再」談修道登真成仙。「先盡人道，再修天道」中「先……，再……」之關係是一種在修行功夫上邏輯的先後次序，而非時間上的先後次序。事實上，「盡人道」與「修天道」二者其實是同步進行的，只不過就修行階次而言，登真的修天道是以成聖的盡人道做為邏輯上的前提。人道須「盡」，這是回應生命現實存在需求的基本責任，故曰盡；天道要「修」，那是對生命理想的超越追求，故言修。人作為一在世存有，即有其不可廢棄之事，那是存在本有的內在需求，一種活下去的基本責任，有此安立，方奠定修道成功的可能性。因此，在修道的生命超越上，應將之作為向上提升的堅實基礎，而非一種向下拉扯的干擾力量。人生在世一天，人道即不可免，應使之成為修天道之助力而非阻力。在盡人道

善者；（二）地仙：養真氣長命者；（三）劍仙：好戰者；（四）神仙：打坐修行者；（五）天仙：出意同天心者。

[67] 《水雲集》〈游懷川〉，《譚楚端‧劉處玄‧王楚一‧郝大通‧孫不二集》，白如祥輯校，齊魯書社，2005，頁17。

的基礎之上修天道，最終目的「天人合一」，所盡人道皆天道之彰顯。天人二者融通互涉息息相關，所有人道上的和諧均裨益於天道之完滿，所有天道之洞見則引導人道之歸驅，這就是天道人道合德的天人合一。天道人道並非割裂逆違的天人相分，而是天人合德之圓通無礙，依此而解，方能真正體悟「先盡人道，再修天道」的深刻義涵：「先盡天人貫通的人道，再修人性圓滿的天道。」[68]所盡人道是「天人貫通的人道」，所修天道乃「人性圓滿的天道」。這是面向神聖的生命超越，依天道而行人道，率人道以合天道，在人道中行天道，最終所行人道盡皆天道之彰顯。人間行道，道行人間，此乃止於至善之和諧生命理想，達此生命理想之得道者，謂之「真人」。

七、超凡：生命超越的起點

道教的生命超越有其追求的終極理想境界：「登真」，此一境界似乎過於高超玄遠，非比尋常，難以企及。但老子說過：「合抱之木，生於毫末；九層之台，起於累土；千里之行，始於足下。」（六十四章）道經《胎息經》則說：「勤而行之，是真道路。」[69]若無實踐行動，一切理想都是空談。有了理想，就要務實，循序漸進，按部就班，不可躐等，急於求成。「登真」必先「入聖」，「入聖」則在「超凡」，「超凡」是生命超越的起點，不「超凡」無以「入聖」，不「入聖」難致「登真」。要言之，「超凡」不僅只是生命超越的起點，更是最關鍵的功夫環節，一切的完美由此開始，但大多數人則在此結束，此為人間背棄神聖之必然。

---

[68] 李玉階，《師語》，帝教出版社，2005 再版，頁 108。

[69] 幻真先生，《胎息經注》，收於丁福保主編，《道藏精華錄》（第三冊），北京圖書館出版社，2005，頁 406。

　　「超凡」的基礎奠基於宗教的兩重世界觀，試圖從「凡俗的世界」進入「神聖的世界」，以成為一個真正完整的人。此一人類所希冀達到的宗教理想是建立在超越凡人層面上的，正如伊利亞德所一再強調之言：

> 想成為一個真正意義上的人，他必須終止他的第一個（自然）的生命，然後再次出生為一個更為高級的生命。……一個人直到他超越了，在某種意義上講摒棄了他的『自然』的人性之後，他才能成為一個完整的人。[70]

　　神聖與凡俗具有絕對的異質性，「道與俗異」，欲成道自須超俗，超俗成道是一種本體轉化的實質性超越，此即道門所謂：「人心死，道心生。」人心不死，道心不生，這是存在斷裂的生命徹底質變。

　　「超凡」作為生命超越之道的起點，其要點有二：一是對世俗價值的超越；二是對偏頗人性的超越。環顧當今局勢是非混淆、價值錯亂所造成的社會動盪、人心惶惶的不安氛圍，當愈能體會其重要性與急迫感，亦正突顯其鮮明的時代意義。

　　當前，我們生活在資本主義當道的社會中，資本主義的價值觀，不論在個人範疇還是社會層面均影響甚鉅。人們生活週遭充斥著形形色色創意十足誘人的商業廣告，透過蓬勃大眾媒體的推波助瀾，社會大眾陷溺其中，無法超拔，多少的行為抉擇被文化催眠式的廣告牽著鼻子走而一點也不自知。這正是我們的問題所在，而其嚴重性，正如社會學家艾爾金（Duane Elgin）所言，在於「廣告不僅只是推銷某種產品，它們並且推銷給我們隨著產品所無形帶來的思想態度、價值觀念與生活型態。服裝、汽車、餐具以及數不清的廣告中的東西，都傳輸給我們生活標準和行為模式方面，具有暗示

---

[70] 伊利亞德，王建光譯，《神聖與世俗》，華夏出版社，2003，頁108。

性的強烈訊息，從而形成我們社會的標準。」[71]這個社會標準就是
「消費的價值觀」，這種價值觀，一言以蔽之，就是「我消費，故
我在。」

消費成為所有經濟活動的唯一目的與指標，在此指標下，只當
一個人具有消費能力時，它的存在才有價值；而當一個人喪失其消
費能力時，它在資本主義社會中的存在價值便消失了。換言之，在
資本主義社會中，人類的存在價值是由他擁有什麼來界定的，而他
擁有什麼則是透過消費得來的；同時，人們也習於以年消費金額來
衡量一個社會的生活水準，並認定消費越多者比消費較少者來得更
好，因為「消費的價值觀」之基本假設是：消費越多，你就會得到
越多的快樂。因此，我們很清楚地看到，所有的商業廣告無所不用
其極地，露骨或隱然地，激情或溫情地，不斷挖掘、刺激人們的慾
望；可怕的是，慾望被越挖越大，形成一種十分飢渴的生活型態。
為了填滿日益擴大的慾望深壑，必須增加消費擁有更多，但可悲的
是，更多的擁有並沒有帶來真正的滿足，反而是更大的飢渴。人們
沉淪於此惡性循環的洪流之中，無法自拔，此等焦慮不安的存在情
境，正印證了亞里斯多德的警語：對於越來越多的無止境追求是病
態的，超過了某一個界線，「擁有越多」對於生活是具有破壞性的。
因此，在物質文明光鮮亮麗的表相之下，所隱藏的其實是一顆顆動
盪不安的心靈，更糟的是人們並無此自覺。當然，無可否認地，資
本主義社會物質文明的發達，也為我們日常生活帶來前所未有的
便利。不過，我們也為了擁有科技文明的便利，付出永無止境的
辛勞，最後卻無法真正悠閒地享受便利。就算我們在享受使用的
便利，另一方面我們也在默默地承受其制約，在獲得速度與便利

---

[71] D. Elgin，*Voluntary Simplicity*，張至璋譯，《自求簡樸》，台灣：立緒文化，
1996，頁 198-199。

的同時，也在流失生活的自由度與生命的自主性。這是我們須清明警醒之處。

　　老子提出了「為道日損」（四十八章）之生命超越的修道原則，修道之所損，乃日損其一己情欲妄念之造作，損之又損，以至於反璞歸真的合道自然，即老子所謂的「復歸於嬰兒，復歸於無極，復歸於樸」（二十八章）的生命狀態。致虛守靜則可視為「為道日損」的具體功夫，依此用功，勤行不斷，自然能復歸於嬰兒、復歸於無極、復歸於樸，「嬰兒」、「無極」、「樸」都是老子用來形容返本復初與道渾一之虛靜境界。這是老子的「虛心之教」，透過「滌除玄鑒」（十章）的功夫，盡除心中情欲妄念等心垢，達到虛靜清明的境界，即能觀復知常，體道合真而沒身不殆。修道功夫的此一過程，恰與一般人之心馳向外相逆反，因為「五色令人目盲；五音令人耳聾；五味令人口爽；馳騁畋獵，令人心發狂；難得之貨，令人行妨」（十二章），所以日損情欲之虛心功夫，就是要掃盡心中不知足之貪欲，最後達到合道自然之恬淡素樸的生命狀態，如此方是長生久視之道。一味向外追求物欲之滿足則使人心神外馳，精力耗散，長此以往，「物壯則老，是謂不道，不道早已。」（三十章）老子又言：「天之道損有餘而補不足。」（七十七章）聖人體道而行，亦應維持生命之和諧平衡，方能像天長地久般長生久視。這是老子「虛心實腹、儉嗇知足」之教，也就是除了滿足生命中的基本需求之外，盡除心中不知足之貪欲，以一種知足儉嗇的方式生活。老子強烈地告誡人們：「禍莫大於不知足，咎莫大於欲得。」（四十六章）不知足欲得的心，終究會為生命帶來禍患。吾人於生活中，追求五色、五音、五味、馳騁畋獵，尚賢（名），貴難得之貨（利），最後導致老子所說的：目盲、耳聾、口爽、心狂、爭名、盜利等，凡此種種皆是害生之舉。因此老子要人們「見素抱樸，少私寡欲。」（十九章）「去甚、去奢、去泰」（二十九章），最後達到合道自然之恬淡

素樸的和諧生命狀態。這樣的生命狀態與一般人是相當不同的，正如老子自己所言：「眾人熙熙，如享太牢，如春登台。我獨泊兮其未兆，如嬰兒之未孩。」（二十章）達到這樣的生命狀態，也就是老子所謂的「深根固柢，長生久視之道。」（五十九章）

　　這種對世俗價值逆反超越的為道日損觀，可歸結為葛洪之所言：

> 以富貴為不幸，以榮華為穢污，以厚玩為塵壤，以聲譽為朝露。[72]
>
> 視爵位如湯鑊，見印綬如縗絰，視金玉如土糞，睹華堂如牢獄。[73]

依道教的宇宙生命觀，人是道欲並存的在世存有。人之追求功名利祿、奇珍厚玩、安逸舒適是為常情，乃人欲之自然。但人欲若違道而為生命之主宰，將導致存在之憂苦，因此對於欲望應該有一正當的處理，以避免生命陷入困境，甚或絕路。是故，「為道日損」之生命超越的修道觀必然對世俗的價值有一超越的安頓。

　　此外，面對人性之中惡的傾向所導致的邪行，亦應予以對治，這是「超凡」的第二個要點：對偏頗人性的超越。人性飢寒會起盜心，飽暖又會思淫慾，見利會害義，見危會逃命，輕諾而寡信。同時，人性相當脆弱，非常容易受到誘惑而無以自拔，此正如葛洪所言：「榮華勢利誘其意，素顏玉膚惑其目，清商流徵亂其耳，愛惡利害擾其神，功名聲譽束其體。」[74]此亦是老子對人類的諄諄警示：「五色令人目盲，五音令人耳聾，五味令人口爽，馳騁畋獵令人心發狂，難得之貨令人行妨。」（十二章）見可欲就心亂，足見人性

---

[72] 《抱朴子內篇·論仙》，王明撰，《抱朴子內篇校釋》，中華書局，2002 五刷，頁 15。

[73] 王明撰，《抱朴子內篇校釋》，中華書局，2002 五刷，頁 19。

[74] 王明撰，《抱朴子內篇校釋》，中華書局，2002 五刷，頁 110。

多麼容易受到誘惑。而人性也不夠堅強，易受打擊而無以持志。因富貴而淫、貧賤而移、威武而屈，常人窮志短、懷憂喪志。凡此種種偏頗之性應予超越，道經《天人日誦廿字真經》揭示了一些對治導正之道：

> 以忠與恕，而正奸詐；以廉與明，而治貪污；以德與正，而治酷偏；以義與信，而治背亂；以忍與公，而治殄私；以博與孝，而治暴逆；以仁與慈，而治幽厲；以覺與節，而治痴吝；以儉與真，而治濫偽；以禮與和，而治侮慢。[75]

奸詐、貪污、酷偏、背亂、殄私、暴逆、幽厲、痴吝、濫偽、侮慢等等皆為人性偏頗的行為表現。人生離不開行為，而行為是人際之間的互動所引發，從而產生人倫關係。行為涉及正當性，正當的行為稱作善，不當的行為便是惡。此德性在人生中具有特別的優先性，因為人若不重視德性，或是缺德，不僅人獸難辨，甚者禽獸不如，這必然引起人際間的衝突，破壞社會的和諧安樂，進而導致個體人生的不幸福。今日社會動盪不安、亂象叢生，不擇手段之敗德惡行到處可見，此即價值觀念日趨式微之跡。德性之重要，在於：依此而行，可成就人性、安立社會、幸福可享，更是超凡入聖之門徑。忠、恕、廉、明、德、正、義、信、忍、公、博、孝、仁、慈、覺、節、儉、真、禮、和等等即是我們對治偏頗人性所應成就之德行。

　　總結「超凡」二要點：對世俗價值的超越與對偏頗人性的超越，其實踐主要表現在兩要項上：少私寡欲的心性轉化與去惡行善成德的人格提升。若能如是「超凡」，即「入聖」矣。

---

[75] 《天人日誦廿字真經》，帝教出版社，1999，頁 26-27。

八、結語：選擇窄門

〈馬太福音〉第 7 章 13-14 節的經文中說到：

> 你們要進窄門。因為引到滅亡，那門是寬的，路是大的，進去的人也多；引到永生，那門是窄的，路是小的，找著的人也少。[76]

進入永生天堂的門是窄的，路是小的，找著的人也少，修道的生命超越之途亦然。道教的生命超越之道就是超凡入聖登真之價值轉化而止於至善的艱辛奮鬥歷程，那是基於生命反思之心靈價值覺醒所啟發的超越性實踐行動。選擇進窄門即意味著：從凡俗到神聖之生命超越的價值取捨，這是與世俗逆反的價值取向。道門所謂：「人心死，道心生」、「順則生人，逆則成仙」，此一「逆」字乃彰顯道教生命超越之根本內涵，亦即老子言「反者道之動」（四十章）之「反」，它既是對世俗價值之逆反超越，同時也是返本還元的歸根復命。道教的生命超越其本質實乃向真性本心的回歸，唐末五代的高道杜光庭言：「靜而致道者，是復歸所秉妙本之性命也。」[77]其說甚切，超越即回歸，最高即最深。

最後引用當代高僧聖嚴法師的法鼓精神做一結語：「提升人的品質，建設人間淨土。」雖然要達到登真的生命境界是既艱辛又遙遠，但我們可以從超凡入聖開始做起。每個人都能提升品質做一個世間上品好人，點亮心中的明燈，自我大放光采，社會也就光明。

---

[76] 《聖經》（新標點和合本），聯合聖經公會，1996。

[77] 杜光庭，《道德真經廣聖義》（卷十五），張繼禹主編，《中華道藏》（第九冊），華夏出版社，2004，頁 640。

結語

修道成仙：超越與回歸

宗教總出現於人們生命不安之時，值此生命不安之際，宗教提供了某種生命安頓之道，讓人有回家的歸宿感。依哲學家威廉詹姆士（W. James，1842-1910）之見，任何宗教信仰的核心均包含兩部分：（一）、某種生命的不安；（二）、生命不安的解決。這種生命的不安是一種當我們處在自然狀態下，感受到自身某種不對勁的狀態。它的解決就是經由與更高力量的適當聯繫，而從這種不對勁之狀態中得到解救。[1]這種生命不安之解救乃人性中之靈性需求，此一需求若無法得到滿足，將導致生命停頓的存在虛無感，也就是感到人生不對勁的某種不安。而此需求的滿足則會給人帶來生命意義的安立，這讓我們覺得生命是值得活的，不至於在死亡到來之時方悔虛度年華，一生白活，也就是對生命不安的解救。這其實就是神學家保羅田立克（Paul Tillich，1886-1965）對於宗教的界定：「終極關懷」（ultimate concern），他說：「宗教，就其最寬廣、最基本的意義而論，就是終極關懷。」[2]

宗教基本上是一種信仰（belief），而信仰是一些被相信為真的陳述，它們都是真理主張。一般而言，它們都圍繞著五個基本領域：

---

[1] W. James，*The Varieties of Religious Experiences：A Study in Human Nature*，Routledge，2002，Centenary Edition，頁 392。

[2] Paul Tillich，*Theology of Culture*，Oxford University Press，1959，頁 7-8。

第一，人們發現自己陷於困境之中；

第二，人們需要某種方式來解決此一困境；

第三，有一個超越的存在，它或者幫助我們，或者是我們存在的目標；

第四，這個超越的存在可以某種特定方式去理解或接近；

第五，我們必須做些事情以達致拯救或解放。[3]

　　道教作為一種宗教，自有其別於其它宗教之獨特的宇宙生命觀，依其獨特的宇宙生命觀，對於人生亦自有其特別的洞察。道教把人生的基本情境歸結為幾個重點：人生無常、與憂俱生、大限難逃，或再加一個就是人生苦短。「人生不滿百，常懷千歲憂」，人生苦短，與憂俱生，「今日不知明日事，今年怎敢保來年」，「人生忽如寄，壽無金石固」，終有一死，不可預期。不管我們擁有什麼、過得多好，我們總還想擁有更多的東西，還想過更好的生活。但現實總無法盡如人意，經常是事與願違，終究是一憂苦的人生。人生苦短、無常、必有一死，且無處不憂，杞人憂天是憂，憂貧是憂，孔子「疾沒世而名不稱」是憂，憂道當然也是憂。這大抵是道教對人生基本情的洞察，而此人生的基本情境也可以說就是人類存在的基本困境，道教對此存在困境的解決方案就是在世修道。修道成仙，就是道教解決人類困境的拯救之道，因此，道即成為人類存在的終極目標。《陰符經》云：「觀天之道，執天之行」，欲得道成仙必先修道，修道須知道，「觀天之道」即在知道，觀而能知天道之奧妙，「執天之行」即修道，依天道以行人道，率人道以合天道。

---

[3]　M. Peterson，W. Hasker，B. Reichenbach & D. Basinger，*Reason & Religious Belief: An Introduction to the Philosophy of Reluguon*，孫毅、游斌譯，《理性與宗教信念——宗教哲學導論》，中國人民大學出版社，2005，頁9。

若能真正做到「觀天之道，執天之行」，就能了知天道之奧秘，掌握變化之機，竊陰陽五行之氣，奪造化之權，最後達到「宇宙在乎手，萬化生乎身」天人合一之境界，我命在我不由天，生命自作主宰，真正解決人生存在之困境。這可說是道教的生命超越之道。

神仙崇拜是道教信仰的核心，是道教不同於其他宗教教義的最顯著之點。修道成仙是道教的宗教理想，「仙」就是所追求的生命最高境界。道教即以追求修道成仙、長生不死為最高目標。仙是人透過某種方式所成就的一種特殊存在樣態，至於此一特殊存在樣態之實質內涵為何，則存在很大的歧見，而形成不同的觀點，然大體而言可歸結為幾種類型：既有舊身不改的「肉體長生不死成仙」之說，亦有強調身外之身的「陽神沖舉」說，「生前積德死後成仙」之說，還有「全性歸真成仙」之論。不管是生前修持即身成就，還是生前修持死後解脫，都展現了「我命在我不由天」這一核心精神。修道成仙（神）的根本就是追求一種生命自主的轉化超越，成就更高的生命境界。

道教的生命超越之道就是超凡、入聖、登真之價值轉化而止於至善的艱辛奮鬥歷程，那是基於生命反思之心靈價值覺醒所啟發的超越性實踐行動，此一超越性的實踐行動實即吾人面對存在困境的拯救之道（way of salvation）。生命若無向上一層境界之翻轉超越，終難避免陷於在下層生命中諸多善惡對立的爭奪拉扯。只有生命境界之超越方能徹底解決人生根本的勞苦煩憂，這是修道成仙所揭示的一種以道觀之安身立命之道。

就道教而言，此一拯救之道也就是吾人在超凡、入聖、登真的生命價值理念下所進行的存有論上的朝聖（pilgrimage of Being）。這種存有論上的朝聖即意味著：從凡俗到神聖之生命超越的價值取捨，這是與世俗逆反的價值取向。道門所謂：「人心死，道心生」、「順則生人，逆則成仙」，此一「逆」字乃彰顯道教生命超越之根

本內涵，亦即老子言「反者道之動」（四十章）之「反」，它既是對世俗價值之逆反超越，同時也是返本還元的歸根復命。道教的生命超越其本質實乃向真性本心的回歸，唐末五代的高道杜光庭言：「靜而致道者，是復歸所秉妙本之性命也。」[4]其說甚切。雖然要達到登真的境界是生命止於至善既艱辛又遙遠的超越歷程，但我們可以從超凡入聖開始做起，轉化心性，提升人格，做一個世間上品好人。每個人心中都有一盞明燈，點亮它，自我放光采，社會就光明，而這也正是道教生命超越哲學的核心精神及其時代意義之所在。

　　天道乃人道之價值本源，也就是人性中價值之善的活頭源水，而為人們生命安頓所歸宿之處。《周易·繫辭上傳》言：「一陰一陽之謂道，繼之者善也，成之者性也。」[5]又言：「易其至矣乎！夫易，聖人所以崇德而廣業也。知崇禮卑，崇效天，卑法地。天地設位，而易行乎其中矣。成性存存，道義之門。」[6]人本有之善性不是一個靜態的結構，而是繼善成性的動態成就，依道繼善成性，此乃道義之門。若人性中的價值之善得以完滿實現，那就是生命最高的境界，在此境界中，所行人道皆天道之體現，天道即彰顯於人道之中，這就是「天人合一」，修道的最高境界。何謂修道？依天道以行人道，率人道以合天道，是名修道。「修道」可以界定為：「在人道中體現天道」，在人世中「觀天之道，執天之行」即修道的實質內涵。人是道欲並存、天人兼有的生命體，修道之要即在除欲存道，捨人入天。修道之終極目的則在：所行人道盡皆天道之體現，所遂之欲實皆道心之彰顯。在超凡、入聖、登真的生命轉化超越的修道歷程之中，於日用倫常中修心養性，治人道而返天道。修道必以天道為

4　杜光庭，《道德真經廣聖義》（卷十五），收於張繼禹主編，《中華道藏》（第九冊），頁640。

5　余敦康，《現代周易解讀》，華夏出版社，2006，頁330。

6　同上，頁333。

依歸，而天道自在人心，故修道的生命超越歷程，實即向吾人真心本性之回歸，返本還元的歸根復命。超越即回歸，最高即最深，最終即最初，此乃一完美的圓。故有詩云：

> 光陰似箭催人老，髮白容枯轉眼到；
> 朝青暮雪無常速，超凡入道修宜早。

> 先盡人道再修天，不顧塵緣難作仙；
> 超凡入聖復登真，人性圓滿自功全。

> 道在欲中不離身，懲忿窒欲方成真；
> 天心自於人心見，天人合處本無分。

附錄

崇真修道集

附錄記言

　　《修道成仙：道教的終極關懷》一書，醞釀多年，前後陸陸續續撰寫並發表一些相關之論文，將這些零散的論著在加以補充統整，最終彙為一冊，就是目前這本著作。

　　撰寫學術論文，首重理性嚴謹的概念分析與邏輯論證，其成果即構成本書之主體內容。而於理性運作之外，亦常深有所感，每於會意之處即應心隨手賦以詩文，皆當下體悟會心之抒發，藉詩文表述之，不求辭美，不論平仄，但貴意真。全書寫就，竟得詩二百餘首，集為一卷，名《崇真修道集》，以為本書附錄。主體論文代表個人對於道教修道成仙思想之釋義理解，附錄則是吾之會意心解，共為參照，理情交融，實相得益彰。

　　「崇真修道」一詞引自丘處機《磻溪集》卷六〈報師恩〉詩：

> 一方盛景滿川稀，水竹彎環四面圍；
> 簇欄名花紅冉冉，當門幽檜綠依依。
> 爭歌稚子春風舞，鬥巧靈禽曉樹啼；
> 社內人家三十戶，崇真修道壓磻溪。

丘處機於其師王重陽死後，守墓三年，辭別道友，孤身棲隱磻溪，苦志虔行修道六年。「崇真修道」一詞正彰顯道教信徒自我修煉之生命超越的艱苦卓絕心志，亦展現其虔誠之不惑信仰與真修勤行之實踐意志，同時也表達了一己對道教修道成仙思想理解會義的一個總心得，故以之為詩集名。特贅數言以記之。

劉見成

庚寅年春於涵宇書齋

〈鏡心吟〉

雲來雲往天自清，花開花落地常寧；
得失順逆時相與，應物無情心若鏡。

〈歸真吟〉

日升日落天無為，月圓月缺體無虧；
絕情去欲得性真，憂苦人間不再回。

〈隨緣自在吟〉

人生人死世猶在，情喜情悲事不改；
隨應隨滅任自然，心無罣礙真自在。

〈天行人符吟〉

蟬鳴鳥啼清風起，心寧意靜濁懷滌；
竹翠草綠黃花豔，天行人符是非寂。

〈兩行吟〉

群峰猶在孤雲飛，世事兩行和是非；
記取鵬鳩各適志，齊赴霄漢共聚杯。

〈心自在〉

美酒佳餚我不挑，食簞飲瓢亦不逃；
富貴窮達有時運，自在逍遙由心造。

〈為道日損〉

為學日益為道損，玄珠一粒出凡塵；
春夏秋冬四時宜，天干地支總是春。

〈和光混俗〉

清風細雨滌濁埃，山月水花觀自在；
韜光養晦紅塵隱，披褐混俗玄玉懷。

〈違俗〉

不羨人富不慕貴，功名榮祿知進退；
人競汲營我獨默，山嵐草露令人醉。

〈唯道集虛〉

白雲出谷天任飛，大風入竅籟相隨；
寂然不動感遂通，用心若鏡道自歸。

〈心閒吟〉

松下聽風遠塵喧，湖畔觀水避人煙；
心清意靜好修真，忙中有閒是神仙。

〈入道吟〉

山清人靜聞天籟，心遠地偏忘塵埃；
朝青暮雪無常速，篤志勤修入蓬萊。

〈轉念吟〉

人生有憾苦難圓，不亡待盡赴黃泉；
只道圓憾在一心，離苦得樂須轉念。

〈自在吟〉

林幽山靜友清風，泉潋水謐朋老松；
若無閒事掛心頭，逍遙自在一仙翁。

〈天行自然吟〉

功名利祿競相邀，摧眉折腰憾難消；
觀天之道任自然，執天之行樂逍遙。

〈仙鄉吟〉

雨過天清景象新，朱顏未改濁塵湮；
若問仙鄉何處是，心垢盡除在爾身。

〈道心觀物吟〉

涵虛靜養性中天，大海能容納百川；
道心觀物皆自得，蓮花開遍崑崙山。

〈道通一氣吟〉

虛極靜篤心自寬，是非榮辱不足患；
一氣聚散陰陽和，死不可悲生何歡。

〈逆修吟〉

量寬志廣修持心，容物安人大胸襟；
三清道上虔勤行，顛倒陰陽掌乾坤。

〈宗教大同吟〉

一道同風任西東，殊途無礙上巔峰；
萬教歸宗入玄牝，和諧至樂現大同。

〈自適吟〉

鯤鵬蜩鳩皆顯道，順性適志自逍遙；
龍飛在天魚躍淵，取其所宜各暢茂。

〈樂道安貧吟〉

曲肱猶作安樂枕，簞瓢無礙自家春；
抱樸見素知止足，歸根復命妙乾坤。

〈赤心吟〉

天光雲霞任我採，水色山嵐暢吾懷；
離塵脫俗契天美，赤子童心大自在。

〈全真吟〉

保體施光在添薪，全生用才惟識真；
若到清靜無為處，煉去渣穢礦成金。

〈淨心吟〉

心垢盡除道眼清，得其環中應無窮；
方寸無塵明鏡現，春夏秋冬不老松。

〈本真吟〉

和光同塵無著事，披褐懷玉不尚時；
不求人知望天察，本來真性作道師。

〈斷緣自在吟〉

山月水花伴秋風，玄真只緣在心中；
慧劍高舉斷萬緣，逍遙閒散任西東。

〈圓通無礙吟〉

心地塵盡靈台明，性天雲散玄珠瑩；
六門無礙一家親，內方外圓道相通。

〈應物無累吟〉

波瀾不驚碧淵泉，浮雲無礙蔚藍天；
鯤游鵬飛皆自在，應物無累蓬萊仙。

〈懷道行德吟〉

懷道而入紅塵界，秉德以行世間業；
慧風掃盡蔽天雲，雲開明綻家家月。

〈修道吟〉

日月推移催人老，愛戀思欲添憂惱；
朝青暮雪無常速，超凡入道迎春曉。

〈捨俗入道吟〉

萬古明月照山頭，祥雲瑞氣繞瓊樓；
捨俗超塵歸真路，洗心滌意入瀛洲。

〈心耕吟〉

心田弗掃生荒草，愛欲恩情惹憂惱；
損之又損勤修持，草除心淨自逍遙。

〈虛心吟〉

尋真訪玄離煩操，虛無清靜真大道；
俗事塵勞不累心，應物若鏡自無惱。

〈大道自然吟〉

君心不昧悟玄理，四時推移不可逆；
大道自然本無修，安時處順總相宜。

〈無欲吟〉

心中無欲似天青，天青無雲萬象明；
琅琅乾坤金光耀，陰盡陽純入蓬瀛。

〈契真吟〉

抱道懷德樂清貧，松間野鶴若閒雲；
曲肱簞瓢無所憂，超塵自在契性真。

〈修道宜早〉

光陰似箭催人老，髮白容枯轉眼到；
朝青暮雪無常速，超凡入道修宜早。

〈功行兩全吟〉

修心養性真功懷，濟世度人真行栽；
功行兩全性圓滿，騰雲駕鶴上蓬萊。

〈修道吟〉

清心靜意好修仙，出塵離俗入洞天；
垢盡鏡明靈光耀，照微三界掌坤乾。

〈逆俗修真吟〉

念俗忘道養假身，念道忘俗修本真；
修真養身行相逆，扭乾轉坤登霞雲。

〈適心吟〉

道生萬物朴散器，妝點人間造化奇；
清風明月兩適心，行住坐臥皆快意。

〈求實吟〉

道常通變定性基，方圓曲直總歸一；
美玉處石珠在蚌，披褐無礙懷中理。

〈迷悟吟〉

迷貪世寶喪內珍，違逆性本失道真；
一心迷悟兩般情，捨凡入聖日日春。

〈性純心空吟〉

浮雲散盡性天淨，塵垢不染心地空；
性淨心空本真現，三界十方道相通。

〈功行兩全吟〉

皈依大道積德行，盡除心垢累真功；
功行兩全沐天恩，乘雲駕鶴赴玉京。

〈洗心歸真吟〉

割情絕愛斷攀念，脫塵卻俗入道玄；
洗心離垢返本真，萬丈毫光透性天。

〈為道日損吟〉

塵事世情皆須絕，為道日損修行訣；
損之又損致虛極，琅琅性光開心月。

〈入玄吟〉

身靜事空心清澄，情割恩斷性惺忪；
齊同慈愛異成親，普化群倫入玄宗。

〈一道同風吟〉

三清道上一家風，山水雲游任西東；
心上無事事無心，逍遙自在一仙翁。

〈自然無為吟〉

恰如殘雪遇春陽，萬象欣榮滿穹蒼；
道化天人任自然，心無為處是仙鄉。

〈脫俗歸真吟〉

脫塵離世歸真路，道行仙功心上悟；
積善立德滿三千，無常人生不虛度。

〈悟真吟〉

修真悟本入仙鄉，照破暗室永呈祥；
一靈明耀透三界，天光雲彩遍十方。

〈修行吟〉

尋師訪道覓訣真，但憑妙理養靈根；
塵緣俗情無牽累，紫書來詔沐天恩。

〈玄珠吟〉

浮雲消散碧天晴，一顆性珠神光生；
明耀大千內照真，隨步烟霞上玉清。

〈修仙吟〉

塵中養就不朽丹，泥裡長開不染蓮；
在世修功不累心，超凡入聖復登仙。

〈捨俗入道吟〉

身若草頭朝露珠，髮白體衰容枯速；
捨俗入道悟真常，不謝仙花傲霜林。

〈樂道安貧〉

簞瓢居陋回不憂，蓬戶甕牖憲無愁；
飯疏曲肱丘亦樂，安貧合道入瀛洲。

〈勤修吟〉

養心頤神歸純素，乾朝惕夕作功夫；
嗜欲深者天機淺，掃除誘慕自來福。

〈涵虛吟〉

清心寡欲若鏡明，虛懷若谷似海容；
鏡明照物了萬象，海容納水藏真龍。

〈體道吟〉

道化天人普陰陽，取坎填離顯嘉祥；
玄妙正覺轉乾坤，仙花綻放處處香。

〈虔心勤行吟〉

法界同春真相會，苦志虔心道相隨；
修行立功莫遲疑，蓬萊仙鄉指日歸。

〈入道悟真吟〉

捨俗入道歸玄宗，悟真去假顯家風；
一燈照破千年暗，朗朗乾坤在心中。

〈修道恨晚吟〉

歲月如流逝不返，霜殘葉黃轉眼現；
下手速修猶太晚，光陰虛擲誠可嘆。

〈性命雙修吟〉

無根之樹轉眼枯，修性須與修命輔；
虛極靜篤丹自成，保命存性超萬古。

〈體天心吟〉

道生陰陽造化真，萬物靜觀皆有春；
仙人笑指通玄處，翠竹黃花天地心。

〈絕俗吟〉

黃粱一覺風中燭，富貴浮雲功名露；
好道脫俗觀玄竅，靜坐入妙體真如。

〈道心吟〉

貪嗔痴愛人心危，恬淡寡欲道心微；
人心煉盡道心生，步上烟霞鶴相隨。

〈勤修吟〉

理全欲淨修真訣，喜怒哀樂發中節；
道在篤行非虛言，苦志虔心永不懈。

〈體行吟〉

大道無形不可言，妙理玄功經師傳；
傳不可言非知解，謹邀眾生親屢驗。

〈雲散天清吟〉

名利累心色迷性，浮雲蔽天月不明；
待得雲散天清時，心月性光印泉澄。

〈入妙吟〉

大道自能換俗骨，超凡入聖成仙祖；
凝神識竅自得妙，雪花紛飛漫天舞。

〈一靈常照〉

恩愛割斷除煩惱，寵辱不驚去憂擾；
塵埃掃盡性天清，一靈常照如月皎。

〈仙風道骨〉

靜到極處一陽動，觀至虛時萬慮空；
陽動慮空形神妙，仙風獨抱道骨清。

〈樂道安貧〉

道成德備貧猶樂，仁虧義缺富亦忝；
子曰憂道不憂貧，樂道安貧且高歌。

〈見性吟〉

六塵不淨難見性，真性不見失慧命；
潔欲心清性天現，見性慧生自靜定。

〈自然無為〉

春榮秋殺任自然，悲歡離合各有緣；
安時處順為無為，一日清閒一日仙。

〈雲水樂〉

白雲紅日洞天幽，綠水青山峰巒秀；
雲水之樂何人識，居陋飯疏亦悠悠。

〈苦志虔心〉

石中隱玉蚌藏珠，須憑匠師下功夫；
修心煉性真光現，功行圓滿赴帝都。

〈體妙吟〉

瞻像生敬靜悟玄，塵盡鏡明天地鑑；
無為自然契道妙，逍遙自在蓬萊仙。

〈歸根返璞〉

淑性啟妙誦經德，步虛飄渺出塵樂；
大道玄虛復平實，歸根返璞逍遙客。

〈仙樂吟〉

清靜淡泊仙家樂，超塵出俗皆自得；
洗心滌慮下功夫，玄珠在握烟霞客。

〈述懷〉

坐破蒲團無所求，無底瓶中釀美酒；
自然無為契妙處，塵囂不礙雲水游。

〈太虛同體〉

修真養素超凡塵，忘情息慮返天真；
太虛同體游天地，仙花怒放滿乾坤。

〈修道〉

上士學道求於心，下士求術中士身；
迷人著相事上修，焉知逆返方全真。

〈靜參〉

喧囂幽隱任自然，入妙達玄靜中參；
迹寄人間通象外，性中自開不凋蓮。

〈靜坐〉

香煙繚繞自升玄，垂簾靜坐別有天；
恍恍惚惚杳冥處，騰雲駕鶴崑崙巔。

〈近道〉

老衰命盡終難逃，名霧利露轉眼消；
塵勞俗累須超越，心游物外方近道。

〈焚香靜坐〉

焚香靜坐暫離塵，心誠意虔如帝臨；
不求人知望天察，超凡入聖體玄真。

〈天人合一吟〉

天理昭昭猶待尋，人事擾擾難超塵；
實相總在理事間，學究天人沐帝恩。

〈渠成水到〉

纖塵不染神氣清，虛靈昭徹性光明；
朝乾夕惕勤實修，渠成水到自天功。

〈心齋坐忘〉

形神抱一不相離，滌除玄鑑無垢積；
致虛守靜入玄妙，心齋坐忘同道體。

〈明志〉

混世同塵守貞樸，博見多聞兼辟谷；
擇善體要尋真訣，勤修苦煉覓玄珠。

〈玄妙行〉

逆俗之情順道真，玄之又玄眾妙門；
信受奉行勤實修，悠游烟霞步青雲。

〈道心吟〉

回應現實難顧夢，誰知逆俗方有功；
日用倫常一般事，才有道心便不同。

〈入妙吟〉

身清欲潔氣自凝，心寧意靜神顯靈；
根基堅實堪入妙，杳冥恍惚自功成。

〈道法自然〉

大地山川物我萬，道心用事任自然；
脫人之質作天徒，四季逍遙不知年。

〈靜入妙門〉

收心靜意入妙門，雨後春雷萬象新；
醒悟始知生迷夢，體道方知玄理深。

〈修道詩〉

道通天地人世間，塵居山隱皆可煉；
性命雙修入玄妙，乘雲駕鶴崑崙巔。

〈詠呂祖〉

純陽呂祖是典範，濟物利人慈悲願；
三界十方行教化，眾生度盡方升仙。

〈真修實證〉

下手真修永不遲，意念內守神不馳；
對境無心一靈照，美玉無瑕真金赤。

〈歸真〉

萬物芸芸各歸根，歸根復命返天真；
恍惚惚恍杳冥冥，步虛青雲上崑崙。

〈作工夫〉

凌雲絕頂觀日昇，撥雲見月夜空明；
始於有作終無為，無為自然神本靈。

〈苦志虔行〉

人生何處尋知音，修道最難意不真；
知音難尋修道艱，苦志虔行待天恩。

〈覺俗〉

逃祿服耕淵明覺，採菊見山塵擾滅；
悠心放晴白雲間，高歌一曲迎仙樂。

〈帝教精神〉

克盡人道修天道，老實打坐勤誦誥；
懺悔改過虔煉心，行德度世待帝詔。

〈行善積德〉

成者為王敗為寇，成敗無足論德厚；
厚德只待行善積，積善厚德達仙壽。

〈收心靜坐〉

收心靜坐誠為要，如帝親臨明鑒照；
虛己無為任自然，體得玄妙神光耀。

〈捨凡入道〉

聖仙本即凡人做，聖凡衝突須越過；
捨凡入聖修道路，路途盡處登仙國。

〈道行人間〉

天有常行不離本，順時隨化乃長存；
絕聖去智煉己虛，道行人間得命尊。

〈人間行道〉

先盡人道再修天，不顧塵緣難做仙；
超凡入聖復登真，人性圓滿自功全。

〈無憂〉

道行寰宇本無咎，萬物安處亦無憂；
尊天敬地順四時，身勞心愁皆可休。

〈太虛行〉

道行人間萬事興，善積不止福德生；
行道積善自成真，與天合心太虛行。

〈天人合德〉

世俗人道有需求，且依天道把仙修；
神仙本是凡夫做，天人合德帝自酬。

〈人能弘道〉

氣運人謀弘玄門，道濟德化體妙真；
天下蒼生普得度，聖凡平等一家親。

〈心清靜〉

事來隨應應即忘，身在事中心不盲；
未來不思往不想，即此清靜道自昌。

〈靜修〉

修道之法靜為根，心齋坐忘玄妙門；
致虛守靜勿失常，虛靜不止乃通神。

〈隨化〉

生之有分事有當，隨分行當乃無傷；
不務分無非當事，順天合道自吉昌。

〈火中栽蓮〉

取坎填離火栽蓮，顛陰倒陽妙中玄；
逆行反元作工夫，陰盡陽純即升仙。

〈自然無為〉

行道無虛自積功，為善不恃德乃增；
自然無為無不為，功德圓滿一仙翁。

〈逍遙〉

利祿榮顯悴神形，是非恩怨擾心胸；
落花繽紛飄隨風，自在逍遙任西東。

〈問仙鄉〉

夜空明月斜照窗，心生秋意惹愁腸；
人壽難如金石固，借問何處是仙鄉？

〈與道同體〉

收心入靜致虛極，歸根復命同道體；
玄鑒滌淨性光明，萬紫千紅皆春意。

〈體道吟〉

道化自然希夷微，恍惚杳冥自相會；
外不見身內無心，琅琅乾坤耀春輝。

〈知常吟〉

萬物芸芸各歸根，歸根復命靜為門；
復命知常妄作兇，出玄入牝乃長存。

〈道心吟〉

心不受外名虛心，心不逐外即安心；
心安而虛道自居，惟道集虛始成真。

〈辭歲迎春願〉

戊子歲除己丑新，舊符換桃迎來春；
盼得劫化太平至，吉祥安樂滿乾坤。

〈大道吟〉

無始無終無形象，生生化化轉陰陽；
天地位焉萬物育，無邊無際難計量。

〈火裡栽蓮〉

貧而濟人性中恩，鬧中取靜心地真；
火裡栽蓮功夫深，事內行理天命貞。

〈渾一〉

身安心靜念不起，氣定神閒意自息；
體得真如玄虛處，陰陽兩儀歸太極。

〈雲水游〉

人生苦短名利囚，悲歡離合恩愛憂；
黃粱大夢終須醒，且做閒鶴雲水游。

〈修道吟〉

苦樂相磨德乃馨，疑信互參知始真；
誠修實悟方了俗，凡盡道成赤心存。

〈修行之道〉

面如桃花肌若雪，身似道壇心為階；
尋階登壇入妙玄，潔身齋心修行訣。

〈無心歌〉

不憂不喜無思慮，不追不期無悔意；

飢來吃飯睏則眠，死生榮辱猶逆旅。

〈真功立德〉

修善成德遠罪惡，事到有功方稱德；

無心行事功始真，真功立德積福澤。

〈反本體虛〉

尋流知源返元本，捨妄從真入玄牝；

非內非外亦非中，體得虛空春滿身。

〈逆俗修道吟〉

眾生不捨溫柔鄉，仙鄉難致歸醉鄉；

只道此心難刻苦，不知逆反乃康莊。

〈天道吟〉

天上仙神地上人，天地之間道理存；

尊道順理應世情，心中自譜逍遙吟。

〈道化自然吟〉

大潮所趨不可抑，狂瀾衝天挽無力；

中流砥柱難為功，因勢利導方得益。

〈逆俗吟〉

貪嗔痴愛皆除掃，名利得失齊放掉；

波瀾不驚潭清靜，見得月明夜空照。

〈富福吟〉

少私寡欲知足富，虛心實腹無憂福；
相忘江湖任自在，方寸無礙即仙都。

〈如帝在上〉

修行時與神明交，如帝在上親鑒照；
廓然大公泯私見，虛無圓通自合道。

〈守道吟〉

天常地則四時行，順之有功逆者兇；
因時而動非力取，敬守成德合道風。

〈修己吟〉

言順行正理在身，事忠友信世有倫；
懷道成德立典範，梅開枝頭喚新春。

〈體道吟〉

天生地養人成文，三才和合立德淳；
體得真常造化機，萬物安處四時春。

〈述懷〉

道在方寸今始悟，虛行寰宇萬里路；
驀然回首已白頭，離鄉方知念家苦。

〈持志吟〉

大江東去逝不歸，朴散為器性已摧；
借問櫻花何時開，且待春蝶滿園飛。

〈無塵心〉

日月本明浮雲蔽，人性元善嗜欲棄；
浮雲散去光自見，嗜欲滌盡復圓一。

〈行深吟〉

求道之法靜為基，得道之方行作梯；
知而不行非真知，行深始會聖人意。

〈力行吟〉

不行無以致千里，不行難以驗義理；
行能去禍招來福，行貞終契大道體。

〈種瓜得瓜吟〉

入水抓兔徒勞形，登山捕魚終無功；
植麥欲黍豈得穫，種瓜得瓜乃天行。

〈觀花吟〉

春分時節櫻花繽紛粉白叢叢心花隨之怒放賦詩以誌其情

其一

天地大美何須言，唯有繁花更增艷；
萬紫千紅繽紛處，妝點乾坤盡歡顏。

其二

花開有時終退場，惹得黛玉添愁腸；
何花能得百日紅，璀璨賞盡美更長。

其三
粉櫻漫爛心花開，美麗皆因前人栽；
若問今身何所事，願為後生添光采。

其四
花開花落年復年，千載形似無改顏；
靜觀萬物會心處，自有大美不須言。

其五
花開燦爛非為我，我為花開心快活；
觸目所及只尋花，賞得美來俗情濯。

〈成人之美〉
與君為善成其美，衣帶漸寬終無悔；
體得歡心易愁腸，滿懷皆春令人醉。

〈讀列子楊朱篇〉
守名累實其名偽，偽者虛譽皆形贅；
夷齊餓死首陽山，高潔美名何足貴。

〈讀文昌帝君陰騭文〉
諸惡莫作眾善行，廣積陰騭格蒼穹；
常循天理順人心，百福千祥如日昇。

〈含機待發〉
喜見舊枝冒新芽，生機含藏誰主轄；
風霜雨露皆常事，總有吉時可再發。

〈入道修行吟〉

一葉孤舟入道海，茫茫何處是蓬萊；
培功立德修仙路，萬丈浪中築靈台。

〈積善成德道通吟〉

積善寡禍乃榮昌，消殃致祥自安康；
累功成德道緣通，崑崙巔峰凌虛翔。

〈持志勤行吟〉

深耕勤耘望秋成，苦心虔行方有功；
誦經解義不懈修，持志待得月圓明。

〈持志勤行吟〉

知難而進持志堅，勤行不退可通天；
虔心自得太上祐，不日駕鶴崑崙巔。

〈在世操煩〉

一年一年又一年，人壽日減逝無言；
悲歡離合皆常有，到老還須憂大限。

〈天人合一吟〉

道在欲中不離身，修身窒欲方成真；
天心自於人心見，人天合處本無分。

〈紅塵無礙〉

山恬水靜竹清幽，忘卻人間多煩憂；
心平氣和性靈安，紅塵無礙太虛游。

〈渠成水到〉

雨歇霧散天放晴，渠成水到舟自行；
尋得活水根源處，復見本心性月明。

〈修道吟〉

少私寡欲心自安，清靜無為好煉丹；
還虛合道築基始，持志虔行靜中參。

〈修道吟〉

水深積厚自靜流，恬淡寡欲乃無憂；
澄心守一致虛極，體得玄真入瀛洲。

〈以道為鄰〉

靜生光明以候神，能通神靈道為鄰；
以道為鄰自天行，天行無咎乃長存。

〈聞道吟〉

聞道猶如夜得燈，千年暗室忽光明；
只此一亮耀古今，照徹方寸自安寧。

〈真修實行吟〉

蒼天不負有心人，只恐修道意不真；
苦志虔行積功德，工夫深處超古今。

〈快活吟〉

道人雲游山水間，心地淡泊自清閒；
塵勞俗情不入胸，逍遙無憂快活仙。

〈行道吟〉

聞道未信乃心蔽，信而不行皆無益；

行無慎終難為功，篤信虔行方契諦。

〈登頂吟〉

淵源泓窈流萬里，九層高臺起平地；

登得峰頂觀雲霞，天下大美賞無遺。

〈守真吟〉

養心無欲薄喜怒，頤神純素減愛惡；

誘慕滌盡守命真，應物若鏡自得福。

〈葛洪論求仙之要〉

直探燕巢尋鳳卵，行雖至勤焉得善；

欲求神仙當體要，寶精行氣服金丹。

〈葛洪批莊〉

生為徭役死為息，道通為一莊生齊；

葛洪批之遠仙旨，長生不死方義諦。

〈大限吟〉

日減一日年失年，不亡待盡死神牽；

步步轉近入屠所，芸芸蒼生皆無免。

〈道行人間〉

觀天之道任自然，執天之行化人間；

萬紫千紅開不盡，無限春色滿坤乾。

〈知足惜福〉

甜頭嘗時苦頭藏，莫為享樂窮奔忙；
福禍倚伏老子訓，知足惜福自無殃。

〈仙讚〉

虛心守柔神自全，積德止道人致仙；
乘雲駕龍行天門，慈悲救苦濟人間。

〈信仙〉

神仙幽隱異世間，不具慧眼焉得見；
井蛙窺天只一隅，知真識遠方信仙。

〈樂道安貧持志吟〉

榮華遮性心無涉，窮否考志意不捨；
藜藿味似八珍甘，蓬蓽自有孔顏樂。

〈清風明月吟〉

塵勞世憂填胸臆，恬淡心志無處寄；
衷情欲訴誰能會，唯有清風明月惜。

〈修心吟〉

其一

名利勘破尋本真，大隱朝市養道心；
道心日彰俗心化，是非俱泯同歸塵。

其二

無凡心處見真心，功滿德就皆仙神；
長生度世無它事，唯在修持方寸心。

〈靜裡乾坤〉

道眼常開尋靈根，行善積德展性真；
美玉混俗誰得識，靜中別是一乾坤。

〈體玄〉

道化天人皆有神，上通天闕下入塵；
體得真常玄妙處，歸根復命乃渾淪。

〈道尊吟〉

俗人求財不求心，玉石混塵誰識真；
長老何須是耆耄，生無貴賤有道尊。

〈如嬰神寧〉

靜明水清像即形，非學所得非師成；
雨過天晴乃自然，無心如嬰神自寧。

〈心淨即仙境〉

日昇月圓性常明，浮雲不礙天清寧；
滌除玄鑒無垢染，何必蓬萊方仙境。

〈神仙〉

風霜雨露皆演道，悲歡離合盡通玄；
體得自然無為意，不必蓬萊自神仙。

〈表願述懷〉

閒雲野鶴快心懷，導引吐納炁不衰；
修心煉性積功德，待得詔書登蓬萊。

〈大隱於朝〉

身居朝市性棲山，心似浮雲繞峰巔；
俯瞰塵寰皆為小，蝸牛角上爭何端。

〈問道〉

清風吹拂白雲飄，蜂蝶飛舞花間繞；
借問登頂下山客，峰巔可有神仙藥。

〈人生感懷〉

青春易逝頻添惱，前程茫茫路迢遙；
日暮西山難釋懷，待得何時日昇照。

〈心安即道〉

歸去江東笑見老，把酒言歡愁盡消；
神會意得何須丹，吾心安處即大道。

渠成水到

水到無渠終患憂，渠成水到自成流；
逝者如斯總不絕，源頭活水永無休。

〈心安逍遙〉

總為名利空折腰，幾番風雨憾難消；
不如歸去回故鄉，心安之處即逍遙。

〈神遊〉

谷幽泉鳴鳥啼春，無事靜坐半山陰；

蜂蝶飛繞花間香，心似浮雲游崑崙。

〈靜心吟〉

清涼聖境在現前，若心不靜難相見；

少私寡欲作慧劍，斬斷愁腸易歡顏。

〈入道恨晚〉

不惑入道已嫌晚，浮生多事修未全；

理玄義奧苦難證，何時方諦仙家緣。

〈入道因緣〉

殊勝因緣堪造就，捨俗入道勤實修；

名利榮顯非所圖，志在出塵登瀛州。

〈行為要〉

慕道者多通達少，通達尤須行為要；

卻病延年復出塵，還虛合道入玄妙。

〈修道因緣〉

事無定命皆因緣，學道成仙須兩全；

盡得天人合一處，歸根復命性本圓。

〈道途〉

窗外翠竹迎風舞，蜂蝶花間何所圖；

世事紛擾多煩心，能放方得入道途。

〈篤志勤行〉

心知大道須力行，知而不行皆為空；
篤志勤行永不懈，功行兩全登蓬瀛。

〈天人合德〉

同修同證同登仙，謀求在人成由天；
盡得人事聽天命，天人合德自功圓。

〈生命不得糊塗〉

美玉皆自璞石出，尤須卞和妙功夫；
識得人間真價值，活出生命不糊塗。

〈心閒吟〉

雨後青山色多蒼，寒過白梅味更香；
世事難免自當行，心閒之處即仙鄉。

〈心歡無言〉

登得山頂上峰極，飽覽美色俗慮滌；
會心之處言無語，只是歡喜非有意。

〈修道吟〉

忘形養氣氣化神，忘神養虛通玄真；
修道之階信為始，解行證悟步步深。

〈實修吟〉

理須實悟莫強猜，行要慎終勿中衰；
理悟行終總有功，功成自然登蓬萊。

〈人生行吟〉

人生行腳各歧路，憂苦喜樂自殊途；
歧路無礙上巔峰，殊途終究同歸無。

〈靜心詩〉

清如蒼天不見雲，靜似深淵無聞音；
塞兌收心垂簾坐，風和日暖滿身春。

〈修行吟〉

行住坐臥皆修行，靜坐豈是唯一功；
月圓何必是中秋，中秋夜月恐不明。

參考文獻

張繼禹主編，《中華道藏》，華夏出版社，2004。

《洞真太上太霄琅書》，《中華道藏》（第一冊）。

《洞玄靈寶真靈位業圖》，《中華道藏》（第二冊）。

《太上洞玄靈寶原始無量度人上品妙經》，《中華道藏》（第三冊）。

《元始無量度人上品妙經註》，《中華道藏》（第三冊）。

《太上洞玄靈寶出家因緣經》，《中華道藏》（第四冊）。

《太極真人敷靈寶齋戒威儀諸經要訣》，《中華道藏》（第四冊）。

《道教義樞》，《中華道藏》（第五冊）。

《一切道經因義妙門由起》，《中華道藏》（第五冊）。

《太上老君說常清靜經註》，《中華道藏》（第六冊）。

《太上老君內觀靜》，《中華道藏》（第六冊）。

《老子道德經義疏》，《中華道藏》（第九冊）。

《道德真經註》，《中華道藏》（第九冊）。

《道德真經廣聖義》，《中華道藏》（第九冊）。

《南華真經新傳》，《中華道藏》（第十三冊）。

《南華真經口義》，《中華道藏》（第十三冊）。

《南華真經義海纂微》，《中華道藏》（第十四冊）。

《純陽真人渾成集》，《中華道藏》（第二十六冊）。

《宗玄先生玄綱論》，《中華道藏》（第二十六冊）。

《神仙可學論》，《中華道藏》（第二十六冊）。

《盤山棲雲王真人語錄》，《中華道藏》（第二十六冊）。

《清和真人北遊語錄》，《中華道藏》（第二十六冊）。

《道典論》，《中華道藏》（第二十六冊）。

《大道論》，《中華道藏》（第二十六冊）。

《雲山集》，《中華道藏》（第二十七冊）。

《真仙直指語錄》，《中華道藏》（第二十七冊）。

《上陽子金丹大要》，《中華道藏》（第二十七冊）。
《淨明忠孝全書》，《中華道藏》（第三十一冊）。
《太上出家傳度儀》，《中華道藏》（第四十二冊）。
《洞玄靈寶道學科儀》，《中華道藏》（第四十二冊）。
《仙苑編珠》，《中華道藏》（第四十五冊）。
《三洞群仙錄》，《中華道藏》（第四十五冊）。
《混元聖記》，《中華道藏》（第四十六冊）。

《道藏》，文物出版社，上海書店，天津古籍出版社，1988。
《黃帝陰符經》，《道藏》（第一冊）。
《黃帝陰符經夾頌解註》，《道藏》（第二冊）。
《黃帝陰符經講義》，《道藏》（第二冊）。
《修真精義雜論》，《道藏》（第四冊）。
《齋戒錄》，《道藏》（第六冊）。
《文始真經》，《道藏》（第十一冊）。
《太上老君說常清靜經》，《道藏》（第十一冊）。
《服氣精義論》，《道藏》（第十八冊）。
《甘水仙源錄》，《道藏》（第十九冊）。
《天隱子》，《道藏》（第二十一冊）。
《坐忘論》，《道藏》（第二十二冊）。
《磻溪集》，《道藏》（第二十五冊）。
《真仙直指語錄》，《道藏》（第三十二冊）。
《道門十規》，《道藏》（第三十二冊）。

《藏外道書》，巴蜀書社，1992。
《呂祖全書》，《藏外道書》（第七冊）。
《僊學真詮》，《藏外道書》（第十冊）。
《碧苑壇經》，《藏外道書》（第十冊）。
《道海津梁》，《藏外道書》（第十冊）。

丁福保編，《道藏精華錄》，北京圖書館出版社，2005。
《道藏目錄詳註》，《道藏精華錄》（第一卷）。

《唱道真言》,《道藏精華錄》(第三卷)。

《洞玄靈寶定觀經註》,《道藏精華錄》(第三卷)。

《鍾呂傳道集》,《道藏精華錄》(第三卷)。

《靈寶畢法》,《道藏精華錄》(第三卷)。

《胎息經注》,《道藏精華錄》(第三卷)。

蕭天石主編,《呂祖心法傳道集・邱祖全書節輯》,自由出版社,1998。

蕭天石主編,《太上清淨心經・清靜經圖註》,自由出版社,1998。

蕭天石主編,《文始真經言外經旨・清靜經・玄門必讀》,自由出版社,2003。

蕭天石主編,《文始真經》,自由出版社,2003。

劉向,《列仙傳》,上海古籍出版社,1990。

劉向,《說苑》,《中國子學名著集成》(026),中國子學名著集成編印基金
　　會出版,1977。

司馬遷,《史記》,大申書局,1982。

郭象注、成玄英疏,《南華真經注疏》,中華書局,1998。

《弘明集・廣弘明集》,上海古籍出版社,1991。

唐楊倞注,清王先謙集解,《荀子集解》,新篇諸子集成(二),世界書局,
　　1991。

張君房纂輯,蔣力生等校注,《雲笈七籤》,華夏出版社,1996。

宋趙全陽纂輯,《歷世真仙體道通鑑》,自由出版社,1968。

朱熹,《四書集注》,陳戍國標點,岳麓書社,2004。

《朱子語類》,北京中華書局,2007 六刷。

《黃氏日抄》,《文津閣四庫全書》第二三五冊,商務印書館影印,2005。

《王重陽集》,白如祥輯校,齊魯書社,2005。

《馬鈺集》,趙衛東輯校,齊魯書社,2005。

《丘處機集》,趙衛東輯校,齊魯書社,2005。

《譚楚端・劉處玄・王楚一・郝大通・孫不二集》,白如祥輯校,齊魯書
　　社,2005。

《丘祖全書節輯・丘祖語錄》,收於蕭天石主編,《呂祖心法傳道集・丘祖
　　全書節輯合刊》,台灣自由出版社,1998。

馬端臨,《文獻通考》,北京中華書局,1999。

耶律楚材，《玄風慶會錄》，收於《長春真人西遊記》，黨寶海譯注，河北
　　人民出版社，2001。

秦志安，《金蓮正宗記》，收於《全真七子傳記》，北京宗教文化出版社，
　　1999。

《王陽明全集》，上海古籍出版社，2006 五刷。

張三豐，《張三豐太極煉丹秘訣》，新文豐出版公司，1993 一版二刷。

《老子道德經憨山註》，新文豐出版公司，2004 五刷。

《莊子內篇憨山註》，新文豐出版公司，2004 五刷。

陸西星，《莊子南華真經副墨》，台灣自由出版社，1993。

李光地，《周易折中》（上冊），九州出版社，2006 三刷。

劉一明，《修真九要》，收於《道書十二種》，北京圖書館出版社，2006 二刷。

劉一明，《神室八法》，收於《道書十二種》，北京圖書館出版社，2006 二刷。

黃元吉，《道德經講義·樂育堂語錄》，蔣門馬校注，宗教文化出版社，2003。

王先慎，《韓非子集解》，《新編諸子集成》（五），世界書局，1991。

徐道等撰，《神仙鑑》（七），廣文書局，2004 二版。

《宇宙應元妙法至寶》，帝教出版社，1992 新版。

《天帝教復興簡史》，帝教出版社，1997 修訂版。

《帝教法華上乘昊天心法》，天帝教極院，1998。

《天人學本》，天帝教極院，1999。

《天人日誦廿字真經》，帝教出版社，1999。

《孚佑帝君大洞真經·呂帝心經》，瑞成書局，2007。

《聖經》（新標點和合本），聯合聖經公會，1996。

《中國道教大辭典》，台灣東九企業（出版）有限公司，1999。

《說文解字校訂本》，鳳凰出版社，2004。

《釋名疏證補》，北京中華書局，2008。

中國社科院世界宗教研究所道教研究室編，《道教文化面面觀》，齊魯書
　　社，1992。

四川大學宗教研究所編，《道教神仙信仰研究》，中華道統出版社，2000。

干春松，《神仙傳》，社會科學文獻出版社，2001 二刷。

王沐，《悟真篇淺解》，中華書局，1997 二刷。

王沐，《內丹養生功法指要》，中華書局，2008。

王明編，《太平經合校》（上），中華書局，1997。

王明撰，《抱朴子內篇校釋》，中華書局，2002 五刷。

王卡點校，《老子道德經河上公章句》，中華書局，1997 二刷。

王叔岷，《先秦道法思想講稿》，北京中華書局，2007。

方勇、陸永品，《莊子詮評》，四川巴蜀書社，2007 二版。

孔令宏，《中國道教史話》，河北大學出版社，1999。

孔令宏，《宋明道教思想研究》，宗教文化出版社，2002。

孔令宏，《從道家到道教》，北京中華書局，2004。

任繼愈主編，《宗教大辭典》，上海辭書出版社，1998。

任繼愈主編，《中國道教史》，中國社會科學出版社，2001。

牟鍾鑑，《走近中國精神》，北京華文出版社，1999。

牟鍾鑑、胡孚琛、王葆玹（主編），《道教通論—兼論道家學說》，齊魯書
　　社，1993。

朱越利，《道教問答》，貫雅文化事業有限公司，1990。

朱越利、陳敏，《道教學》，當代世界出版社，2000。

余敦康，《周易現代解讀》，華夏出版社，2006。

呂鵬志，《道教哲學》，文津出版社，2000。

李玉階，《清虛集》，陝西宗教哲學研究社，1940 再版。

李玉階，《天聲人語——涵靜文存》，中華民國宗教哲學研究社出版，1987。

李玉階，《靜坐要義》，帝教出版社，1992 再版

李玉階，《新境界》，帝教出版社，2000 三版。

李玉階，《師語》，帝教出版社，2005 再版。

李玉階，《涵靜老人言論集》（一）（二），帝教出版社，2005。

李潤英、陳煥良注譯，《山海經》，岳麓書社，2006。

李申，《話說得道成仙》，湖南人民出版社，1999。

李養正，《道教概說》，北京中華書局，2001 四刷。

李小光，《生死超越與人間關懷》，巴蜀書社，2002。

周紹賢，《道家與神仙》，台灣中華書局，1982。

周啟成注譯，《新譯神仙傳》，三民書局，2004。

吳怡，《老子解義》，三民書局，1994。

吳正南、王金芳編著，《中華傳統人文精神概論》，武漢：華中師範大學出
　　版社，2001。

南懷瑾，《靜坐修道與長生不老》，老古文化事業公司，1982 九版。

南懷瑾，《中國道教發展史略述》，老古文化事業公司，2006 十四刷。

南懷瑾，《禪與道概論》，老古文化事業公司，2006 十四刷。

胡適，《中國哲學史大綱》，里仁書局，1982。

胡孚琛、呂錫琛，《道學通論》（增訂版），社會科學文獻出版社，2004。

胡孚琛，《魏晉神仙道教》，人民出版社，1991 三刷。

胡孚琛，《道學與丹道》，中央編譯出版社，2008。

胡海牙總編、伍國忠主編，《中華仙學養生全書》，華夏出版社，2006。

俞理明，《太平經正讀》，巴蜀書社，2001。

施維主編，《周易八卦圖解》，巴蜀書社，2005。

范恩君，《道教神仙》，宗教文化出版社，2007。

袁珂，《中國神話史》，重慶出版社，2007。

徐復觀，《中國人性論史》（先秦篇），台灣商務印書館，1988 九版。

徐克謙，《莊子哲學新探：道、言、自由與美》，北京中華書局，2006 二刷。

徐兆仁主編，《涵虛秘旨》，中國人民大學出版社，1993 三刷。

徐兆仁主編，《伍柳法脈》，中國人民大學出版社，1993 三刷。

馬恆君，《周易正宗》，華夏出版社，2007。

孫亦平，《道教的信仰與思想》，三民書局，2008。

陳垣，《南宋初河北新道教考》，收於《陳援菴先生全集》（第八冊），新文豐出版公司，1993。

陳鼓應，《老子註釋及評介》，北京中華書局，2003 九刷。

陳鼓應，《老子今注今譯》，北京商務印書館，2006。

陳鼓應，《莊子今注今譯》，北京中華書局，1983。

陳耀庭，《逍遙達觀——仙與人生理想》，上海辭書出版社，2005。

卿希泰，《中國道教思想史綱》（二），四川人民出版社，1981。

卿希泰主編，《道教與中國傳統文化》，福建人民出版社，1990。

卿希泰主編，《中國道教》，上海知識出版社，1994。

卿希泰主編，《中國道教史》（修訂本），四川人民出版社，1996。

卿希泰、詹石窗主編，《道教文化新典》（上）（下），中華道統出版社，1996。

郭武，《《淨明忠孝全書》研究》，中國社會科學出版社，2005。

郭重威、孔新芳，《道教文化叢談》，黑龍江人民出版社，2005。

黃海德、李剛，《中華道教寶典》，中華道統出版社，1995。

黃公偉,《道教與修道秘義指要》,新文豐出版社,2004 二刷。

許地山,《道教史》,上海古籍出版社,1999。

馮友蘭,《三松堂自序》,《三松堂全集》(第一卷),河南人民出版社,2001
　　二版。

馮友蘭,《新原人》,《三松堂全集》(第四卷)。

馮友蘭,《新原道》,《三松堂全集》(第五卷)。

馮友蘭,《中國哲學簡史》,《三松堂全集》(第六卷)。

馮友蘭,《中國哲學史新編》(第一冊),《三松堂全集》(第八卷)。

馮友蘭,《中國哲學史新編》(第七冊),《三松堂全集》(第十卷)。

馮友蘭,《四十年的回顧》,《三松堂全集》(第十四卷)。

張立文主編,《道》,中國人民大學出版社,1989。

張起鈞,《智慧的老子》,廣西師範大學出版社,2006。

張松如,《老子說解》,齊魯書社,2003 三刷。

張松輝注譯,《新譯冲虛至德真經》,三民書局,2004。

張金嶺注譯,《新譯列仙傳》,三民書局,1997。

張成權,《道家與中國哲學——隨唐五代卷》,人民出版社,2004。

張志堅,《道教神仙與內丹學》,宗教文化出版社,2003。

張興發,《道教內丹修煉》,宗教文化出版社,2003。

湯一介,《魏晉南北朝時期的道教》,東大圖書,1991。

翦伯贊,《秦漢史》,北京大學出版社,1985。

潘雨廷,《道教史發微》,上海社會科學院出版社,2003。

詹石窗,《道教文化十五講》,北京大學出版社,2004 三刷。

楊向奎,《中國古代社會與古代思想研究》(上冊),上海人民出版社,1962。

楊伯峻,《論語譯注》,中華書局,2000 十五刷。

楊伯峻,《孟子譯注》,中華書局,2000。

楊國榮,《莊子的思想世界》,北京大學出版社,2006。

蒙文通,《道書輯校十種》,巴蜀書社,2001。

熊十力,《讀經示要》,中國人民大學出版社,2006。

熊鐵基、劉固盛,《道教文化十二講》,安徽教育出版社,2004。

趙宗誠,《玄門探珠》,巴蜀書社,2007。

鄭土有,《曉望洞天福地——中國的神仙與神仙信仰》,陝西人民教育出版
　　社,1999。

鄭素春，《道教信仰、神仙與儀式》，台灣商務印書館，2002。

劉文星，《李玉階先生年譜長編》，帝教出版社，2001。

劉見成，《形神與生死》，宗教哲學研究社，2001。

劉笑敢，《老子古今》（上卷），中國社會科學出版社，2006。

劉精誠，《中國道教史》，文津出版社，1993。

劉峰，《道教的起源與形成》，文津出版社，1994。

盧國龍，《中國重玄學》，人民中國出版社，1993。

盧國龍，《道教哲學》，華夏出版社，2007。

鍾肇鵬主編，《道教小辭典》，上海辭書出版社，2005。

蕭天石，《道家養生學概要》，自由出版社，2000 八版。

蕭天石，《道海玄微》，自由出版社，2002。

蕭天石，《道德經聖解》，自由出版社，2003。

蕭登福，《周秦兩漢早期道教》，文津出版社，1998。

蕭登福，《先秦兩漢冥界及神仙思想探原》，文津出版社，2001 二版。

黨寶海譯注，《長春真人西遊記》，河北人民出版社，2001。

W James, *The Varieties of Religious Experiences：A Study in Human Nature*，Routledge，Centenary Edition，2002。

P. Tillich，*Theology of Culture*，Oxford University Press，1959。

王曉朝譯，《柏拉圖全集》（第一卷），人民出版社，2002。

Aristotle，苗力田譯，《尼各馬科倫理學》，收於苗力田主編，《亞里斯多德全集》（第八卷），北京：中國人民大學出版社，1992。

I. Kant，李秋零譯，《單純理性限度內之宗教》，台灣商周出版，2005。

加繆，《西西弗的神話》，杜小真譯，廣西師範大學出版社，2002。

涂爾幹，渠東、汲喆譯，《宗教生活的基本形式》，上海人民出版社，1999。

伊利亞德，王建光譯，《神聖與世俗》，，華夏出版社，2003。

R. Shusterman: *Practicing Philosophy: Pragmatism and Philosophical Life*，彭鋒等譯，《哲學實踐——實用主義和哲學生活》，北京大學出版社，2002。

D. Elgin，*Voluntary Simplicity*，張至璋譯，《自求簡樸》，台灣：立緒文化，1996。

司特倫，金澤、何其敏譯，《人與神——宗教生活的理解》，上海人民出版社，1991。

吉川忠夫、麥谷邦夫編，朱越利譯，《真誥校註》，中國社會科學出版社，2006。

蜂屋邦夫，欽偉剛譯，《金代道教研究——王重陽與馬丹陽》，中國社會科學出版社，2007。

丁培仁，〈試析道教的「長生不死」信仰〉，收於其著《求實集》，巴蜀書社，2006，頁 44-61。

牟鍾鑒，〈長生成仙說的歷史考察與現代詮釋〉，收於鄭志明主編，《道教的歷史與文學》，南華大學宗教文化研究中心，2000，頁 551-568。

李養正，〈談談道教的幾點特徵〉，《文史知識》第五期，1987。

李遠國，〈赤子與嬰兒：道家、道教修道成仙的境界〉，收於何除、林慶華主編，《基督教與道教倫理思想研究》，四川大學出版社，2006，頁 176-186。

李豐楙，〈不死的探求——道教信仰的介紹與分析〉，收於藍吉富、劉增貴主編，《中國文化新論——宗教禮俗篇·敬天與親人》，聯經出版事業公司，1991，頁 183-242。

李豐楙，〈仙道的世界——道教與中國文化〉，收於藍吉富、劉增貴主編，《中國文化新論——宗教禮俗篇·敬天與親人》，聯經出版事業公司，1991，頁 243-306。

吳瑞榮，〈道教的成仙思想及方法〉，收於何除、林慶華主編，《基督教與道教倫理思想研究》，四川大學出版社，2006，頁 187-196。

孫亦平，〈論道教仙學的兩次理論轉型及其哲學基礎〉，收於陳鼓應、馮達文主編，《道家與道教·第二屆國際學術研討會論文集（道教卷）》，廣東人民出版社，2001，頁 17-32。

郭武，〈神聖、凡俗與淨明、忠孝〉，收於何除、林慶華主編，《基督教與道教倫理思想研究》，四川大學出版社，2006，頁 57-74。

張繼禹，〈入世濟世與神仙超越〉，收於郭武主編，《道教教義與現代社會》，上海古籍出版社，2003，頁 15-24。

劉見成，〈貴身？無身？——《老子》十三章「貴大患若身」之闡析〉，《弘光人文社會學報》第六期，2007，頁 283-300。

劉見成，〈尋找上帝：人性中的宗教關懷——威廉詹姆斯的宗教哲學〉，《宗教哲學》第 35 期，2007，頁 30-54。

劉見成，〈觀天之道‧執天之行：《陰符經》的修道思想〉，《弘光人文社會學報》第七期，2007，頁 141-156。

劉見成，〈養氣與坐忘：司馬承禎的修道思想〉，《宗教哲學》第 40 期，2007，頁 1-15。

劉見成，〈老子《道德經》中的道論與修道思想〉，《高雄師大學報》第二十二期，2007，頁 77-89。

劉見成，〈止於至善：人文精神與莊子的精神超越〉，《宗教哲學》第 41 期，2007，頁 57-77。

劉見成，〈修心見性‧見性成仙：長春真人丘處機的修道思想〉，收於劉鳳鳴主編《丘處機與全真道》，中國文史出版社，2008，頁 100-113。

劉見成，〈論仙的歧異性：以《鍾呂傳道集》中之仙論為例的考察〉，《宗教哲學》第 50 期，2009，頁 71-89。

劉見成、張燕梅，〈天道與人道——全真教與天帝教之比較研究〉，《成大宗教與文化學報》第十期，2008，頁 59-94。

劉見成、張燕梅，〈和諧與至樂——威廉詹姆斯與老莊〉，《中山人文學報》第 26 期，2008，頁 105-128。

國家圖書館出版品預行編目

修道成仙：道教的終極關懷 / 劉見成著.
　-- 一版. -- 臺北市：秀威資訊科技, 2010.06
　　面；　　公分. -- (哲學宗教類；AA0014)
　BOD 版
　參考書目：面
　ISBN 978-986-221-479-4 (平裝)

　1.道教修鍊　2.神仙

235　　　　　　　　　　　　　　　99008204

哲學宗教類　　AA0014

修道成仙：道教的終極關懷

作　　者 / 劉見成
發 行 人 / 宋政坤
執行編輯 / 林泰宏
圖文排版 / 陳湘陵
封面設計 / 蕭玉蘋
數位轉譯 / 徐真玉　沈裕閔
圖書銷售 / 林怡君
法律顧問 / 毛國樑　律師
出版發行 / 秀威資訊科技股份有限公司
　　　　　台北市內湖區瑞光路 583 巷 25 號 1 樓
　　　　　電話：02-2657-9211　　　傳真：02-2657-9106
　　　　　E-mail：service@showwe.com.tw

2010 年 6 月 BOD 一版
定價：430 元

讀者回函卡

感謝您購買本書，為提升服務品質，請填妥以下資料，將讀者回函卡直接寄
回或傳真本公司，收到您的寶貴意見後，我們會收藏記錄及檢討，謝謝！
如您需要了解本公司最新出版書目、購書優惠或企劃活動，歡迎您上網查詢
或下載相關資料：http:// www.showwe.com.tw

您購買的書名：_____

出生日期：_____年_____月_____日

學歷：□高中 (含) 以下　　□大專　　□研究所 (含) 以上

職業：□製造業　□金融業　□資訊業　□軍警　□傳播業　□自由業
　　　□服務業　□公務員　□教職　　□學生　□家管　　□其它_____

購書地點：□網路書店　□實體書店　□書展　□郵購　□贈閱　□其他

您從何得知本書的消息？

　□網路書店　□實體書店　□網路搜尋　□電子報　□書訊　□雜誌
　□傳播媒體　□親友推薦　□網站推薦　□部落格　□其他_____

您對本書的評價：(請填代號　1.非常滿意　2.滿意　3.尚可　4.再改進)

　封面設計____　版面編排____　內容____　文／譯筆____　價格____

讀完書後您覺得：

　□很有收穫　□有收穫　□收穫不多　□沒收穫

對我們的建議：_____

_____

_____

_____

11466
台北市內湖區瑞光路 76 巷 65 號 1 樓
秀威資訊科技股份有限公司　　收
BOD 數位出版事業部

....

（請沿線對折寄回，謝謝！）

姓　　名：_____　年齡：_____　性別：□女　□男

郵遞區號：□□□□□

地　　址：_____

聯絡電話：(日) _____ (夜) _____

E-mail：_____